我的主人說我是
全世界最糟糕的狗，
可是你看我那麼可愛，
像壞蛋嗎？

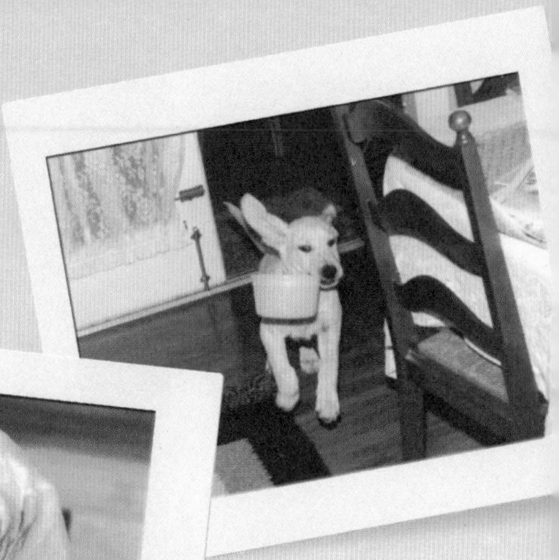

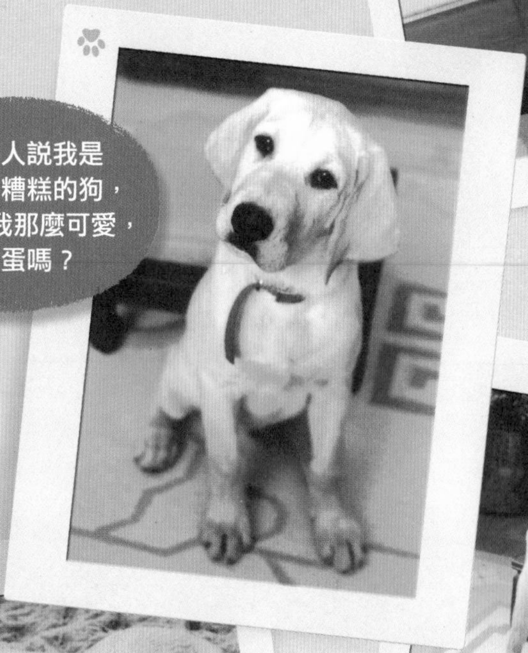

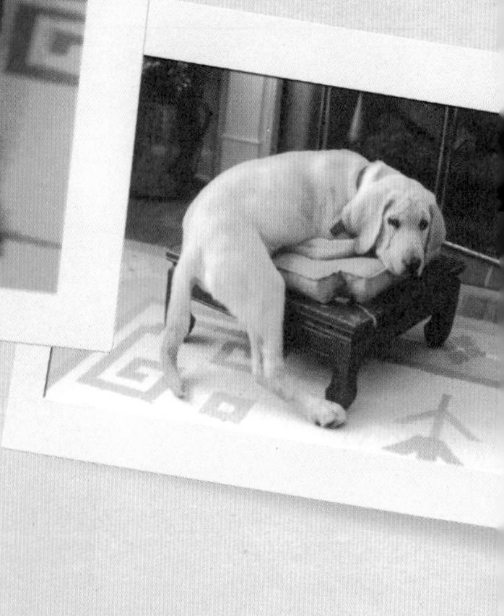

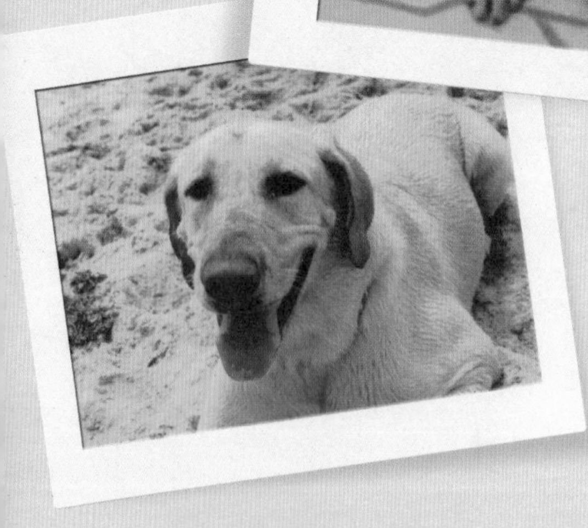

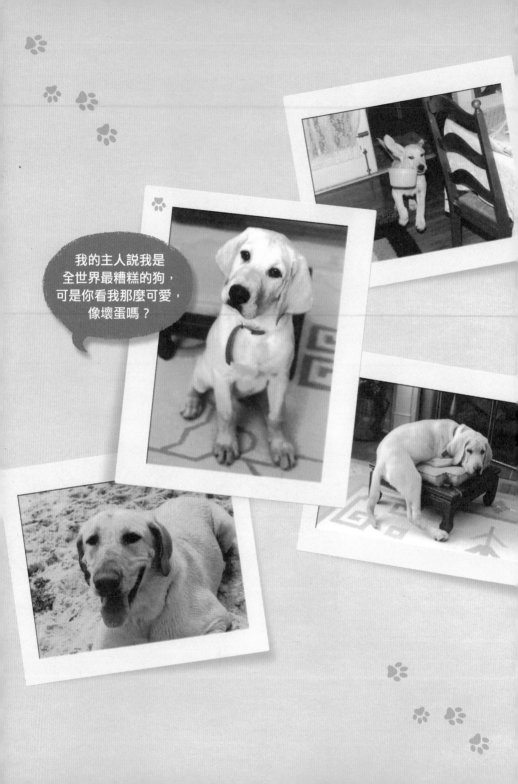

您說我這個模樣
難道會輸給可魯嗎？

呼呼呼～哈哈哈～
玩了一整天，最後果然
還是要來上一節草地
SPA才夠暢快啊！

吼！你說我看起來
一副傻樣，有沒有搞錯？
這是『暢快』的表情OK？
因為我正在……

什麼？
你說我在打瞌睡？
我是在研究螞蟻搬運
食物的路線啦！

嘿嘿嘿，想抱我也
只有趁現在啦！
等我頭好壯壯長到44公斤，
就『萬夫莫敵』了！

Choice

編輯的口味
讀者的品味
文學的況味

馬利與我

約翰·葛羅根
John Grogan

愛上全世界最糟糕的狗!

MARLEY
& ME

他們都超愛這隻狗！

來自各界的超級口碑

讀《馬利與我》時，多多用一貫慵懶的姿態躺在我的腳邊，我們就這樣相依著，讀著約翰與馬利的故事。我欲罷不能的一口氣一直讀下去，因為我彷彿看到了多多小時候的一幕幕在眼前過去。從剛剛抱回來時怯生生的小可愛，一轉眼就長成超過四十公斤的巨獸，跟馬利一樣……一樣的不受教、分心、愛吃、搗蛋，卻也一樣的忠誠、正直、善良。我常想多多的存在，就像馬利之於約翰一般，牠們都是我們生命中不會說話的天使，牠們的出現都給了我們這一家微小而單純的幸福。這是一本愛狗的朋友一定很有感覺的好書，我真心的想和每一位愛狗的朋友分享。

——**【『狗狗多多的家』主人】小多媽**

馬利絕對是一隻幸運的狗。

目前為止，以絕大部分國人飼養寵物的心態來看，馬利能不被丟棄，絕對是異數。連愛貓愛狗如痴的我，有時都會忍不住和學生們抱怨家中貓貓狗狗的劣行，不止一次，我得到的反應是：『老師，那妳為什麼不把牠丟掉？』驚愕之餘，我會反問：『當你頑皮闖禍時，爸爸、媽媽為什麼沒把你丟掉？』

我當然知道，要所有人把身邊的動物伴侶視作家人實是奢想，但至少別把牠們當作是布偶、玩

具，壞了、舊了就隨意拋棄。長時間當動保義工的我，最想和飼主說的是：飼養過程中，所有可能遇到的問題都是可以解決的，連『崩潰精』馬利都可以，沒什麼我們做不到的，只要我們願意、只要我們不離不棄，我們一樣可以擁有一段如作者與馬利的深情對話。

——**【作家】朱天衣**

服了約翰・葛羅根，居然跟馬利這隻超級大瘋狗共同生活了十三年，同時養活三個小孩，自己也毫髮無傷。理性、戲謔又流暢的文筆，不時令人捧腹，又寄以無限的同情，讀來讓人忘了這個混亂又瘋狂的現實世界。

——**【獸醫師】杜白**

我和約翰一樣，從十來歲就開始養狗，牠們在我的生活中來來去去，從不要求什麼，只是把愛給我和我的家人，而我們卻總是回報得太少。

約翰和珍妮一定是很幸福的人，因為他們完全不吝於把生命中最華麗的十多年光陰與馬利分享，也因而得到馬利完全的、一生的全部的愛。要先捨才有得，約翰、家人和馬利之間不就是如此？

——**【共和國文化社長】郭重興**

原來，即使是一隻『叛逆』的拉拉，也會『導』人性的『盲』。我捧著《馬利與我》笑了又哭，哭了又笑，這隻被狗學校退學、瘋瘋癲癲的馬利，教了我們學校學不到的事：愛要及時，樂在當下，勇敢面對苦痛，幸福其實簡單輕易。

——**【『Boo狗言笑』部落格】Fifi**

即使葛羅根的馴狗技術有待商榷，但他的寫作技術卻不容置疑，流暢的文筆令人想起同樣撰寫報紙專欄的《最後14堂星期二的課》的作家米奇．艾爾邦！

——**【華爾街日報】**

我不相信有讀者——不論是愛狗或討厭狗的人——能夠在看這本書時，從頭到尾眼眶不濕潤！

——**【基督教科學箴言報】**

愛狗的人一定會愛上這個關於家庭和寵物的、爆笑又感人的故事！至於不愛狗的人呢？別傻了，哪有人不愛狗的！

——**【聖安東尼快訊報】**

約翰．葛羅根以詼諧的筆法描述他如何努力訓練馬利，常常使我邊看邊大笑出聲。俗話說得好：『沒有痛苦就沒有收穫。』葛羅根的收穫（與讀者的收穫）是馬利，如果有所謂的『名狗堂』，馬利必定是其中的名狗之一！

——**【約翰．柏罕．史瓦茲，《保留道路》作者】**

這真是一本活蹦亂跳又可愛的書！你愈往下讀就愈會發現，馬利的故事就是一個家的形成以及過程中所有的喜悅和淚水！

——**【南佛羅里達太陽哨兵報】**

你會發現，馬利是上天賜給葛羅根一家人的禮物，也是我們的禮物！

——【伯明罕新聞報】

讀這本書時，你一定會又笑又哭，不可置信地搖頭。約翰・葛羅根了解人與狗的共同旅程，往往是在省思我們自己與這個世界——我們的人性、喜悅與哀傷、人生的起起伏伏。馬利是一隻偉大、令人難忘的狗，而葛羅根觀察入微、客觀冷靜、精闢入裡的描寫，讓這趟旅程成為愛狗者會想踏上的人狗之旅！

——【強・凱茲，暢銷書《狗兒歲月》作者】

所謂情人眼裡出西施，這本書充滿了狗狗式的熱情！

——【紐約時報】

一本獻給一隻四十四公斤拉布拉多的好笑又感人的書！牠忠心和可愛的程度，和牠不聽話的程度是一樣的！

——【時人雜誌】

這本書是獻給每一位克服了惱怒，並瞭解到狗的忠心勝過任何其他缺點的狗主人！

——【費城詢問報】

這本書讓我們看到，如果你願意給混亂和麻煩一個機會，人生也可以變得那麼美好！

——【明尼亞波里星壇報】

CONTENTS

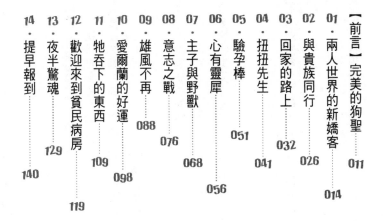

紀念我的父親理查・法蘭克・葛羅根，
這本書的每一頁都散發著他柔和的性情。

【前言】

完美的狗聖

一九六七年的夏天，我十歲那一年，父親終於經不住我的苦苦懇求，帶我去領養一隻狗。他開著貨車深入密西根鄉下，來到一間農場，它是由一位飽經風霜的女士與她垂垂老矣的母親所經營的。這間農場唯一生產的商品就是——狗。各種能想像得到的大小、體型、年紀和個性的狗都有，這些狗只有兩個共通點：每隻都是不知名、血統卑微的雜種狗，而且都可以免費供好心人領養。這真是一間不折不扣的雜種狗農場呀。

『兒子，別急，慢慢來，』我爸說，『你今天挑的狗會跟著你很多年。』

我心裡很快下了決定：老狗就留給其他善心人吧。我立即衝到小狗的籠子前。『你最好挑一隻不會膽小的狗，』我爸指導我，『可以把籠子搖一搖，看看哪些狗不會怕。』

我抓著用鍊子綁住的籠門，拉扯它，發出很大一聲鏗鏘聲。裡面的十幾隻小狗通通往後滾，跌擠成一團亂糟糟的毛球，只有一隻留在原地。牠一身金毛，胸口一叢火焰般的白毛。牠衝到門口，毫無恐懼地吠了幾聲，接著跳起來，興奮地從柵欄的縫隙舔我的

手指。這就是名符其實的一見鍾情呀。

我用紙盒子帶牠回家，命名為尚恩。牠是那種大家都會稱讚的好狗。牠輕鬆學會我教的每個指令，而且天性乖巧。除非我說可以，不然我就算把麵包皮丟到地上，牠也不會去碰。我一叫牠，牠就會過來，我要牠停在原地，牠會乖乖聽話。我們晚上能放牠出門，因為牠在附近巡視完後就會自己回來。雖然我們並不常讓牠獨自待在家裡好幾個小時，但這麼做也沒有什麼問題，因為牠絕不會亂大小便，或是在屋子裡玩得天翻地覆。牠會跟車賽跑，但不會追著車跑；不需要繫狗鏈，就會乖乖地走在我旁邊。牠有辦法潛到我們家的小湖底，浮出水面時，口中還叼著石頭，有時候石頭太大，還卡在牠的嘴裡。牠最喜歡坐車，全家出門玩的時候，牠會靜靜跟我坐在後座，滿足地看著窗外呼嘯而過的景色，好幾個小時也不膩。最棒的應該是我訓練牠學會了『拉雪橇』——我坐在腳踏車上，讓牠拉著我在社區裡跑，所有朋友都崇拜羨慕我，而且牠從未把我拉到危險的地方。

我抽第一支菸（也是最後一支）時、親我第一個女朋友時，牠都在我身旁。我第一次偷偷開我哥的雪佛蘭考威爾車去兜風時，牠就坐在我旁邊的乘客座。

尚恩很活潑但很自制，很熱情但很冷靜。牠甚至有個高雅的好習慣，就是在上廁所的時候，會謹慎退進草叢裡，只露出牠的頭來看。因為牠這種愛乾淨的好習慣，所以我

們總是可以安心打赤腳走在草地上。

親戚週末來我們家玩後，回家都會想要買隻自己的狗，因為他們對尚恩很驚豔──我後來叫牠『聖尚恩』。在名字前面冠個聖字，是我們家裡愛開的玩笑，但我們相信聖尚恩是實至名歸。牠天生背負著沒有血統書的詛咒，是美國數萬隻遭遺棄的狗狗之一，但因為幾近神賜般的好運，牠變成有人要的。牠進入了我的生活，我也進入了牠的生活──牠給了我每個小孩都該有的美好童年。

這段愛情維持了十四年。牠死的時候，我已經不再是那個夏天帶牠回家的小男孩了。我已經長大成人、大學畢業，在密西根州的另一端有了第一份正職工作。我在前進時，聖尚恩仍留在原地。牠屬於那裡。那時，我父母都已退休，他們透過電話告訴我這個噩耗。我媽後來告訴我：『結婚五十年來，我只看過你爸爸哭過兩次，一次是我們失去瑪麗安的時候，』瑪麗安是我妹妹，胎死腹中，『另一次是尚恩死的那一天。』

我童年的聖尚恩，牠是完美的狗聖，至少在我心中牠永遠都是如此。尚恩立下我未來評斷狗的標準。

01 兩人世界的新婚客

我們正年輕，而且深深相愛。我們正享受著幸福的新婚生活，人生似乎完美得不能再更美了。

我們不能沒有彼此。

就這樣在一九九一年一月的某個晚上，我和新婚十五個月的妻子在吃完簡單的晚餐後，開始打電話詢問《棕櫚灘郵報》上的一則分類廣告。

究竟為什麼要這麼做，我也不太確定。幾個星期前，我一大清早睜開雙眼，看到身旁床上是空著的。我起床，發現珍妮穿著浴袍，坐在屋子門廊上的玻璃桌旁低頭看報紙，她手上還拿著一枝筆。

這個景象沒什麼特別之處。《棕櫚灘郵報》是本地的報紙，而且我們家的收入有一半也仰賴於它。我們夫妻倆都在報界工作，珍妮是《棕櫚灘郵報》『本地話題』版的專欄作家，我則在它的競爭報社——南佛羅里達《太陽守望報》——擔任記者，它位在往南一小時車程的勞德岱堡。每天早上我們做的第一件事都是翻報紙，看看我們的文章的

效果，與其他文章相比如何。我們總是不斷埋頭圈字、畫線和剪報。

但是這天早上，珍妮沒有埋首在新聞版，而是在讀分類廣告。我湊近一看，發現她竟然在『寵物——狗』的部分瘋狂打圈。

『呃，』我以還在新婚中，仍然相當婉轉溫柔的好丈夫語氣問，『有什麼事是我該知道的嗎？』

她沒有回答。

『珍——珍？』

『都是那個死盆栽啦！』她終於回答，聲音裡有一絲瀕臨崩潰的味道。

『盆栽？』我問。

『就是那個爛盆栽嘛，』她說，『我們弄死的那個。』

我們弄死的？我不打算追究這一點，但是正確來說，是**我**買的盆栽，**她**弄死的。有一晚我給她一個驚喜，送她一大盆黛粉葉，它葉片鮮豔翠綠，相當漂亮。她問：『今天是什麼特別的日子嗎？』但是，沒有，我送她這個禮物，沒有任何理由，只說：『喂，婚姻生活感覺超棒，不是嗎？』

她很欣賞這個舉動，也很喜歡盆栽，所以她雙手環抱我的頸子，甜蜜地吻我。可是之後她卻以冷血殺手般的高效率，迅速害死了我的禮物。當然，不是說她故意的，只不

過她把那可憐的盆栽呵護到死了。珍妮稱不上有綠手指，她認定所有生物都需要水，但顯然忘記它們也需要空氣，她開始每天都用大水淹灌那盆黛粉葉。

我警告過她：『注意不要澆太多水。』

『好。』她回答，然後又倒了好幾公升的水。

盆栽愈是病懨懨，她愈是倒更多水，直到它終於萎縮成一坨泡在水裡的爛葉子為止。我看著窗邊盆栽垂弱無力的枝莖，心想：**天呀，會從葉渣讀凶吉的人，不知會怎麼解讀這一盆**。

這會兒她不知怎麼，以幾萬光年距離的跳躍式邏輯，將盆子裡死翹翹的植物，跟寵物分類廣告活跳跳的動物聯想在一起。**把盆栽弄死了，就買隻小狗吧**。嗯哼，很有道理嘛。

我仔細端詳她眼前的報紙，看到她似乎特別中意其中一則廣告。她在旁邊畫了三個大星星，上面寫著：『拉布拉多幼犬，黃色，美國養狗協會純種狗，已打預防針，雙親皆在現場。』

『這個，嗯，』我說，『妳能再解釋一次盆栽和寵物的關連性給我聽嗎？』

『你也知道，』她抬起頭說，『我那麼努力，結果呢？我連一盆爛盆栽都養不活，我的意思是，這有什麼難的？只要澆水不就好了嗎？』

然後，她說出真正的困擾。『如果我連盆栽都養不活，我哪能照顧好貝比呢？』她

一副快哭出來的樣子。

貝比話題（這是我的稱呼）已經成為珍妮每天日常生活中必提的話題，而且所佔的比重逐日加大。我們在西密西根的一間小報社相遇時，她才剛從大學畢業幾個月，嚴肅的成人生活似乎還很遙遠。對我們兩人來說，這都是出社會後的第一份正式工作。我們吃很多披薩、喝很多啤酒。我們從來沒想過，除了是年輕、單身、豪爽的披薩和啤酒消費者外，自己的身分還有什麼其他可能性。

但時間一年一年過去。我們才剛開始交往，各種工作機會（我選擇攻讀一年的碩士課程）就把我們拉往美國東部的不同地區。一開始我們的距離只有一小時的車程，然後變成三小時、八小時，最後是二十四小時。等我們都在南佛羅里達定居，互許終身時，她已經快滿三十歲，她的朋友陸續生了小孩，她的身體傳送出奇怪的訊息。曾經是敞開的生育機會，慢慢地變得窄小。

我從背後抱住她，雙手環繞她的肩膀，親吻她的頭頂。我說：『放輕鬆，沒關係的。』但我得承認，她確實提出了一個好問題。我們長這麼大了，倒還真的從沒照顧過任何生物。當然，我們小時候都養過寵物，但那不算，我們知道爸媽會替我們照顧得好好的。我們都知道有一天我們會生孩子，但我們真能擔起這項工作嗎？小孩實在非常……非常……令人提心吊膽，又無助又脆弱，就像易碎品一樣。

珍妮的臉上浮現一抹微笑。『我想養狗或許是個不錯的練習。』她說。

晚上天黑後，我們開車出城，朝著西北方走，西棕櫚灘的郊區逐漸變為綿延的鄉村。一路上我一直仔細思考抱一隻狗回家的事。這是個重大的責任，特別是我們兩個現在都已有全職的工作了。但我們都知道該怎麼養狗，我們從小和狗一起長大，熱愛牠們。我有聖尚恩，珍妮有聖溫妮——受到一家子寵愛的塞特獵犬。我們最快樂的童年記憶幾乎都有狗狗的身影：與牠們一起健行、一起玩耍、一起闖禍。如果珍妮真的只是想要用養狗來磨練她照顧小孩的技巧，那麼我會努力改變她的心意，或許可以買條金魚安撫她。但正如同我們知道我們總有一天都會想生孩子，我們也知道如果沒有一隻狗躺在腳邊，這個家永遠稱不上完整。我們交往時，甚至在完全沒有想過要生孩子前，就時常聊我們童年的寵物，聊我們有多想念牠們，還有希望哪一天（一旦我們有個自己的家，生活穩定後）能再養狗。

現在兩個條件都達到了。我們兩人定居在同一處，短時間沒搬走的打算，而且我們有間稱得上是家的屋子了。

這是間完美的小房子，坐落在完美的三百坪圍籬地上，正適合養狗，位置也再好不過：它是時髦的都市社區，離隔開西棕櫚灘和棕櫚灘宏偉宅邸的沿岸水道，只有一個半

的街區。在我們住的邱吉爾路的另一頭，有個長條形的公園，人行步道沿著水道綿延好幾哩。這條步道很適合慢跑、騎腳踏車和溜直排輪，最重要的是，很適合遛狗。

我們的屋子建於一九五〇年代中期，有一股老佛羅里達的魅力——壁爐、粗獷的灰泥牆、大氣窗，以及通往後院門廊的落地窗，那是我們最愛的空間。我們的庭院是個小小的熱帶天堂，種滿棕櫚樹、鳳梨樹、酪梨樹與鮮豔的薄荷科植物。後院最龐大的植物是一株高聳的芒果樹，每年夏天沉重的果實都會砰的一聲打到地上，聽起來有點怪異，像是從屋頂扔下屍體一樣。我們會躺在床上聆聽：砰！砰！砰！

我們在度完蜜月回來的幾個月後，買下這間兩房一衛的平房，立即開始重新裝潢。原先的屋主是一對老夫妻，老公是退休的郵局員工，他們特別熱愛綠色。屋裡的牆壁是綠的、窗簾是綠的、百葉窗是綠的、前門是綠的、地毯也是綠的。地毯還是在要賣屋前才買的，因為他們認為這能讓房子更好賣。那種綠不是活潑的粉綠色或時髦的寶石綠或甚至是大膽的萊姆綠，而是喝了豆子湯後嘔吐，吐到膽汁都吐出來的綠色。加上卡其色的木飾條，這間屋子簡直就像戰場的碉堡。

搬進新家的第一晚，我們就將新的綠色地毯整個拆掉，搬到人行道。我們發現地毯下面原來是質樸的橡木地板，仔細看過後，我們認為這個地板從未有人踩踏過。我們辛勤地磨光打亮，讓地板閃閃發亮，然後出去採買，花了將近兩週的薪水買了一條手織的

波斯地毯，鋪在客廳的火爐前。我們花了好幾個月重漆每一吋綠色牆面，換掉每一樣綠色的家具。郵局員工的屋子逐漸有我們的味道了。

把這間房子裝潢好後，想要帶回一隻身軀龐大、腳趾甲尖長、牙齒森利、英語能力極為有限的四腳室友，來把這間屋子拆得四分五裂，當然，是很有道理的。

『開慢一點啦，賽車手，不然會過頭的，』珍妮叨念，『應該就在這一帶了。』我們在一片漆黑中行駛，穿越這片曾經是沼澤地的地區，這個地方原先在二次世界大戰後抽乾，供耕種之用，後來由追求鄉村生活的郊區居民進駐。

珍妮的估計很正確，沒多久，車頭燈照亮了標上我們要找的地址的信箱，我轉進一條石子路，通往一片枝葉茂密的龐大私人土地，房子前有池塘，後面是農舍。一位中年婦女，她的名字叫羅麗，在門口迎接我們，一隻巨大的、安靜的黃色拉布拉多拾獵犬站在她身邊。

『這是莉莉，了不起的母親。』在我們自我介紹後，她說。我們看得出來，莉莉在生產五個月後，腹部仍然腫脹，乳頭也仍然脹大。我們都蹲下來接近牠，牠也愉快地接受我們的撫摸。牠正是我們心目中標準的拉布拉多——甜美、熱情、鎮靜，且美麗得令人屏息。

『爸爸在哪裡？』我問。

『嗯，』羅麗稍微遲疑一下，『小山米呀？牠就在附近。』她趕緊說，『我想你們已經等不及要看小狗了吧？』

她帶領我們穿過廚房，走到雜物間，這裡現在已被改為育兒室。地板鋪滿了報紙，角落有個矮箱，箱裡放滿舊毛巾。但其實這些細節我們幾乎都沒注意到。如果你面前有九隻迷你的黃色小狗，全都爭先恐後爬到前面來想看剛走進來的陌生人，而全部擠成一團時，誰還能注意到什麼細節？珍妮吸了一口氣，說：『喔，天呀，我想我一輩子都沒看過這麼可愛的東西。』

我們坐在地板上，讓幼犬在我們身上爬來爬去，莉莉則在一旁快樂地跑跳，尾巴搖晃，用鼻子戳戳每隻小幼仔，確定牠們一切無恙。我過來前已和珍妮約定好，我們只先看看幼犬、問些問題，然後回家再考慮我們是否準備好要養狗了。『這只是我們詢問的第一個廣告，』我說，『不要太急著下決定。』但才過三十秒鐘，我就知道我已經輸了。顯然，在這一晚，其中有隻幼犬會成為我們家的狗。

羅麗是所謂的自家繁殖者。關於買純種狗，我們完全是新手，但我們讀了足夠資料，知道要遠離所謂的幼犬工廠，因為那些商業繁殖場大量吐出純種狗，就像福特大量吐出我們的福特房車一樣。但是，大規模製造的汽車與大規模製造的名種狗不同，因為

多代的近親繁殖，導致牠們可能患有嚴重的先天遺傳疾病，從髖關節形成不良到早期失明都有。

羅麗則只是出於興趣。她從事繁殖的主要動機是出自對拉布拉多犬種的熱愛，而非為了利潤。她只有一隻公狗和一隻母狗，兩隻的血源不同，而且她有完整的文件能證明。這是莉莉的第二胎，也是最後一胎，從此之後，她就要安享鄉村家庭寵物的悠閒生活。父母都在現場，買家便能夠直接看到幼犬的血緣來源——但在我們的情況，爸爸看來還在外頭晃，無法參考。

這一窩狗有五隻母狗，除了一隻以外，其他都已經有人訂了，另外四隻則是公狗。羅麗對母狗開的價碼是四百美金，公狗的價碼是三百七十五美金。有隻公狗似乎特別黏我們，牠是這群狗中最呆頭愣腦的。牠衝向我們，跳到我們的大腿上，雙掌勾著我們的上衣，舔我們的臉，用出人意料尖銳的乳牙啃我們的手指，然後用全身不成比例的大腳掌重重踩在地上，搖搖晃晃地繞著我們跑。羅麗說：『那隻算你們三百五十美金就好。』

珍妮的貪小便宜是衝動型的，她常常帶回各種我們不想要、也不需要的東西，只因價格太吸引人，錯過太可惜。『我知道你不打高爾夫，』有次她一邊把一組二手的高爾夫球具拖出車子，一邊說，『但你絕對不敢相信這有多划算。』現在，我又看到她的雙

眼在發亮了。『噢，老公，』她撒嬌說，『這個小傢伙現在是出清價耶！』

我必須承認牠實在該死的可愛，而且也很調皮，我還來不及搞清楚牠想怎樣，這隻小頑犬就已經把我的錶帶啃掉一半。

『我們要先做驚嚇測試。』我說。我小時候挑選聖尚恩的故事，珍妮已經聽過很多遍，爸爸曾教我要突然做出大動作，或是發出很大的聲響，來分辨害羞的狗跟有自信的狗。她坐在小狗堆裡，眼珠往上翻了一下，做出在聽到葛羅根氏的怪癖時的一貫表情。我說：『真的，這真的有用。』

我站起來，背對小狗，然後猛地轉回來，誇張地朝牠們大踏一步，重重跺了一腳，大叫：『嗶！』沒有任何一隻小狗對張牙舞爪的陌生人有任何反應，只有一隻往前撲向敵人，就是那隻出清狗。牠全力撞我、使出十字壓制的絕招、壓住我的腳踝、襲擊我的鞋帶，彷彿認為它們是危險敵人，需要馬上摧毀。

『我想這是緣分。』珍妮說。

『是嗎？』我把牠撈起來，用單手抓住牠，舉到眼前端詳牠的臉。牠用能融化人心的棕眼看著我，然後輕咬我的鼻子。我把牠塞到珍妮的懷裡，牠也做出相同動作。『牠顯然很喜歡我們。』我說。

結果就這樣了。我們開了一張三百五十美金的支票給羅麗，她告訴我們可以在三週

後帶出清狗回家，到時候牠就滿八週大，而且也斷奶了。我們謝過她後，摸摸莉莉，然後道別。

走回車子的路上，我把手搭在珍妮的肩上，緊抱著她。『妳相信嗎？』我說，『我們真的有狗了耶！』

『我好想快點帶牠回家喔。』她說。

我們正要上車時，聽到樹林那邊傳來一陣怪聲，有個東西正從樹叢衝出來，而且呼吸非常沉重，聽起來像是恐怖片的配音，而且牠正朝著我們的方向過來。我們停下腳步，猛盯著黑暗的樹林瞧。那個聲音愈來愈大聲，愈來愈接近，然後瞬間那個東西衝進空地，往我們的方向飛奔過來。一個黃色的影子，相當大的黃色影子。牠衝過我們身邊，完全沒減慢速度，似乎也沒注意到我們。這時我們看出牠是隻相當大的拉布拉多，但一點也不像我們剛在屋子裡面摟著的莉莉那樣甜美。這隻拉布拉多全身濕答答，從腳到腹部都沾滿泥巴和草刺，牠的舌頭像瘋狗般垂到一邊，口水在牠急衝時，從下顎飛濺出來。

在短短幾秒鐘的瞬間，我看出牠的眼神有些奇怪、有些瘋狂，然而又顯得相當快樂，這傢伙一副剛看到鬼的樣子——卻高興得不得了。

然後，在製造出相當於水牛群驚慌四竄的驚天動地聲響後，牠消失了，朝屋子的後

方去了，跑出我們的視線外。珍妮小聲地吐了一口氣。

我心裡浮現一點不安，說：『我想，我們剛見過爸爸了。』

02 與貴族同行

我們成為狗主人後的第一件事就是吵架。

我們從買完狗回家的路上就開始吵，接下來的一星期又陸陸續續有零星的爭執。我們沒辦法決定要替出清狗取什麼名字，珍妮否決我的提議，我也否決她的提議。這場戰爭在我們準備出門上班的一個早上達到最高潮。

『雀兒喜？』我說，『這個名字超女生的。沒有哪隻公狗會想要叫做雀兒喜。』

『說得好像牠會知道一樣。』珍妮說。

『那不然獵人好了，』我說，『獵人很合適。』

『獵人？你在開玩笑嗎？你以為你在幹嘛，準備要出征、去打獵嗎？太男性化了，而且你這輩子根本沒打獵過。』

『牠是公狗好不好，』我火冒三丈，『牠本來就應該男性化一點，不要開始扯妳那些什麼女性主義的長篇大論。』

情況不太妙，我剛剛說了最不該說的。珍妮開始反擊。我連忙回到我最想要的、之

前討論過的名字。『路易有什麼不好？』

『如果你是加油站員工，那當然很好。』她頂回來。

『喂！妳給我注意點！我爺爺就叫路易，所以我們是不是該用妳爺爺的名字為牠命名？譬如說，**比爾**，好乖喔！』

我們一面吵架，珍妮一面逕自走到音響前，然後按下卡帶的播放鍵，這是她的戰略之一。只要有問題，就馬上淹沒對手的聲音。巴布・馬利❶輕快的雷鬼旋律從音響傳出，讓我們幾乎立即就放鬆下來。

我們是從密西根搬到佛羅里達後，才發現這位已故的牙買加歌手。在以白人為主的中西部以北，那個跟不上潮流的地方，我們平常聽到的都是鮑布・席格❷和約翰・麥倫坎❸。但是在南佛羅里達這個充滿節奏感的多種族熔爐，巴布・馬利的音樂即使在他死

❶巴布・馬利（Bob Marley，一九四五—一九八一）：有『雷鬼樂之父』之稱，是將源起於牙買加的雷鬼音樂推向全世界的傳奇音樂人。有〈I Shot the Sheriff〉、〈No Woman, No Cry〉等多首經典代表作。

❷鮑布・席格（Bob Seger）：與『銀彈樂團』（Silver Bullet）在七〇年代走紅樂壇，可說是南方搖滾的代表，代表作有〈We've Got Tonight〉等。

後十年，還是隨處都可聽得到。我們在必斯肯大道上行駛時，廣播電台播放著他的音樂，我們在小哈瓦那喝古巴咖啡時，他的歌聲陪伴著我們，或是到勞德岱堡西邊沉悶的移民社區，在髒亂的小餐廳吃牙買加辣味雞時，也有他的旋律伴奏。在邁阿密的椰子林區舉辦的巴哈馬律動節、我們第一次嚐到海螺煎餅時，還有我們到西嶼採購海地藝術品時，背景音樂都是他。

探索愈深，我們就愈深愛南佛羅里達，以及彼此，而且背景音樂似乎總是巴布・馬利。我們在海灘做日光浴時、我們在重漆屋子黯淡的綠牆時、我們一大早被野生鸚鵡吵醒時，以及在巴西胡椒樹透下的日光下做愛時，巴布・馬利都陪著我們。我們愛上他的音樂旋律，也愛它所代表的意義，它意味著我們從此合而為一，不再是兩個獨立個體。我們在這個陌生、充滿異國風味的、節奏輕快的地方開創新生活，這裡絲毫不像任何我們住過的地方，而且背景音樂永遠是巴布・馬利。

現在從音響流洩出的是我們最愛的歌曲，因為它淒美得令人心碎，深深觸動著我們。馬利的聲音在客廳中縈繞，不斷重複一句副歌：『這種感覺是愛嗎？』在這同時，絲毫不差地，彷彿我們已經排練了好幾週，我們一同大叫：『馬利！』

『沒錯！』我大喊，『這就是我們要的名字！』珍妮滿臉笑容，這是個好現象。我開始試試這個名字的感覺。『馬利，過來！』我命令。『馬利！坐下！馬利，好乖！』

珍妮也附和，『馬利，你這個小可愛！』

『嗯，感覺不錯喔。』我說。珍妮也這樣認為。我們的爭吵已經結束了。新狗狗的名字已經想好了。

第二天吃完晚餐後，我走進臥室，珍妮正在看書。我說：『我覺得我們應該修飾修飾這個名字。』

『為什麼？』她問，『我們都喜歡這個名字呀。』

我讀了一些美國養狗協會的註冊文件。由於牠是純種拉布拉多拾獵犬，而且父母都有在美國養狗協會註冊，所以牠也能在協會註冊，但這種事只有在你打算展示或繁殖你的狗的時候才需要。若是如此，這份文件是最重要的，不然對於家庭寵物來說很多餘。但是我對馬利的未來懷抱著遠大的計畫，這是我頭一次擁有這麼接近高級血統的品種，我的家人也一樣。我童年的寵物聖尚恩是雜種狗，血統不明也不崇高，而我的族譜就像

❸約翰・麥倫坎（John Cougar Mellencamp）：美國樂迷最喜愛的搖滾英雄之一，與布魯斯・史普林斯汀（Bruce Springsteen）、鮑布・席格並稱『藍調搖滾三大代表』。代表作有〈Hurts So Good〉等。

牠一樣，組成的國家比歐盟會員國還多。飼養馬利是我一生中最接近貴族血統的時刻，我不打算放棄可能的機會，不管是什麼樣的機會。我承認當時自己有點興奮過了頭。

『如果我們想帶牠參加競賽，』我說，『妳有看過只有單名的冠軍犬嗎？牠們總是有個很長的頭銜，像是喬汀翰的德渥斯爵士。』

『牠的主人則是西棕櫚灘的呆瓜頭爵士。』珍妮說。

『我是認真的啦，』我說，『我們可以帶牠配種賺很多錢。妳知道大家付給冠軍種狗的價碼有多高嗎？牠們的名字都很炫的。』

『隨你高興吧，老公。』珍妮說，然後專心讀她的書。

第二天早上，在絞盡腦汁想了一整晚後，我在浴室洗手台旁攔住她，說：『我想出了一個最正點的名字。』

她狐疑地看著我。『說吧。』她說。

『好，妳準備好了嗎？就是……』我慢慢地吐出每個音節，『葛羅根家族……之邱吉爾……的至尊馬利。』

天呀，我想，聽起來有夠氣派的。

『天呀，』珍妮說，『聽起來有夠驢的。』

我才不在乎，我是負責填註冊資料的人，而且我已經把名字填上去了。白紙黑字。

珍妮大可盡量笑，等過了幾年，葛羅根家族之邱吉爾的至尊馬利在西敏寺摘下頭獎後，我就可以在一群崇拜的國際電視轉播觀眾前，領著牠光榮地繞行賽場，我倒要看到時笑的人是誰。

『好了，我的呆呆公爵，』珍妮說，『來吃早餐吧。』

03

回家的路上

我一面倒數帶馬利回家的日子，一面有點太遲地開始閱讀關於拉布拉多拾獵犬的書，我說『有點太遲』是因為我讀的資料幾乎都強力建議：在買狗**之前**，務必要徹底研究過品種，才能知道你的狗的特性。糟糕。

例如：住在公寓的人通常不適合養聖伯納，家有幼兒的人或許該避免性格不穩的鬆獅犬。如果愛看電視的懶骨頭想找一隻能抱抱親親、排遣時間的小狗，大概會被邊境牧羊犬搞瘋，因為這種狗需要跑跳和勞動才會滿足。

我要慚愧地承認，我和珍妮決定養拉布拉多時，幾乎沒做任何研究。我們選擇拉布拉多的原因只有一個：街頭魅力。我們常常在當地沿岸水道的單車道上，看著牠們和主人悠遊，而我們總是對那幅景象讚嘆不已——牠們大步的、鈍鈍的、愉快的散步，似乎對這個世界充滿了熱情，而這種熱情並不常見。更慚愧的是，我們所做的決定，並非依據美國養狗協會出版的品種聖經《狗類完全指南》，或是其他相似的權威指南，而是依據另一種重量級的狗類著作：蓋瑞・拉森的《遠方》❹，我們是這套漫畫的忠實讀者。

拉森筆下機智溫厚的拉布拉多常做出很多爆笑的事，也常說出讓人笑掉大牙的話。是的，牠們會說話！牠們怎麼可能不討人喜歡呢？拉布拉多是極有趣的動物——至少在拉森的筆下是如此。誰不想要讓自己的生活多一點樂趣呢？我們徹底被收服了。

現在，等我閱讀了更多更正式的拉布拉多文獻之後，我很放心地知道，我們的選擇雖然有點草率，卻沒有錯得太離譜。所有文獻在在都記載著拉布拉多的正面見證：個性沉穩、對小孩和善、不具攻擊性、很想討好別人。因為牠們智商高且個性溫順，所以成為搜尋犬、導盲犬和肢障輔助犬訓練的首選。對於一個即將有孩子出世的家庭而言，這些都是加分項目。

有一本指南指出：『拉布拉多最著名的是牠的智慧、友善、敏捷度和總是盡心盡力地完成每項任務。』另一本書讚嘆這個品種的高忠誠度。拉布拉多原本只是獵鳥人偏好的獵犬，因為牠能將射死的雉雞和鴨子從冰冷的水裡叼回，但由於上述眾多的優點，也使牠成為美國最受歡迎的家庭寵物。就在一九九〇年，拉布拉多才剛擠下可卡犬，成為

❹蓋瑞・拉森（Gary Larson）是美國知名漫畫家及作家，通常用單張圖畫幽默反諷人生。《遠方》（Far Side）是他的漫畫作品。

美國養狗協會登記犬種數的第一名，登上美國最受歡迎品種的寶座。自此之後，沒有任何犬種能逼近牠的地位，到二〇〇四年，牠連續十五年蟬聯美國養狗協會登記數的第一名，共有十四萬六千六百九十二隻拉布拉多登記。位居第二名的黃金獵犬遙遙落後，共五萬二千五百五十隻，第三名德國牧羊犬共四萬六千零四十六隻。

我們碰巧意外挑到美國人愛不釋手的品種，那些快樂的狗主人不可能都錯了吧？我們選的是貨真價實的冠軍，但我從這些文獻仍看到不祥的預兆。

拉布拉多是培育來擔任工作犬的，牠們精力無限，而且相當黏人，因此如果獨自在家太久，通常表現不會太好。牠們也可能很固執，不好訓練。每天還需要大量的活動，不然牠們會把家掀掉。有些很容易興奮，太過瘋狂的狗甚至連有經驗的訓練師都難以控制。牠們的童年期似乎永無止境，長達三年或者更久。拉布拉多精力無窮的青春期十分漫長，因此狗主人必須要非常有耐心。

牠們肌力強壯，而且數百年來的培育讓牠們能夠忍受痛苦，在牠們跳入北大西洋冰冷的海水裡幫助漁夫捕捉獵物時，這些特質再適合也不過。但是在家庭中，這些特質代表牠們會成為所謂的不定時炸彈。牠們龐大、強壯、胸膛寬闊，不一定知道自己的力量有多大。有位狗主人後來告訴我，她有次把她的拉布拉多公狗拴在車庫門框邊，這樣她在車道洗車時，可以看著牠。那隻狗看到一隻麻雀，就飛撲過去，結果把巨大的鋼鐵門

我努力裝出很平常的模樣，但其實我心裡偷偷開心得不得了，因為這樣我就能獨自和新狗狗相處好幾天，讓我們雄性動物不受干擾地培養感情。牠是我們共同的計畫，我們都要負相同的責任，但我從不相信狗能同時聽從兩個主人的命令，如果家庭階級中只有一個老大，那麼我希望會是我。這三天短短的相處，能讓我搶得先機。

一星期之後，珍妮前往迪士尼——三個半小時的車程。那天晚上下班後，我到繁殖者家接回兩人生活的新嬌客。羅麗把我們的狗從屋子裡帶出來時，我發出一聲驚嘆。我們在三週前挑選的毛茸茸小東西，體積已經又大了一倍。牠衝向我，撞向我的腳踝，在我腳邊躺下，四腳朝天，腳掌對著空中揮來揮去，我想這大概是撒嬌的樣子吧。羅麗必定是察覺到我的訝異。『牠長得很快吧？』她輕快地說。『你該看看牠都怎麼把飼料一掃而空！』

我蹲下，摸摸牠的肚子說：『準備回家了嗎，馬利？』這是我頭一次真正使用牠的名字，感覺很合。

我在車子後座用大浴巾堆了一個溫暖的窩，然後把牠放在裡頭。但我才開出車道沒多久，牠就開始不安分，扭來扭去，掙脫浴巾。牠趴在椅子上，朝我的方向匍匐前進，邊嗚嗚叫，邊往前爬。爬到中控台時，牠遇到生命中第一重障礙，這是牠往後將遭遇的無數障礙之一。牠掛在那裡，後腳垂在後座那兒，前腳懸在靠駕駛座的中控台前，肚子

緊緊貼著手煞車，四隻小腳動來動去，朝著空中亂抓。牠又扭又搖又轉，但就像擱淺在沙洲上的貨輪一樣動彈不得。我稍微側身，摸摸牠的背，結果牠變得更興奮，又開始一陣瘋狂扭動。牠想盡辦法用後腳踮到後座座椅間鋪著地毯的高起處。慢慢地，牠逐漸抬起下半身，臀部愈抬愈高、愈來愈高、再高，尾巴賣力地搖，直到重力定律讓牠滾下來為止。牠滑向中控台的前方，頭朝下著地，再滾到我的腳邊，轉個身，從我腳下輕鬆快速地爬到我的腿上。

哇，牠可真高興——高興得要命。牠湊到我的肚子前，輕咬襯衫的釦子，興奮地發抖，尾巴拍著駕駛座，彷彿節拍器的指針一樣。

我迅速發現，觸摸牠，就能夠改變牠尾巴搖晃的節奏。如果我雙手都在方向盤上，節奏是規律的一秒三拍，磅。磅。磅。我只要把一隻手指壓在牠頭上，節奏就從華爾滋變成巴莎諾瓦，磅—磅—磅—磅—磅—磅！用兩隻手指，節奏打得更重，成了曼波，磅—巴巴—磅巴巴—磅！如果我整隻手掌包住牠的頭頂，手指輕輕按摩，節拍頓時爆發，成了像機關槍掃射般的森巴，磅磅磅磅磅磅磅磅磅磅磅！

『喲！你真有節奏感！』我說。『你真的是隻雷鬼狗。』

到家後，我帶牠進門，把狗鏈鬆開。牠開始到處聞，直到聞完每吋地板後才肯停

下。然後牠坐下來，歪著頭看我，彷彿在說：『這窩挺不錯的，但我的兄弟姊妹呢？』

到了睡覺時間，牠才真正感到新生活的不同。去接牠之前，我先在屋子一側的單車位車庫佈置好狗窩。我們從來沒在那兒停車，主要是當儲藏室和工具室使用，洗衣機、乾衣機和熨衣板都放在那兒。那裡很乾燥，也很舒服，而且後門通往圍著籬笆的後院，加上有水泥地和水泥牆，幾乎堅不可摧。『馬利，』我帶牠進去，開心地說，『這是你的房間喔。』

我已先將玩具放在車庫的各個角落，把報紙鋪在地板中央，倒了一碗水，用紙箱做了一個窩，鋪上舊床單。『這裡是你睡覺的地方喔。』我說，然後把牠放進箱子裡。牠習慣這樣的床鋪，但以前牠都是和兄弟姊妹擠在一起。現在牠在箱子裡走來走去，哀怨地看著我。為了測試，我退回主屋內，把門關上，站在門邊聽裡面的動靜。一開始無聲無息，接著，我聽到非常小聲、聽不太清楚的哀嚎聲，慢慢轉成火力全開的鬼哭神嚎，彷彿有人在裡面虐待牠。

我把門打開，牠一看到我就停住了，我進去安撫牠幾分鐘，又走出去，站在門外，開始數秒：一、二、三……牠等了七秒鐘才開始嗚嗚叫。我們重複這樣的行為好幾次，每次結果都一樣。我累了，決定就讓牠叫到睡著吧。我留著車庫燈沒關，把門關上，走到屋子的另一端，爬進被窩裡。水泥牆幾乎沒什麼作用，蓋不住牠可憐兮兮的哭聲。我

躺在床上，想辦法裝作沒聽到，想說牠隨時會放棄。牠一直哭一直哭。甚至我用枕頭蒙住頭，還是能聽到。我心想這是牠頭一次落單，孤零零在陌生的環境裡，聞不到其他狗的味道。牠的媽媽不見了，也找不著兄弟姊妹，真是可憐的傢伙。如果是我，我會有什麼感覺？

我又撐了半小時，終於起床去看牠。一看到我，牠的臉瞬間發亮，尾巴興奮地拍著紙箱，彷彿在說：『**來吧，進來，這裡空間很大。**』不過我卻是把紙箱抬起來，連著牠一起帶進臥房，把箱子放在床邊。我躺在床的邊緣，手垂到箱子裡，靠在牠的身體上，感覺著牠的胸腔隨著呼吸起伏，然後我們一起漸漸進入夢鄉。

04 扭扭先生

接下來幾天，我盡情和新狗狗玩耍。我和牠一起躺在地板上，讓牠在我身上跑跳撲蹭，還和牠玩摔角。我用舊毛巾跟牠玩拔河——牠現在的力量也大得讓我嚇到。牠跟著我到處轉——也想要啃任何嘴巴搆得到的東西。牠只花一天就發現新家最棒的玩具：衛生紙。牠跑到浴室，五秒鐘後衝回來，嘴巴咬著捲筒衛生紙的末端在屋裡衝來衝去，紙緞帶在牠身後飄逸。整個地方看起來就像是在慶祝萬聖節似的。

每半小時，我會帶牠到後院大小便。如果牠在家裡沒忍住，我會責備牠。如果牠在屋外尿尿，我會把臉靠著牠，用我最溫和的語調稱讚牠；如果牠在屋外大便，我的歡呼聲就像牠剛剛叼給我中了頭獎的樂透彩券。

珍妮從迪士尼回來後，也一樣毫無保留地盡情寵愛牠。那真是難得一見的景象，日子一天天過去，我逐漸看到我的年輕妻子冷靜、溫和、母性的一面，那是我從沒看過的。她抱牠，撫摸牠，跟牠玩，對牠的每件事大驚小怪。她梳理牠的每一束毛，尋找跳蚤和牛虱。晚上每兩小時醒來一次，真的是每一晚，然後帶馬利去外面大小便。牠能在

僅僅幾週內就學會定點大小便，完全要歸功於珍妮。

大多時候都是珍妮在餵牠。

我們遵守飼料袋上的指示，每天給馬利三大碗幼犬飼料。牠在幾秒鐘內就能清得一乾二淨。當然，有吃就有拉，沒多久，我們的後院就像地雷區一樣危機四伏。要不是把眼睛睜得大大的，我們一步都不敢踏進去。若說馬利的食欲大得嚇人，牠的大號也是不遑多讓，巨大的糞丘看起來跟入嘴前的樣子沒什麼兩樣。牠真的有消化這些食物嗎？

顯然是有的。馬利成長的速度驚人，就像那些可以在數小時內覆蓋一棟屋子的神奇亞馬遜叢林樹藤一樣，牠正以等比級數的速率朝各個方向拓展。每天牠都更大一點、寬一點、高一點、重一點。我帶牠回家時，牠九點五公斤重，才幾個星期就已經長到快二十三公斤。我載牠回來的那晚，還可以輕鬆用單手包覆牠小巧可愛的頭，但現在牠的額頭已經變形成如打鐵的砧板一樣平坦、一樣沉甸甸。牠的腳掌很巨大，腹部已經長出肌肉，胸膛幾乎跟推土機同寬。正如書上預言的，牠細細的幼犬尾巴，變得和水獺一樣粗壯有力。

那條尾巴可真不簡單。家中每樣在膝蓋高度以下的東西，都被馬利野蠻的扭扭武器甩得粉碎。牠能清空茶几、弄散雜誌、推翻架子上的相框、掃飛啤酒罐和酒杯，甚至在落地窗玻璃上留下裂痕。每樣不是固定住的東西，一件件被移到了高處，以策安全，免

得受到牠的搖搖錘攻擊。有小孩的朋友來我們家時，都驚嘆說：『你們已經做好保護嬰兒的措施了。』

馬利其實不是搖尾巴，比較像是搖整個身體，從肩膀搖到臀部，就像狗兒版的魔術彈簧，我們簡直想說牠身體裡根本沒有骨頭，只有一條很巨大的、伸縮自如的肌肉。珍妮開始叫牠『扭扭先生』。

牠搖得最厲害的時候，絕對是嘴裡咬著東西的時候。牠的反應總是一模一樣：咬住最靠近的鞋子、枕頭或鉛筆——真的，隨便什麼東西都行——然後落跑。牠的腦袋裡似乎有個聲音在說：『去吧！把它撿起來！流滿口水！快跑！』

有些叼走的東西比較小，可以藏在嘴裡，牠特別喜歡這類東西——大概覺得神不知鬼不覺吧。但如果馬利會玩撲克牌，一定會輸得一塌糊塗，因為牠藏東西時，沒辦法掩飾心中的竊喜。牠總是橫衝直撞，但是有些時候會加速成急遽暴衝，彷彿有個隱形的淘氣鬼在鼓動牠。牠的身體會顫抖，頭會搖來搖去，臀部像在跳扭扭舞。我們稱這個動作為『馬利曼波』。

『好了，這次你又拿了什麼？』我每次都這麼說。等我接近的時候，牠會開始逃脫，在房間裡邊搖邊退，屁股轉呀轉，頭急速上下點，就像嘶嘶叫的小馬，牠因為能夠偷渡禁品而變得太過興奮，沒辦法故作冷靜。等我終於逮住牠，掰開牠的下巴時，我從

來不會失望，總能找到牠從垃圾桶或是地板撿來的東西，等牠大了點後，還會從餐桌叼東西：紙巾、一疊衛生紙、發票、軟木塞、迴紋針、西洋棋棋子、瓶蓋——牠的嘴巴簡直是廢棄物中心。有天我撬開牠的狗嘴，往裡頭一瞧，赫然看到我的薪水支票黏在上顎。

短短幾週，我們就快不記得沒有這位新室友的生活是怎麼過的。沒多久，我們建立了一套新習慣。每天早上由我先開始，還沒吃早餐前，我帶牠去岸邊快走。吃完早餐後，我在還沒淋浴前先拿著鏟子到後院，把牠的『地雷』埋在後面空地的沙子堆裡。珍妮要在九點前出門上班，我通常在十點之後出門，出門前，我要先把馬利關在水泥碉堡裡，給牠一碗水、一堆玩具，然後我愉悅地對牠說：『馬利，要乖乖的喔。』珍妮在十二點半回家午休，她會餵馬利中餐，然後在後院與牠玩球，直到牠累了為止。一開始時，她還會在下午時回家一趟，放牠出來。大部分時候，吃完晚飯後，我們會一起牽著馬利到海灘邊走走，沿著沿岸水道散步，看著棕櫚灘的遊艇在落日斜映下緩緩航行著。

說**散步**或許不太貼切，馬利散步時就像失控的火車頭。牠往前衝，用盡全力拉緊狗鏈，把自己勒個半死。我們往後扯，牠把我們往前拖。我們愈扯，牠就愈拉，咳得像是領口太緊的老菸槍。牠總是左右亂竄，衝倒每個郵筒和樹叢，這裡聞聞，那裡喘喘氣，

想找地方尿尿，但又停不下來，常常沒瞄準，尿在自己身上的比在目標物上的多。牠在我們身後繞來繞去，把狗鏈纏繞在我們腳踝上，然後突然往前一躍，害我們差點絆倒。如果有人牽著一隻狗經過，馬利會興奮地衝過去，想要交個朋友，狗鏈頓時勒住牠，讓牠前腳懸在半空中。『牠顯然很熱愛生活。』有位狗主人這麼說，道盡了一切。

牠小時候我們還能在狗鏈拔河戰中獲勝，但幾週過去後，權力平衡開始轉變。牠愈長愈大，愈來愈強壯，顯然沒多久，牠會比我們兩個都還有力。我們知道一定要駕馭牠，教牠學會跟隨，免得牠把我們拖到行進的車輛前，害我們可恥地慘死輪下。我們有些朋友有豐富的養狗經驗，他們都說不用急著訓練牠。『還太早啦，』其中一人建議，『你們也先盡量享受享受牠的童年吧。這段時間很快就會過去，接著就要認真訓練牠了。』

我們聽從他們的建議，當然，我們也不讓牠任意妄為。我們立下規矩，盡量嚴格執行：不可以跳上床和家具、不能喝馬桶水、不能聞胯下、不可以咬椅腳。這些都是大忌，犯了都該好好罵一頓。『不行』變成我們最愛的詞。我們教牠基本指令：過來、停下、坐下、趴下，但不太成功。馬利年輕力壯，注意力極差，而且像炸藥一樣不穩定。牠很容易興奮，與牠的任何接觸都會讓牠高興到撞牆，就像喝了三倍分量的濃縮咖啡一樣興奮。我們過了好幾年才知道，牠的行為是一種病症的早期徵兆——後來被套用在成

千上萬難以控制、屁股坐不住的學童身上。我們的小狗表現出典型的『注意力缺失過動症』❺的症狀。

不過，即使小馬利精力充沛，連連闖禍，牠在我們家與我倆的關係中卻扮演了很重要的角色。正因為馬利需要呵護看管，所以珍妮知道她能夠勝任母親的照顧工作。她已經照顧牠好幾週，不僅沒害死牠，牠還活蹦亂跳。我們開玩笑說，或許我們應該限制食物量，抑制牠的成長，壓抑牠的活動力。

珍妮從冷血的植物殺手，轉變成無微不至的狗媽媽，這總是讓我驚異不已，我想她自己也很訝異。有一天，馬利用力咳嗽，我都還沒看出牠出了狀況時，珍妮就已經行動，她飛奔過去，用單手撬開牠的嘴巴，另一隻手伸入咽喉裡，拉出一大團濕答答的玻璃紙。馬利一副沒事樣，又再咳了一下，尾巴猛力拍牆壁，抬頭看著她，表情彷彿在說：『可以再來一次嗎？』

隨著愈來愈習慣這位新家庭成員之後，我們開始能自在地談論用其他方式來擴大我們的家庭。帶馬利回家沒幾週，我們就決定停止避孕，這跟計畫懷孕不同，因為計畫懷孕對於兩個努力不為生活訂定目標的人來說，實在太過大膽。我們反而逆向思考，只決定停止避免懷孕，雖然明知這只是個迂迴的邏輯，但不知為何我們覺得這樣比較好。不

會有壓力，完全沒有。我們沒有試圖生小孩，只是讓該發生的發生，順其自然發展。**該來的也躲不掉**，這就是我們的思維。

坦白說，我們只是嚇壞了。我們有不少朋友為了懷孕試了好幾個月，甚至幾年，卻不斷落空，漸漸只能公開那無法再掩蓋住的可悲絕望。在晚餐聚會中，他們會滔滔不絕地講著門診、精子數量和記錄月經週期，讓其他人尷尬不已。哪能夠說什麼呢？『我覺得你的精子數量一點問題也沒有！』那實在令人痛苦得無法承受，一想到有可能加入他們的行列，就把我們嚇個半死。

珍妮結婚前曾有幾次子宮內膜異位而做過腹腔鏡手術，移除輸卵管內多餘的結痂組織，這些都不利於她受孕。我們過去的一個小秘密更是令我們困擾不已。在我們交往之初的盲目熱戀期，慾望壓過任何一分理智，什麼預防措施都跟著我們的衣服一起扔到角落。我們瘋狂做愛，沒做任何避孕措施，不只一次，而是許多次。這是極為愚蠢的行為，過了幾年後回想，當初能神奇躲過意外懷孕，我們實在應該感激得五體投地，但我們兩個心裡想的卻是：**怎麼會這樣？沒有哪對正常男女能歷經這麼多次真槍實彈，卻什**

❺俗稱『過動症』。

麼事都沒發生。我們都深信懷孕絕對不是件輕鬆的事。

所以當朋友宣佈計畫懷孕時，我們都一聲不吭。珍妮只是把她的避孕藥收進醫藥箱裡，忘掉它們的存在。如果她真的懷孕，好極了，如果沒有，反正我們也沒真的在試，不是嗎？

西棕櫚灘的冬天是個很棒的時節，夜晚涼爽，白天溫暖乾燥、陽光普照。難熬、漫長、沉悶的夏季終於結束，再也不必成日躲在冷氣房裡，或是從一片樹蔭逃到另一片樹蔭下，躲避炙人的驕陽。我們能在冬季享受到副熱帶氣候比較溫和的一面。可以在後院的門廊吃三餐，也可以每天早上喝現榨的柳丁汁，而且柳丁還是從後院的果樹採下的。我在屋旁開闢了一小塊果菜園，栽種幾顆番茄樹。有時摘下幾朵跟小碟子一般大的木槿花，放入餐桌上的小水碗裡，看著花朵在水上漂浮。晚上我們開窗睡覺，梔子花的香氣縈繞。

三月底的某一天，在這樣的好天氣下，珍妮邀請一位同事帶她的巴吉度獵犬巴弟過來『狗聚』。巴弟是從收容所認養的流浪狗，有一張極度悲傷的臉。我們放兩隻狗到後院去，牠們追逐起來。老巴弟有點不太確定要怎麼面對這隻跑來跑去、緊緊繞著牠轉的過動黃毛少年。但最後牠欣然以對，兩隻狗打鬧玩耍了一個多小時，最後牠們癱在芒果樹下，累壞了。

幾天後，馬利開始渾身抓癢，不肯停止。牠抓得很用力，我們擔心牠會把皮膚抓流

血。珍妮跪下來做例行檢查，手指伸進牠的毛髮內，把毛分開，檢查皮膚。沒過幾秒，珍妮大叫：『真是的！你看。』我探頭過去看珍妮撥開的地方，剛好看到一個小黑點匆忙躲起來。我們讓馬利躺下，開始搜索每一吋的毛。馬利對於我們兩人的專注感到興奮不已，快樂地喘氣，尾巴上下拍打地板。我們看到的每個地方都有牠們的蹤跡——跳蚤！一大群跳蚤，在腳趾間、在狗圈下，還深入牠下垂的耳朵裡。即使牠們跳得很慢，能讓我們一隻隻挑出來，但是數量也太多了，根本不可能抓得完，況且牠們其實很快就不見蹤影了。

我們聽過佛羅里達遠近馳名的跳蚤與牛虱問題，因為沒有寒冬，甚至不會結霜，所以在這個溫暖潮濕的環境，蟲子的數量永遠不會減少，只會不斷成長。在佛羅里達，連棕櫚灘岸邊的豪宅都會有蟑螂出沒。珍妮嚇壞了，她的愛犬長滿害蟲。當然，我們歸咎於巴弟，雖然沒有任何實證。珍妮心裡想的不只是狗狗長滿跳蚤，而且整個屋子也都是蟲。她抓起車鑰匙，衝了出去。

半小時後，她拎著一個袋子回來，裡面的化學藥品足以填滿一個超級基金的基地❻。有除蚤洗毛劑、除蚤粉、除蚤噴霧、除蚤泡沫和除蚤滴劑，還有噴在草地上的殺蟲

❻『超級基金』（Superfund）：這是美國環保署為清除遭受有害物質汙染的土地而成立的基金，並有多個基地儲存汙染物質。

劑，店員告訴她，如果我們想要讓這些小雜碎全軍覆沒，就一定要噴殺蟲劑。她還買了一支專門梳蟲卵用的梳子。

我翻翻袋子，拿出收據。『天啊，老婆，』我說，『我們都可以租一台除蟲噴粉機了。』

我的妻子毫不在意。她已經回到殺手模式——這次是為了保護她的寶貝——而且她是認真的。她帶著殺意，投入這項任務，先把馬利放在洗衣盆裡，用特殊肥皂刷洗。接著她調配好滴劑，倒在牠身上，讓牠身上每一吋都浸濕。我注意到，滴劑的成分跟草地殺蟲劑相同。馬利現在聞起來像迷你版的化學公司廠房，正在車庫裡晾乾，而珍妮則瘋狂地用吸塵器四處吸著——地板、牆壁、地毯、窗簾、沙發墊。接著她開始噴噴霧。她在室內噴時，我在室外噴。『妳覺得我們殺光那些小雜碎了嗎？』等終於噴完後，我問。

『我想是的。』她說。

我們對邱吉爾路三百四十五號的跳蚤發動的多重攻勢，獲得壓倒性勝利。我們每天檢查馬利，掰開腳趾，翻起耳朵，拉高尾巴，摸遍腹部，我們能碰到的每一吋皮膚，都找不到任何跳蚤。我們檢查地毯、沙發、窗簾底部和草地——乾乾淨淨。敵人已經殲滅了。

05

驗孕棒

過了幾週，我們躺在床上讀書，珍妮突然闔上書本，說：『這大概也沒什麼。』

我心不在焉，連頭也沒抬起來，說：『什麼沒什麼？』

『我的月經還沒來。』

她引起了我的注意。

『妳剛才說什麼？妳的月經？』我轉頭看她。

『有時候會比較晚，但已經超過一星期了，而且我也感覺怪怪的。』

『覺得怪怪的？』

『像是我會想吐。有天晚上，我才喝了一口酒，就覺得很想吐。』

『完全不像妳平常的樣子。』

『光想到酒精就讓我覺得想吐。』

我並不打算提起，但最近她的脾氣確實很古怪。

『妳覺得……』我問。

『我不知道，你覺得呢？』

『我怎麼可能知道？』

『我本來不想說的，』珍妮說，『只是以防萬一……你知道的，我不想要壞了事。』

在那一刻，我才領悟這對她以及對我有多重要。想成為父母的欲望已經偷偷擄獲我們，我們已經準備好迎接新生兒了。我們並肩躺在床上一會兒，一句話也沒說，呆呆地看著前方。

『我們今晚不可能睡著了。』我終於說。

『我快受不了這樣被吊胃口了。』她坦承。

『來吧，換衣服，』我說，『去藥房買驗孕棒。』

我們換上短褲和上衣，開了前門，馬利趕在我們前頭，牠對於能深夜出遊感到非常開心。牠倚靠著我們的豐田小車，跳上跳下，搖來搖去，口水飛濺，大口喘氣，對於我即將打開後門興奮得要命。『天呀，不說的話，別人還以為要當爸爸的人是牠呢。』我說。我打開門後，牠急速跳進去，飛到另一側，完全沒碰到座椅，直接猛力撞到另一邊的玻璃車窗才停住，但顯然沒什麼大礙。

藥房開到半夜，珍妮進去買，我和馬利在車上等她。若說有些東西是男人不該買的，驗孕棒大概堪稱第一名。馬利在後座走來走去，唉唉叫著，緊盯著藥局的大門，情

緒激昂。每當牠興奮時——幾乎也就是牠清醒的每一刻——牠總是在喘氣、流口水。

『喂，拜託，坐下啦，』我告訴牠，『你難道怕她會偷偷從後門溜走嗎？』牠的回答是大力搖頭，甩了我一身的口水和散毛。我們已經習慣馬利的行車禮儀，所以都會在前座準備一條緊急毛巾。我拿起毛巾擦擦自己和車子裡面。『別急，』我說，『我相信她有打算回來。』

五分鐘後，珍妮回來了，手上提著一個小袋子。我們開出停車場時，馬利將肩膀擠進我們的迷你車前座的中間，前腳靠在中控台上，鼻子碰到後照鏡。每次轉彎，牠都會倒在手煞車上，胸部先著地。每次跌倒後，牠總是若無其事，更加興奮地回到原來的位置。

過了沒多久，我們在家裡的浴室，將八點九九美金的驗孕組放在洗手台上。我大聲讀著指示。『聽好了，上面說它的準確率是百分之九十九。首先妳要尿在這個杯子裡。』接著是把瘦長的塑膠驗孕棒浸入尿液中，再浸入驗孕組附的一小罐溶液。『等五分鐘，』我說，『然後再放進另一個溶液裡十五分鐘，如果變成藍色，妳就中獎了，寶貝！』

我們先計時五分鐘，珍妮把驗孕棒放進第二罐溶液裡，說：『我不想在這兒等。』

我們去客廳裡閒聊，假裝只是在等水煮沸，根本沒什麼。『那些海豚後來怎麼了？』我說。但我的心臟狂跳，緊張的恐懼感升起。如果結果是有了，哇哈，我們的生活將永遠改變。如果沒有，珍妮會很難過，我漸漸領悟到，我大概也會很難過。過了一

世紀後，計時器響了。『時間到了，』我說，『不管如何，我都愛妳。』

我走到浴室，把驗孕棒從罐子拿出來。不用懷疑，它絕對是藍色的，那是海底的藍色，黑亮、渾厚、深邃的藍色，不會跟其他顏色搞錯的藍色。『恭喜啦，老婆！』我說。

『天呀！』是她唯一說得出的話，然後她投入我的懷抱。

我們站在洗手台旁，擁著對方，雙眼閉上，這時我開始注意到腳邊的動靜。我低頭，看到馬利搖著尾巴，搖頭晃腦，牠的尾巴用力敲著毛巾櫃，讓我不禁擔心可能會敲出凹痕。我彎腰摸牠，牠竟躲開。不妙，原來是馬利曼波，那只意味著一件事。

『你這次又拿了什麼？』我說，然後開始追牠。牠往後躲，跑向客廳。最後我終於堵住牠，把牠嘴巴掰開。一開始我什麼也沒看到，然後在舌頭後端，幾乎接近無底洞邊緣處、食道口附近的地方，我看到了一樣東西，形狀細長扁平，跟海底的海水一樣藍。我伸手進去，掏出我們的陽性反應驗孕棒。『抱歉讓你失望了，』我說，『不過這要收進剪貼簿裡頭。』

珍妮和我開始大笑，笑了很久。我們一面揣測牠那顆大腦袋可能在想什麼，一面笑得好開心。**『嗯，如果我摧毀證據，或許他們就會忘了這件事情，我就不用和入侵者瓜分我的城堡了。』**

珍妮捧起馬利的前腳，拉著牠在客廳裡跳舞。『你要變成叔叔了！』她忍不住唱起

來。馬利用標準反應回應——往前撲，濕答答的大舌頭舔著她的嘴巴。

隔天珍妮從公司打電話給我，她的聲音很亢奮。她剛從醫院回來，醫生正式確認驗孕棒的結果。『他說我是準媽媽囉！』她說。

昨天晚上，我們已經用日曆往回推算，想要找出受孕的日子。她擔心在幾星期前我們發動歇斯底里的殲滅跳蚤行動時，她已經懷孕。接觸那些殺蟲劑不太好，不是嗎？她問過醫生，他回答說這應該不會怎樣，只要不要再用就好。他給她開了一些懷孕期需攝取的維他命，要她三週後回去做超音波檢查，這個電子顯像程序能讓我們看到在珍妮肚裡成長的小胚胎。

『他要我們記得帶錄影帶去，』她說，『這樣才能拷貝一份給我們後代子孫看。』

我在我的桌曆上記了下來。

06

心有靈犀

南佛羅里達本地人會告訴你這裡有四個季節。他們承認，雖然不明顯，但仍是四個不同季節。別聽他們的，這裡只有兩個季節，一種是溫暖乾燥，另一種是潮濕炎熱。大約是在有一晚，一夜之間，天氣變成熱帶悶熱沉窒的氣候，我們從睡夢中熱醒，才發現我們的小狗已經不是小狗了。跟冬天迅速轉變為夏天一樣，馬利似乎也轉型成瘦長的青少年。才五個月大，原本過大的黃色皮毛，身體鬆垮的皺褶，已經撐緊了。巨大的腳掌不再滑稽地不成比例，像針一般尖利的乳牙，已經換成幾口就能摧毀掉飛盤（或是全新的牛皮鞋）的巨大犬齒。吼叫聲變成帶有威脅性的低沉嗚嗚聲。牠常常用後腳站立，就像跳舞的俄羅斯馬戲團棕熊一樣亂走，站起來時，牠能把前腳放在我的肩膀上，直視我的雙眼。

獸醫第一次看到馬利時，輕輕吹了一聲口哨，說：『你這隻狗以後會是巨無霸。』

沒錯，確實如此。牠長成英挺的成犬，我忍不住向不相信我的珍妮小姐指出，我原先為牠取的名字還算挺恰當的。葛羅根家族之邱吉爾的至尊馬利除了住在邱吉爾路上

外，也體現了至尊的意義，至少在不追自己的尾巴時是這樣。有時候，在將體內的每分精力消耗掉後，牠會躺在客廳的波斯地毯上，享受百葉窗透進的陽光。牠抬起頭，鼻頭濕亮，雙腳交叉擺在前方，彷彿是埃及人面獅身像。

我們不是唯一注意到牠的變化的人。路人會離牠遠遠的，看到馬利往他們的方向蹭，他們會害怕地往後退，這都證明他們不再認為牠是隻沒有危險性的小狗。對他們來說，馬利已經長成令人畏懼的動物。

我們的大門在視線的高度處，有個小小的橢圓形玻璃小窗，大約十公分寬、二十公分長。馬利很黏人，每次只要有人按鈴，牠就會火速衝到門邊，接近玄關時變成高速滑行，在木質地板上打滑，一直往前衝，擠開門墊，用力撞到大門才終於煞住。接著牠用後腳站立，興奮地狂吠，牠的大頭整個擋住小窗戶，往外看站在門外的人。馬利認為自己是常駐的歡迎車隊，牠覺得這是熱情的迎接。對於推銷員、郵差，以及任何不認識牠的人，這彷彿是史蒂芬・金筆下的狂犬庫丘❼現形，而擋住這個冷血巨獸的只是一扇單

❼狂犬庫丘：驚悚恐怖大師史蒂芬・金暢銷名作《狂犬庫丘》（Cujo）的主角——一隻可怕的殺人犬。本書並曾被改編拍成賣座電影。

薄的木門。不止一次，陌生人按了電鈴後，看到馬利在玻璃另一邊吠叫，盯著外頭，會立即衝回車道上，等著屋裡的人應門。

我們發現，這一點其實也不一定是壞事。

我們的社區是都市開發者所謂的更新社區。這個社區在一九四〇年代到五〇年代間興建，原先的居民是避寒的北方人與銀髮族，隨著原屋主凋零，龍蛇混雜的租屋者和工人階級家庭慢慢取代他們，這個地方開始走下坡。等我們搬進來時，這個社區又再轉變，這次是高雅化。同性戀、藝術家與年輕的專業人士喜歡它親水的環境、時髦的裝飾藝術風建築，於是在此聚居。

我們這一區是緩衝區，介於飽經風霜的南迪克西公路與岸邊時髦的大宅之間。迪克西公路是原本的聯邦公路一號，沿著佛羅里達的東岸蜿蜒，在州際公路興建前是通往邁阿密的主要幹道。迪克西公路有五線道，被太陽晒得乾裂，南下與北上各有兩線道，另有一線道是雙向共用的左轉道。兩旁是一排有些破敗、不太體面的廉價商店、加油站、水果攤、寄賣店、餐廳和年代已久的家庭汽車旅館。

在南迪克西公路與邱吉爾路的交叉口上的店鋪是酒類專賣店、二十四小時便利商店、安全嚴密的外國商品店，以及開放的投幣式洗衣店，整晚都有人在那裡閒晃，通常會把裝著酒瓶的紙袋扔在那裡。我們的屋子在這個街區的中央，和嘈雜的十字路口隔了

八棟屋子。

這個社區對我們來說似乎挺安全的，但我們也看過它的黑暗面。放在院子裡的工具不見了；罕見的寒流來襲時，有人把我堆在房子邊的木炭全部偷走。有個星期天，我們在最愛的餐廳吃飯時，坐在大門窗戶邊的老位子上，珍妮指著強化玻璃上的子彈孔，冷冷地說：『上次我們來的時候，絕對沒有那個洞。』

有天早上我開車出門上班時，看到一名男子躺在水溝裡，雙手和臉都沾滿血。我停下來，跑向他，以為他被車撞了，但等我蹲下來看他時，聞到一股刺鼻的酒味和尿味，接著他開口講話，很明顯他醉了。我叫了救護車，陪他一起等，但等醫療人員抵達時，他拒絕接受治療。我和醫療人員眼睜睜看著他搖搖晃晃往酒類專賣店走。

另外一個晚上，有個看起來像是走投無路的男子敲了我家的門，告訴我他要去找住在另一個街區的朋友，但車子沒油了。我能借他五美元嗎？明天一大早他就會還我。我心想：**大哥，最好你會還**。我提議幫他找警察幫忙時，他扯了一個很爛的理由，立即走掉。

最讓人毛骨悚然的是在我們家斜對面那一戶發生的事。在我們搬入的幾個月前，發生了一樁謀殺案，還不是普通的謀殺案，而是血腥殘暴得不得了，受害者是一位行動不便的寡婦，還有一把鏈鋸。這起謀殺案登上了各大媒體頭條，我們搬進來前便已經熟知細節——每一件事，就是不知道發生地點。我們現在住在命案現場的斜對面。

受害者是退休的學校老師，名叫露絲‧安‧奈德美，獨居，屬於這個社區的第一代居民。在接受髖關節置換手術後，她雇用一位日班護士照顧她，這是個要命的決定。警方後來確認，這名護士偷走奈德美太太的支票，偽造簽名。

奈德美老太太雖然身體虛弱，但腦袋還很清楚，她質問護士支票為什麼不見了，帳戶為何有異常提領。護士驚慌失措，用棍子把老太太打死，然後打電話給男朋友，男朋友帶了一把鏈鋸協助她在浴缸裡支解屍體。兩人合力把屍塊裝進大行李箱裡，將血跡清乾淨，駕車離開。

鄰居後來告訴我們，有好幾天，沒人知道奈德美太太到哪去了。這個謎團終於解開，有個人報警說，他的車庫傳來可怕的臭味。警察發現了行李箱以及駭人的內容物。他們問報警的人：這個箱子從哪來的？他老實回答：他的女兒問說可不可以把箱子放在這裡保管。

雖然奈德美太太遭兇殘謀殺的事件，是本街區有史以來最熱門的話題，但是我們準備要買這間房子時，沒人透露半個字。不管是不動產經紀人、屋主、土木技師、測量師，通通一聲不吭。我們搬進來的第一個禮拜，鄰居帶著烘焙餅乾和燉菜來拜訪，順便告訴我們這個新聞。晚上躺在床上時，很難不去想臥室窗外三十公尺遠的地方，有位柔弱的寡婦被大卸八塊。我們告訴自己，那是內賊，絕對不會發生在我們身上，但每次經

過那裡，或是從前窗看過去時，我們實在無法不去想那件事。

馬利加入我們後，看到陌生人如此畏懼牠，似乎給了我們過去所沒有的安全感。牠是隻熱情黏人的大憨狗，攻擊侵略者的唯一絕招必定是把他們舔到死掉，但是外面的小偷和強盜不需要知道這一點，我們寧願他們認為馬利是隻兇猛暴躁的瘋狗。

珍妮很能適應懷孕的生活。她開始清早醒來遛馬利，準備營養均衡的健康餐點，吃一大堆新鮮蔬菜和水果。她謝絕咖啡因和健怡可樂，當然，還有酒精，我連放一匙的雪莉料理酒調味都不行。

我們說好要等到胚胎成長到不會流產的階段，才公布懷孕的消息，但是我倆都不太會保密。我們太過興奮，向一位又一位的好友洩漏這件喜事，要求他們先保密，最後我們的秘密不再是秘密。一開始我們先告訴父母，接著是兄弟姊妹，然後是好朋友、同事、鄰居。珍妮的腹部在十週大時，只是有點圓潤而已。這件事顯得愈來愈真實，為什麼不和全世界分享我們的喜悅呢？等到珍妮做超音波產檢的那一天，我們幾乎已在看板上張貼這個消息：約翰和珍妮要生小孩了。

看診那天早上，我向報社請假，而且遵照醫生指示帶了空白錄影帶，捕捉小寶貝最初的模糊影像。這次診察部分是檢查，部分是提供資訊。一位產科護士會負責回答我們

的問題，測量珍妮的腹部，聽胎兒的心跳聲，當然，還有給我們看在珍妮腹部內的小小貝比。

我們在早上九點到，充滿期待。產科護士是一位和善的中年婦女，帶有英國口音，她帶我們進去診察室，立刻問我們：『你們想聽胎兒的心跳聲嗎？』我們告訴她：『當然。』她把一個像麥克風的東西放在珍妮的腹部上，連接擴音機，我們專心聆聽，一言不發坐著，笑容僵在臉上，努力想聽到微弱的心跳聲，但只聽到擴音機的雜音。

護士說這很平常。『因為胎兒的位置不同，有時候你什麼都聽不到，現在可能還早了點。』她提議我們直接做超音波檢查。『來看看你們的貝比吧！』她愉快地說。

『小葛寶寶首次露臉喔。』珍妮對著我燦爛地笑。

護士帶我們進去超音波室，要珍妮躺在檢驗床上，床邊有一台顯示器。

『我帶了一卷帶子。』我說，對著她揮揮帶子。

『先等一下。』護士說。她掀起珍妮的上衣，用一個形狀大小像曲棍球餅的工具在她的腹部上下移動。我們盯著螢幕，看到一片灰。『嗯，好像沒有掃到影像。』她的口氣全然平靜。『我們要試試陰道超音波，陰道超音波的影像比較清楚。』

她離開超音波室，幾分鐘後，與另一位護士回來，這位護士身材高䠷，淺金色頭髮，指甲有彩繪，名叫愛希，她請珍妮脫掉內褲，將包覆在乳膠內的探測器插入陰道。

護士說得沒錯，影像畫質比之前的超音波好很多。在一片灰色中，她聚焦在一個看起來像小胚囊的東西，她按了一下滑鼠，放大它，再放大，再放大。但即使影像清晰，那個胚囊看起來像是個空空的、不成形狀的襪子。書上說十週時會形成的小手和小腳在哪裡？小頭呢？跳動的心臟呢？珍妮頭側一邊看著螢幕，仍滿懷期待，她不安地笑了一聲，問護士：『裡面有東西嗎？』

我抬頭看到愛希的表情，立刻知道答案是我們最不想知道的。我突然清楚，為什麼她不斷放大影像時，一句話也沒講。她以相當專業的語氣說：『不是十週該看到的樣子。』我將手放在珍妮的膝蓋上，我倆仍盯著螢幕的渾沌，彷彿我們的意志力能讓影像活起來。

『珍妮，似乎出了一點問題，』愛希說，『我去叫薛曼醫生。』

我們沉默地等待。有些人描述說，在昏倒前，會看到一大群蝗蟲，我現在能瞭解那是什麼樣的感覺。我覺得血液急速離開頭部，雙耳聽到嗡嗡聲。我心想，如果我不坐下，就會昏倒。那有多丟臉啊。我堅強的妻子勇敢承受這不幸的消息，而丈夫卻昏倒在地上，護士拿著嗅鹽，試圖讓他甦醒。我斜靠在檢查台邊緣，一隻手握著珍妮的手，另一隻手撫摸她的頸子。她眼眶溢滿淚水，但沒有哭出來。

薛曼醫生相當高大、相貌端正，講話直接，但相當和藹可親，他證實胚胎已經死

亡。『不然我們一定會看到心跳。』他耐心解釋我們從書上已經看過的資訊，也就是平均六次懷孕，有一次會流產。這是自然機制，淘汰衰弱、遲緩與有重大殘缺的胚胎。他顯然想起珍妮對跳蚤噴劑的擔憂，告訴我們這跟我們之前做的事、或沒做的事無關。他的手貼著珍妮的臉頰，彎腰靠近她，彷彿要親吻她。『我很抱歉，』他說，『妳可以等幾個月再試試。』

我們一言不發地坐著。放在檢查台上的空白錄影帶，突然變成莫大的諷刺，嘲弄我們天真無知的樂觀想法。我想要丟掉它，或藏起來。我問醫生：『現在我們要怎麼做？』

『我們要移除胎盤，』他說，『如果是幾年前，根本不會知道自己小產了，要等到開始出血了才知道。』

他提議我們先過了這個週末，星期一再過來接受手術，跟墮胎一樣，從子宮內吸出胚胎和胎盤。但是珍妮想快點解決，我也是。『愈快愈好。』她說。

『好吧。』薛曼醫生說。他給珍妮一種藥物可以促使陰道擴張，然後走了出去。我們可以聽到他走進走廊另一端的檢驗室，講了一句俏皮話，快活迎接另一位懷孕的媽咪。

房裡只剩我和珍妮，我們緊緊相擁，直到聽見有人輕輕敲了門。那是一位年紀更大的女人，我們之前都從未看過。她帶著一疊紙。『很抱歉，甜心，』她對珍妮說，『我很難過。』她指出真空吸引手術同意書要簽名的地方。

薛曼醫生回來時，已做好一切準備。他先替珍妮注射鎮靜劑，再注射止痛藥，雖然不是無痛，但手術很快結束。藥效似乎還沒完全發揮作用，他就已經完成了。結束時，鎮靜劑已完全發揮，珍妮幾近無意識地躺著。『請你注意她的呼吸，別讓呼吸停止。』醫生說完後，走出了檢驗室。我不可置信，不讓她停止呼吸不是他的工作嗎？她簽的同意書可沒寫：『病患可能因巴比妥酸鹽過量而隨時停止呼吸。』我依照指示，大聲和她說話，按壓她的手腕，輕拍她的臉頰，說些像是：『喂，珍妮！我叫什麼名字？』的話。她完全沒有反應。

幾分鐘後，愛希探頭進來看我們的狀況。她看到珍妮黯淡的臉，然後走了出去，沒多久拿著濕布和嗅鹽回來，她把嗅鹽放在珍妮的鼻子下很久，簡直像過了一世紀，珍妮才開始動，但只有一會兒。我持續大聲地對她說話，叫她深呼吸，要深到讓我的手能感覺到呼吸的程度。她的臉色慘白，我找到了她的脈搏：每分鐘六十下。我拿著濕布，焦急地擦著她的額頭、臉頰和脖子。終於，她醒過來了，但還是昏昏沉沉。『妳害我好擔心。』我說。她只是一臉茫然看著我，彷彿不明白我在擔心什麼。然後她又失去意識。

半小時後，護士幫忙珍妮穿好衣服，在辦公室裡，他們給我們一些術後指示：接下來兩週禁止洗澡、游泳、陰道灌洗、使用棉條和性愛。然後我們離開。

在車子裡，珍妮仍是表情漠然，一聲不吭，頭靠著乘客座的玻璃窗，看著窗外。她的眼眶有血絲，但她不肯哭出來。我努力想說些安慰她的話，但腦子一片空白。說真的，我能說什麼？我們已經失去貝比了。是的，我能告訴她我們還可以再試試，但她不會想聽，我也不想說。有一天我們能冷靜看待這件事，但不是今天。

我選擇景色優美的路線，開上佛拉哥公路，這條路從西棕櫚灘的北端開始——也就是診所的所在地——環繞海岸，通往南端我們的住家。日光在海面上閃爍，棕櫚樹微微擺向無雲的藍天。這天應是歡喜的日子，但我們高興不起來。一路上我們一句話也沒說。

到家後，我扶著珍妮走進去，躺在沙發上。然後我走到車庫裡，馬利一如往常，在車庫裡萬分期待地等著我們回來。牠一看到我，就衝向牠的特大號皮骨頭，銜著它繞來繞去，驕傲地展示。牠的身體搖動著，尾巴敲著洗衣機，就像在敲定音鼓的鼓搥。牠哀求我跟牠玩拋接的遊戲。

『馬利，今天不行。』我說，接著我帶牠從後門走進後院。牠朝著枇杷樹尿了很長一泡尿後，衝了回來，咕嚕嚕喝了許多水，水灑得到處都是。然後牠滑去客廳尋找珍妮。我花了好幾分鐘才關好後門，擦乾淨牠灑出的水，然後跟著牠走進客廳。

我一走進去，立刻呆住了。我會賭上一週的薪水，賭我眼前的景象不可能出現。停不下來、精力無窮的馬利，站在珍妮的雙膝間，大頭靜靜倚在她的大腿上，尾巴直直垂

在腳間，我從來沒看過牠的尾巴居然會在靠著我們時，沒有搖動。牠的雙眼看著珍妮，柔和地低嗚。她撫摸牠的頭幾次，然後毫無預警地，把臉埋進牠脖子厚實的毛髮裡，開始哭泣，那是放開的、發自內心的大哭。

他們維持這樣子很久，馬利如雕像般立著，珍妮抱緊牠，彷彿抱著特大號的玩偶。我站在旁邊，覺得自己像是偷窺狂，破壞了這個親密的時刻。然後，她沒有抬起頭，卻舉起一隻手示意我過去，我走到沙發旁，雙手摟著她。我們三個互相擁抱，共同撫慰我們的哀戚。

07 主子與野獸

隔天早上是星期六。清晨醒來，我發現珍妮側躺，背對著我，安靜地啜泣。馬利也醒了，下巴靠在床墊上，繼續安慰女主人。我起床，煮咖啡、榨果汁、拿報紙、烤吐司。幾分鐘後，珍妮穿著晨袍走出來，她的雙眼是乾的，撫慰似地對我笑了一下，彷彿說她已經沒事了。

早餐後，我們決定離開家裡，帶馬利去海邊游泳。在我們社區這裡，岸邊有個巨大的防波堤與成堆的圓礫石，我們沒辦法接近水邊。但如果你朝南走半個街區，防波堤會往內陸彎，露出一片小小的白色沙灘，那漂流木散佈的沙灘是狗狗玩耍的絕佳地方。我們走到小沙灘，我對著馬利搖晃一根棍子，然後鬆開狗鏈。牠像是飢民看到一條麵包一樣，死盯著棍子，眼神完全沒離開。『去撿！』我大叫，然後用盡全力把棍子丟到水裡。牠神勇一躍，跳過水泥牆，衝過海灘，跑進淺水區，激起一大片水花。這是拉布拉多拾獵犬天生的本能，已經設定在基因中，這是牠們的專業。

沒人確定拉布拉多拾獵犬起源何處，但大家都知道：不是在拉布拉多。這些強壯、

短毛的兩棲狗，在一六〇〇年代，首次在紐芬蘭的拉布拉多南方幾百哩外出現。當時探險家的日記寫著，當地的漁夫帶著一種狗上漁船捕魚，利用牠們的好本領，要牠們把網子和魚線拖回來，也叼回掉落的魚。這種狗厚實油滑的毛髮，讓牠們能忍受冰冷海水。精湛的泳技、無盡的精力以及能輕巧啣住魚隻，不會造成損傷，都使牠們成為北大西洋嚴酷的氣候條件下，最理想的工作狗。

這種狗是怎麼到紐芬蘭的，沒人知道，牠們不是原生於紐芬蘭，而且沒有證據能證明是最先定居此地的愛斯基摩人帶來的。最合理的推論是，歐洲與英國的漁民將拉布拉多的祖先帶來紐芬蘭，許多漁民跳船，在岸邊住下，聚居起來。我們現在所知的拉布拉多或許是從此時此地開始，未經計畫隨意混種，逐漸演進而成的。牠可能和體型更大、毛更粗濃的紐芬蘭犬源自相同祖先。

不管牠們是如何出現的，紐芬蘭島獵人很快就分派工作給神奇的拉布拉多犬工作，讓牠們抓回獵殺的飛鳥和水鳥。一六六二年，紐芬蘭聖約翰市的居民康拉克步行穿越紐芬蘭島，注意到當地數量龐大的諳水性的狗，他發現這類狗『透過訓練能有優異表現，能將鳥禽叼回……也有其他功用。』英國仕紳逐漸注意到這種狗，到了十九世紀初期引進英格蘭，在打獵時放牠們追逐雉雞、松雞和鷓鴣。

拉布拉多拾獵犬俱樂部在一九三一年成立，這個全國性的愛好團體的宗旨為保存

此品種的純正性，依據他們的說法，拉布拉多獵犬之名大約是在一八三〇年代意外出現的，地理常識顯然不足的莫晃博瑞伯爵三世寫信給巴克勒奇公爵六世，滔滔不絕地稱讚他的第一代拾獵犬，他寫道：『我總是叫牠們拉布拉多狗。』從此定下這個名字。這位老伯爵寫道，他相當努力保持『這個品種的純正性，與我得到的第一批狗相同』。但是其他人沒那麼尊崇血統，讓拉布拉多與其他獵犬自由交配，希望能移轉牠們優越的基因，結果證明，拉布拉多的基因很強韌，仍然能保留牠們的血統獨特性，在一九〇三年七月七日，正式獲英格蘭養狗協會認證為獨立品種。

拉布拉多愛好者思伊索長期繁殖此品種，他為拉布拉多拾獵犬俱樂部寫了一篇介紹：『美國獵人從英格蘭引進此品種，開發訓練拉布拉多，滿足在美國打獵的需求。如同牠們的祖先，拉布拉多熱愛跳入明尼蘇達的冰冷水面，銜回中彈的飛鳥。牠願意在西南部炎熱的天氣中整天奔跑，狩獵野鴿，唯一的獎賞是主人滿意地拍拍牠的頭。』

這是馬利傲人的血統，顯然牠繼承了至少一半的天性。牠是追逐獵物的大師，但似乎不太能瞭解『交出』獵物的概念。牠的態度大概是：**如果你這麼想要這根棍子，不會自己跳進水裡撿喔？**

牠從淺灘衝回沙灘，牙齒緊咬住獎賞。『拿過來！』我大吼，用力拍手。『過來，乖，把棍子給我！』牠躍過來，全身興奮地搖動，將海水和沙子撒滿我全身。然後，出

乎我的意料之外，牠竟然把棍子丟到我腳邊。我心想：哇！這樣的服務態度可真不賴！我回頭看珍妮，她坐在木痲黃樹下，我朝著她舉起大拇指，比了稱讚的手勢。但等我彎腰撿起棍子時，馬利已經準備好了。牠衝過來，咬住棍子，在沙灘上瘋狂地轉來轉去，到處亂跑。牠猛地轉回來，幾乎撞到我，激我追著牠跑。我試著撲上牠，但牠的速度和靈活度都比我好。『你應該是拉布拉多拾獵犬！』我大喊，『不是拉布拉多逃脫犬！』

但我的狗沒有我經過演化的頭腦，至少我的智力還略優於我的蠻力。我拿了第二根棍子，玩了很多花樣。把棍子舉到頭上，雙手交互拋著。從左邊傳到右邊，從右邊傳到左邊。我可以看出馬利的意志力正在崩解。原本牠口中的棍子，是牠想像中天下最珍貴的寶物，但現在瞬間失去價值。我手中的棍子像是妖女一樣吸引牠。牠愈爬愈近，最後只離我十幾公分遠。『啊哈！每天都有新的笨蛋出現，不是嗎？馬利？』我咯咯笑，將棍子抵著牠的鼻頭，牠用力盯著棍子，兩粒眼珠往內轉，成了鬥雞眼。

我可以看到牠頭腦裡的小算盤在打算著要怎麼搶到新棍子，又不用吐出舊棍子。牠的上唇在顫抖，因為牠正在測試二合一的咬法。沒多久，我空著的手已經抓住牠嘴裡的棍子末端。我拉一下，牠拉了回去，低聲吼叫。我把第二根棍子壓在牠的鼻頭上。『你很想要它，你知道的。』我低聲說。牠想要死了，已經受不了引誘。我可以感覺到牠的雙顎逐漸放鬆，然後牠出招了。牠張開嘴巴，想要咬住第二根棍子，也不放棄第一根。

沒半秒鐘，我就抓到第一根棍子，同時把兩根棍子舉得老高。牠往上跳，又吼又轉，顯然還很困惑為什麼如此精心籌畫的策略，竟然會一敗塗地。『這就是為什麼我是主子，你是野獸。』我告訴牠。牠把一大堆海水和沙子又撒到我臉上。

我把其中一根棍子丟進水裡，牠衝過去，邊跑邊狂叫。這次牠跑回來時，比上次聰明多了。現在牠很謹慎，不願意接近我，離我約十公尺遠，嘴巴咬著棍子，看著新的渴求目標，那碰巧是牠原先想要的東西：牠的第一根棍子。我現在高高舉起棍子，看到牠又在盤算。牠在想：**這一次我只要站在這裡等他把棍子丟出去，然後他就沒有棍子，我就有兩根棍子。**『你以為我很笨，對吧？狗狗。』我說。我的手往後轉，再很誇張地大喝一聲，用盡全力往前擲。想當然耳，馬利立刻狂奔進水裡，嘴裡仍咬著牠的棍子。但是，我根本沒把手中的棍子丟出去。你認為馬利有想通嗎？牠已經游到在棕櫚灘的半路上，才看到棍子還在我手裡。

『你好殘忍！』珍妮坐在她的長板凳上大喊，我回頭看，她笑得很開心。

等馬利終於游上岸，牠趴倒在沙灘上，雖然筋疲力盡，但還是不願意放棄嘴裡的棍子。我給牠看我的棍子，提醒牠我的棍子比牠的好上幾百倍，然後命令牠：『放開！』我的手往後轉，彷彿準備拋出去，那笨狗立刻站起來，又往水裡跑。『放開！』牠回來時，我又做了一次。我重複幾次，牠終於放開棍子。棍子一掉到沙灘上，我就把手中

的棍子丟出去給牠撿。我們不斷重複這個動作，每做一次，牠似乎愈來愈能瞭解這個概念。牠那顆硬邦邦的腦袋終於慢慢明白了：如果牠把棍子給我，那我會丟一根新的給牠。我告訴牠：『這就像辦公室的交換禮物，你要送出東西，才能拿到東西。』牠跳起來，沾滿沙子的狗嘴貼著我的嘴巴，我想這是牠表達已經懂了的方式。

珍妮和我走回家時，馬利已經累壞了，難得不會拉扯狗鏈。我對於我們的成就感到很驕傲。幾週來，珍妮和我努力教牠一些基本的社交技巧和禮儀，但進度慢得不可思議。我們彷彿是和一匹野馬住在一起——而且想教牠用高級瓷器喝茶。有時候，我覺得我之於馬利，就像安・蘇利文之於海倫・凱勒。我想起我的聖尚恩，而且我當時才十歲，就能教會牠一隻完美的狗需要知道的所有技巧。我納悶這次到底做錯了什麼。

但是這次的拋接練習帶來一絲曙光。我跟珍妮說：『我覺得牠終於開竅了。』她低頭看馬利慢慢跟著我們走。牠全身濕答答，全身是沙，唇上全是口沫，仍然緊咬著辛苦贏得的棍子。『我可沒那麼肯定。』她說。

第二天早上，還沒天亮，珍妮壓抑的啜泣聲把我吵醒。『嘿。』我說，然後抱住她。她的臉靠著我的胸膛，我感覺到眼淚濕透我的上衣。

『我沒事，』她說，『真的，我只是——你知道的。』

我真的知道。我試著扮演勇敢的大兵，但我也有相同感受，那種沉重的失落與挫敗。感覺很怪異，四十八小時前，我們還在全心迎接寶寶，現在卻彷彿根本沒有懷孕這回事。整件事似乎只是個無法清醒的夢境。

那一天，我開車帶著馬利去買菜，順便去藥房買珍妮需要的藥品。回程時，我開到花店，買了一大束鮮花插在花瓶裡，希望能讓她高興點。我把花束放在後座，就在馬利旁邊，用安全帶固定住花瓶，免得花散開。經過寵物店時，我即刻決定馬利也該有個禮物。畢竟，在我們生命中共同的女人悲傷不能自抑時，牠比我還懂得怎麼安慰她。『馬利乖！』我說。『我很快就回來。』我跑進店裡，立刻買個超大號皮製骨頭給牠。

我們幾分鐘後就到家。珍妮出來迎接我們，馬利衝出車子迎向她。『我們要給妳一個驚喜。』我說。但等我彎進後座拿出花束時，反而是我吃驚。我買的花束有白雛菊、黃菊、幾種百合花，以及鮮紅色的康乃馨，但現在我找不著康乃馨。我仔細看，發現斷頭的花莖，幾分鐘之前，那上面還有盛開的花朵。其他花都完好無缺。我狠狠瞪馬利，牠卻在我旁邊跳來跳去，彷彿在應徵街舞舞團的工作。『過來這裡！』我大吼。我終於逮住牠，把狗嘴撬開，發現證明罪行的鐵證。在牠的大嘴裡，一朵紅康乃馨像一團嚼爛的菸草一樣，卡在牠的上顎，其他大概都已經吞下去，我真想宰了牠。

我抬頭看珍妮，眼淚順著她的臉頰流下，但是這一次，是笑到流眼淚。就算我安排

墨西哥樂團飛來這裡，為她舉辦私人的演奏會，她也沒辦法這麼開心。除了笑，我也不知該做什麼。

『這隻死狗。』我喃喃念著。

『反正我也沒那麼喜歡康乃馨。』她說。

看到每個人都笑得很開心，馬利快活得不得了，牠直立起來，為我們表演一段霹靂舞。

第二天早上，從巴西胡椒樹枝幹灑下來的明亮陽光照亮床鋪，讓我從睡夢中醒來。看看時鐘，快要八點了。我看著我的妻子安詳睡著，她的胸膛隨著深長緩慢的呼吸起伏。我親吻她的髮絲，手臂環繞著她的腰，又再闔上雙眼。

08

意志之戰

馬利快六個月大時，我們帶牠去上服從訓練課程。老天！牠真的非常需要受訓。雖然在沙灘的那一天，撿拾棍子訓練有重大突破，但牠肯定是個問題學生：愚鈍、狂野、不斷分心，精力源源不絕，一刻也坐不住。我們開始體認到，牠跟其他狗不太一樣。馬利試圖與我父親的膝蓋行『夫妻之禮』後，他說：『這隻狗的腦袋秀逗秀逗。』我們需要專業協助。

獸醫告訴我們附近有一間犬隻訓練俱樂部，星期二晚上在軍械庫後的停車場開辦基本的服從課程。訓練講師是俱樂部的志工，這些人是技巧高超的業餘訓練師，大概都已將自己的狗狗訓練成教養有素的貴族。共有八堂課程，費用五十美金。光想到馬利可能在三十秒內摧毀價值五十美金的皮鞋，我們就覺得十分划算，而且俱樂部口口聲聲保證，結業後，我們將帶回未來的靈犬萊西。報名時，我們見到了上課的訓練講師，她極為嚴肅，一板一眼，深信沒有不可救藥的狗，只有軟弱無能的狗主。

第一堂課似乎證明了她的論點。我們才剛開了車門，馬利就已經看到其他狗和主人

聚集在停車場上了。有派對耶！牠躍過我們，衝出車子，拖著狗鏈往前狂奔。牠從這隻狗竄到那隻狗，嗅私處、滴尿尿、口水噴得到處都是。對馬利來說，牠身處於氣味狂歡節——那麼多生殖器，時間實在不夠——所以牠把握當下，在我追逐牠時，故意只超前我一點點。每次我幾乎要抓住牠時，牠會衝刺到一、兩公尺遠的地方。我終於就定攻擊位置，跳了一大步，用力踩住狗鏈，讓牠頓時煞住，有一刻，我甚至覺得我可能扭斷了牠的頸子。牠往後轉，倒下來，翻身，露出肚子，往上看著我，表情舒坦平靜，就像剛剛解癮的毒蟲。

這時候，訓練講師怒視我們，就算我把衣服脫光，在停車場上裸舞，她的表情也不會如此猙獰。『請站到你的位置，謝謝。』她斷然地說。看到我和珍妮都用力將馬利拖到位置上時，她說：『你們要決定誰要當訓練師。』我解釋我們兩人都想參與，這樣我們才都能在家訓練牠，但她打斷我。『一隻狗，』她堅決地說，『只能聽一位主人的命令。』我正想抗辯，但她眼睛一瞪，我就乖乖閉嘴——我猜她也是用同樣的眼神威嚇她的狗聽話——我夾著尾巴溜到旁邊，讓主人珍妮發號施令。

這大概不是明智的決定。馬利已經比珍妮有力許多，牠自己也知道。『我最大』小姐開始說明建立凌駕寵物的權威性極為重要，才沒說幾句，馬利決定對面的標準貴賓狗值得靠近多看幾眼，猛拖著珍妮往前蹦。

其他狗狗都乖乖坐在主人旁，相隔約三公尺的距離，等待進一步指示。珍妮則奮力掙扎，用盡力氣停在原地，把馬利拉住，但牠毫未受阻，慢慢把珍妮往前拖過停車場，一心想要聞聞貴賓辣妹的屁股。我的太太看起來像極了被遊艇往前拖的滑水者。每個人都瞪著她看，有些人在竊笑，我摀住雙眼不敢看。

馬利不怎麼重視正式社交禮儀，牠撞上那隻貴賓狗，立即把鼻子鑽進對方的腿間嗅啊嗅。我猜那是公狗問：『嗨，常來這兒嗎？』的方式。

馬利對貴賓狗做完整套婦產科檢查後，珍妮終於能把牠拖回原位。『我最大』小姐平靜地說：『各位學員，剛才正是一個例子，主人的縱容，讓狗以為自己在當家作主，不是牠在發號施令。』馬利彷彿想要證明這個論點，開始攻擊自己的尾巴，瘋狂亂轉，不斷咬空，邊轉邊將狗鏈纏上珍妮的腳踝，讓她動彈不得。我為她感到難過，慶幸自己沒上去出糗。

講師開始教坐下和趴下的指令。珍妮堅定地命令：『坐下！』馬利則撲到她身上，腳掌搭在她肩上。她把馬利的屁股往下壓，牠卻翻身露出肚皮撒嬌。她把馬利拖回原位，牠乾脆咬住狗鏈，搖頭晃腦，一副在和大蟒蛇搏鬥的模樣。我實在不忍心看下去。有一次，我睜開眼睛，看到珍妮面朝下趴在地上，馬利站著低頭看她，興奮地吐氣。後來她告訴我，她在對牠示範趴下的動作。

下課後，珍妮和馬利走到我身邊，『我最大』小姐攔截住我們，冷笑一聲，說：『你們真的該管一管這隻狗。』很好，謝謝您寶貴的建議。您以為我們報名只是來提供全班笑點嗎？但我們吭都沒吭，只是羞愧地逃回車子，沉默地開車回家，唯一的聲音是馬利巨大的喘氣聲，因為牠還沒從首次上課的愉快經驗恢復過來。

一星期後，我帶馬利回去上課，這次珍妮沒去。我對她說，我們家裡最像是狗老大的大概是我，她很樂意交出擁有沒多久的主子名號，還發誓再也不要公開露臉。出門前，我把馬利翻過來，讓牠四腳朝天，我威風凜凜地用最兇悍的語氣跟牠說：『我是老大！你不是老大！我才是老大！懂了嗎，狗東西？』牠的尾巴用力敲地板，想要啃我的手腕。

當晚的課程是跟隨主人步伐，我非常希望馬利能學會。我受不了每次散步時，每一步都要和牠纏鬥。有一次牠衝去追一隻貓，把珍妮拉到跌倒，害她膝蓋擦傷。牠該學會乖乖隨著我們走路了。我把牠押到我們的位置，每經過一隻狗，都要用力把牠扯回來。『我最大』小姐發給每個人一條短鏈，鏈子的末端都焊上一個鋼套，她告訴我們，這是馴狗帶，是教狗狗乖乖待在身邊的秘密武器。馴狗帶的設計相當簡單，狗狗乖乖走在主人身旁時，皮帶是鬆弛的，狗鏈會鬆鬆地掛在頸部，但如果狗狗往前衝，或是跑到其他

方向，狗鏈會像套索一樣拉緊，勒住偏離正道的頑狗，逼牠服從。講師跟我們保證，不用花多久，狗狗就能學會：不服從，就窒息而死的道理。我心想：**殘酷得好呀**。

我準備把馴狗帶套到馬利的頭上，但牠看出我的意圖，用嘴巴咬住。我掰開牠的嘴巴，拉出狗鏈，再試一次，牠又咬住。其他狗都已經戴上狗鏈，所有人都在等我。我一隻手抓住牠的嘴巴，另一隻手試著把狗鏈套進去。牠往後退，掙扎著想張開嘴巴，好再攻擊這條蜷曲的詭異銀蛇，我終於成功套上了狗鏈，牠卻趴到地上，扭來扭去，張嘴亂咬，狗掌揮舞著，頭搖來搖去，最後牠終於又咬住狗鏈。我看著講師，說：『牠愛上它了。』

我依照指示把馬利拉起來，扯出狗鏈。接著又依照指示，用力壓牠的屁股，要牠坐下，再站到牠身邊，左腳靠著牠的右肩。一數到三，我要說：『馬利，跟隨！』然後踏出左腳，絕對不可以先踏右腳。如果牠開始不安分，就要採取一連串的糾正動作——突然拉一下狗鏈——就能把牠拉回來。『各位學員，數到三。』『我最大』小姐大聲說。馬利興奮地顫抖。亮晶晶的怪東西掛在牠脖子上，讓牠亢奮極了。『一……二……三。』

『馬利，跟隨！』我命令。才走一步，牠就像從航空母艦起飛的戰鬥機一樣暴衝。我用力往後扯，狗鏈勒住牠的氣管，牠猛力咳嗽，立刻跳回我身邊，但是狗鏈一鬆開，就忘掉剛剛短暫的窒息，牠那顆狗腦袋中儲存生活經驗的小區塊，已經將這件事歸類為不可考據的上古史。牠又往前撲，我又往後扯，牠又猛力咳。繞著停車場走時，我們一直

重複這樣的動作。馬利往前扯，我往後扯，力道愈來愈大。牠咳嗽喘氣，我發火冒汗。『把狗管好！』『我最大』小姐大喊。我用盡全力，但牠就是學不會，我開始懷疑馬利可能還沒學會，就先把自己勒死。這時候，其他狗都伴著主人昂首踏步，正如『我最大』小姐說的，糾正動作讓牠們乖乖聽話。我低聲說：『要命啊，馬利，我們家的面子快被你丟光了。』

講師要學員排好，再練習一次。這一次，馬利又瘋狂掙扎，眼睛睜得老大，把自己勒得喘不過氣。『我最大』小姐站在另一邊，指著馬利和我，向全班說我們是練習跟隨指令的錯誤示範。她伸出手，不耐煩地說：『來，我示範給你看。』我把狗鏈遞給她，她迅速把馬利拉回來，就定位置，往上拉馴狗帶，命令牠坐下。結果，馬利當然是用力坐下，期待地看著她。**可惡。**

『我最大』小姐俐落一拉，帶著馬利往前走，但牠幾乎瞬間往前竄，一副牠是阿拉斯加雪橇狗大賽的帶隊狗。講師用力糾正牠，弄得牠失去平衡，踉踉蹌蹌，上氣不接下氣，卻又再往前竄，看似要把她的手拔下來。我應該覺得慚愧才對，但我有一種怪異的滿足感，覺得自己沉冤得雪。她也沒有比我好多少，同學在旁邊偷笑，我心中升起一股變態的自豪。**看吧，我的狗對每個人都很壞，不是只有我而已！**

既然我已不是笑柄，我得承認，這個場面實在很好笑。他們一狗一人走到停車場的

角落，轉個身，跌跌撞撞地走回來。『我最大』小姐的表情看起來明顯已瀕臨火山爆發，馬利的愉悅則難以用文字表達。她暴力地扯狗鏈，馬利口沫飛濺，更用力往前扯，顯然很熱愛訓練師要牠表演的拔河遊戲，這個新把戲實在太好玩了。牠一看到我就全力加速，腎上腺素以幾近超越自然極限的速率上升，往我的方向躍過來，迫使『我最大』小姐得快跑，否則就會跌倒。馬利以牠一貫的活力撞到我懷裡後才打住。『我最大』小姐惡狠狠地看了我一眼，從她的眼神可看出，我跨越了一條看不見的界線，而且別想跨回來。馬利把她訓誡的狗狗行為與紀律狠狠嘲笑一番，公開羞辱她。她把鏈子遞給我，繼續上課，彷彿這場小災難從未發生。她說：『好，大家聽我數到三……』

課程結束後，她問能不能耽誤我一點時間。她先逐一回答其他學生的問題，我和馬利在旁邊等。所有學生都離開後，她面對著我，用我從未聽過的和善語氣說：『我想你的狗太年輕，還不適合上正式的服從課程。』

『牠很難纏，對不對？』我說，一股同志之誼油然而生，因為我們都經歷相同的羞辱。

『牠只是還沒準備好，』她說，『牠需要再成熟一點。』

我漸漸領悟她想要說什麼。『妳的意思是說……』

『牠會讓其他狗分心。』

『……妳要……』

『牠太容易興奮。』

『……開除我們？』

『六或八個月後，你還是能帶牠回來。』

『所以，妳要開除我們？』

『我願意全額退款。』

『妳要開除我們。』

『是的，』她終於說，『我要開除你們。』

馬利彷彿聽得懂人話，抬起腿來，噴出瀑布般的尿液，離牠親愛的訓練師的腳，只有幾公分。

有時候男人需要有人激怒，才會認真點。『我最大』小姐激怒了我，我擁有一條美麗的純種拉布拉多犬，牠們最為人稱頌的特質是：善於引導盲人、救難、協助獵人，還能從滾滾浪濤中叼回魚隻，個性沉穩，智商高，我以擁有拉布拉多自豪。她竟敢上兩堂課後就放棄牠？牠是有點活潑，但完全發自一片善意。我要證明給那個古板的討厭鬼看，葛羅根家族之邱吉爾的至尊馬利絕對不會中途而廢。我們到時候西敏寺見。

隔天一大早，我帶馬利到後院。『沒人可以把葛羅根家的人從訓練學校開除，』我告訴牠。『知道嗎？我們要看看誰才是無法訓練的。』牠興奮地往上躍。『我們做得到嗎，馬利？』牠搖尾巴。『我聽不到！我們做得到嗎？』牠吠了一聲。『這才像話。開始上課吧。』

我們先從坐下的指令開始，從牠還是幼犬時，我就常訓練這個指令，現在牠已經做得不錯了。我俯視牠，盡力擺出狗老大的架式，用堅定平靜的語氣命令牠坐下。牠一坐下，我就稱讚牠。我們反覆練習了幾次。接著，我開始練習趴下的指令，這個指令牠也練習過。牠專注盯著我的雙眼，脖子伸得老長，等待我下指令。在牠等待時，我慢慢把手抬起來，停在半空，再快速往下比，彈彈手指，指著地上，說：『趴下！』馬利立刻打平，砰地一聲趴在地上。就算牠身後有砲彈爆炸，牠也不會如此迅速確實。珍妮坐在門廊喝咖啡，也注意到這點，大喊：『有進步喔！』

練了幾次攤平後，我決定換下一個挑戰：聽從『過來』的指令。這個指令對馬利來說很困難，過來的部分不是問題，牠學不會的是在定點等待、只有我們叫牠過來時才過來。我們這隻注意力失調的狗兒極渴望黏著我們，所以沒辦法在我們走遠時，在原地等待。

我要牠坐下，面對著牠，雙眼緊盯在牠身上。在我們四目交接時，我把手掌舉起，像交通警察指揮交通一樣停在我胸前。『停下。』我說，然後往後退。牠僵住，焦急

地看著我，等著任何示意牠過來的小動作。我才退了四步，牠就受不了，不顧一切衝上來，撞到我身上。我責罵牠，再試一次，再反覆不斷重試。每嘗試一次，牠能容忍我離開的距離便又拉長一點點。最後，我離牠十五公尺遠，我的手掌朝著牠的方向。我先等一段時間，牠坐著，全身因渴望而發抖。我可以看出牠體內的急躁不安累積，就像即將爆發的火山，但是牠忍住。我數到十，牠動也不動，眼睛緊盯著我，肌肉緊繃。我心想：**也折磨夠了**。我手放下，大喊：『馬利，過來！』

牠往前飛躍時，我蹲下來，拍手鼓勵。我猜想牠可能會在院子裡狂衝亂竄，但牠直線衝到我面前。我心想：**太完美了**！『過來，狗狗！』我命令。『過來！』牠確實過來了——直衝向我。『慢一點！』我說，但牠絲毫未減速。『慢一點！』牠的表情非常瘋狂空洞，在撞擊的前一秒，我領悟到軍中無大帥，這隻瘋狗已不顧一切全力衝刺。我還有時間下最後一個指令。我放聲尖叫：『停！』砰！牠完全沒減速，撞得我滿懷，我往後倒，重重摔到地上。幾秒鐘後，我睜開眼，牠四隻腳搭在我身上，躺在我胸口，狂熱地舔著我的臉。**我的表現如何，老大**？嚴格說來，牠的確是一個口令一個動作，畢竟，我確實沒提到接近我身邊時要停下來。

『任務成功。』我呻吟著說。

珍妮從廚房的窗戶探頭出來，大喊：『我去上班了。等你們調情完了之後，記得要

把窗戶關上，氣象預報說今天下午會下大雨。』我給我的狗後衛一點零食，先去沖澡，然後出門上班。

當天晚上我回到家時，珍妮在門口等我，我看出她很沮喪。『去車庫看看吧。』她說。

我打開車庫的門，先看到馬利躺在牠的地毯上，垂頭喪氣。在短短一瞬間，我看到牠的嘴巴和前腳不太對勁，不是平常的亮黃色，而是深棕色，都是乾掉的血塊。接著，我開始環顧四周，倒抽了一口氣。我們的車庫——銅牆鐵壁的碉堡——已經被破壞殆盡。小地毯被撕成碎片，水泥牆上的漆被抓得一條一條，燙衣板整個翻過來，布面的板子被破壞得只剩幾條線。最可怕的是，我現在所站的門口看起來像遭到木屑機攻擊，門的四周都是小塊的木屑，離門方圓三公尺內全都撒滿木屑。門的底部鑽出了一個洞，一公尺的門柱完全消失，找也找不著。馬利受傷的腳掌和嘴巴流出的血，在牆上留下斑斑血跡。『天啊！』我的心情比較是敬畏，而不是憤怒。我想到對街的鏈鋸分屍案和可憐的奈德美太太，頓時覺得自己身處於犯罪現場。

珍妮的聲音從我身後傳來。『我回家吃午飯時，一切都很正常，』她說，『不過我看得出要下雨了。』她回去上班時，開始下起大雷雨，大雨傾盆，雷電交加，震耳欲聾

的雷聲幾乎讓人心臟快跳出來。

幾小時後，她下班回家，馬利陷入極度焦慮的狀態，牠拚命想脫逃出車庫，造成的慘狀佈滿四周。因為牠實在非常可憐無助，她根本無法吼牠，而且事情已經發生了，牠根本不知道為什麼會被懲罰。但我們投入這麼多心血的新房子，竟遭受如此暴虐的攻擊，讓她感到十分心痛，根本無法善後，不管是清理現場或是馬利都沒辦法。『等你爸爸回家再說！』她威脅，然後把門關上。

晚餐時，我們開始討論這樁事件的導火線，我們現在稱之為『抓狂事件』。唯一能確定的是暴風雨肆虐之際，馬利單獨在家，怕得要死，認為求生的最好辦法是挖進我們的屋子裡。狗的祖先——狼喜愛藏身於洞穴中的古老天性，或許激發了牠，以無比狂熱的效率追求目標。之前我會認為沒有重機具的輔助，根本沒辦法達到這種程度的損害。

洗好碗盤後，我和珍妮走進車庫，馬利已經回復本色，咬住玩具，在我們身旁跳來跳去，想要玩拔河。我抱住牠，讓珍妮把毛上的血洗乾淨，牠一邊看著我們清理牠的成果，一邊用力搖尾巴。我們丟掉地毯和燙衣板的布面，把門的木屑掃乾淨，擦乾淨牆上的血跡，列出要去五金行採購的修補用具。在牠有生之年，我還要不斷為牠造成的損害收拾善後，這只是第一個而已。看到我們都在這裡共同為牠的裝修工作出力，似乎讓馬利心花怒放。『你用不著這麼開心吧。』我斥責，然後把牠帶進屋裡過夜。

09

雄風不再

每隻狗都需要好的獸醫，獸醫受過專業訓練，能讓狗健康強壯成長，不受疾病侵襲。每位狗主人也需要一位好獸醫，主要是為了獲得建議、安慰和免費諮詢，這類服務通常會讓獸醫花上過多的時間。我們犯了幾次錯誤。有一位獸醫太過神秘，我們只有見過他的高中生助理；另一位老得不得了，我相信他已經分不出哪隻是吉娃娃，哪隻是貓。第三位獸醫的客戶群顯然是棕櫚灘的上流名媛，專門醫治她們的迷你配件狗。最後，我們終於遇到夢寐以求的好獸醫，他叫做傑伊・布頓，每個人都叫他傑伊醫生，他年輕、聰明、時髦而且相當有愛心。傑伊醫生對狗的瞭解，就像最厲害的技師對汽車瞭若指掌。他顯然很熱愛狗，但對於牠們在人類世界的角色抱持理性的認知。剛開始時，我們把他的電話號碼存在快速鍵，任何小事都會諮詢他。馬利的肘部皮膚粗硬，我擔心牠可能得了一種罕見的傳染性皮膚病。傑伊醫生告訴我，放心，那只是躺在地上造成的厚繭。有一天馬利大打哈欠時，我注意到牠的舌底有塊奇怪的紫斑，我心想：喔，我的天，牠得了癌症，那是嘴部的卡波西氏肉瘤。傑伊醫生說，放心，那只是胎斑。

今天下午，我和珍妮帶著馬利到獸醫院，討論馬利在雷雨時的神經質反應愈來愈嚴重。我們本來希望車庫的木屑機事件只是偶然的獨立事件，但這種不理性的行為顯然只是開始，這是長達終生的恐懼症、不理性行為。縱然拉布拉多是優秀的獵犬，對於槍聲毫不畏懼，我們卻養了一隻連開香檳的聲音都怕的狗，鞭炮、引擎回火和槍聲都會嚇壞牠，雷聲更是不在話下，光是連可能要打雷的跡象都會讓馬利嚇得發抖。如果我們在家，牠會緊靠著我們，無法控制地發抖和流口水，眼睛緊張地上下轉動，耳朵摺起來，雙腳夾緊尾巴。如果牠獨處，就會變得非常有毀滅性，會拚了命設法前往心目中的安全地帶。有一天，珍妮回到家時，天空已陰雲密佈，她發現馬利眼神狂野，站在洗衣機上，跳著怪異的小步舞曲，狗爪敲著琺瑯漆表面。牠怎麼上去的？為什麼牠覺得需要跳上去？我們無法確定。人的精神狀態能鑑定為瘋狂，而經過我們密切觀察，狗也可以。

傑伊醫生把一小罐黃色藥錠放在我手裡，說：『有需要就用，不用擔心。』那些藥錠是鎮靜劑，傑伊醫生說：『可以讓馬利不要那麼焦慮。』他說只能冀望藥劑的鎮靜效果能讓馬利更理性地面對暴風雨，逐漸領悟到那不過是嘈雜無害的噪音。他告訴我們，狗時常有雷聲焦慮症，特別是在佛羅里達，幾乎每個悶熱的夏日下午都會有大雷雨掃過。馬利嗅著我手裡的藥罐，顯然等不及要展開依賴藥物的新生活。

傑伊醫生抓抓馬利的頸背，嘴巴微張，彷彿想說一件重要的事，但不太確定要怎麼

講。『還有，』他遲疑了一下，說，『你應該要考慮一下給牠結紮。』

『結紮？』我複述。『你的意思是要……』我看著那對巨大的蛋蛋——大得滑稽的球體——在馬利的後腳間晃啊晃。

傑伊醫生也看著相同的地方，點點頭。我大概面露恐懼，說不定還抱住自己，因為他立即補上：『不會痛的，其實做了會讓牠更舒服。』傑伊醫生對於馬利所帶來的各種挑戰都很清楚。馬利的各種問題，我們都會諮詢他，他知道服從訓練時發生的慘劇，也知道牠的各種愚蠢行為、破壞性和過動。而且最近已經七個月大的馬利，開始抱著任何會動的物體發洩，包括我們的客人。『結紮只是移除牠體內騷動的性慾，讓牠更快樂、更穩定。』他說。他保證手術絕對不會影響馬利陽光熱情的個性。

『天啊，我不太確定，』我說，『這感覺上……沒有任何後悔的餘地。』

相反地，珍妮毫不猶豫，『快把那對東西摘了！』她說。

『但是如果想生小狗，怎麼辦？』我問。『延續牠的血脈？』豐厚的配種費用在我眼前閃過。

傑伊醫生再一次地字斟句酌。『我想你要實際點，』他說。『馬利是很棒的家庭寵物，但我不確定牠是否符合配種市場的需求。』他的用詞極盡婉轉，但他真正的想法都寫在臉上，那幾乎是吶喊：**天啊，幫幫忙吧！為了千秋萬代著想，我們要不計一切阻止**

這個基因失誤呀！

我說我還要再考慮，帶著新開給馬利的精神藥物回家。

我和珍妮還在辯論是不是要給馬利去勢時，珍妮也對我有無比的要求。薛曼醫生說她可以開始嘗試懷孕後，她以奧林匹克運動員的專注力面對這個挑戰。過去我們只有停用避孕藥，讓該發生的發生，但這種日子已經成為歷史。在這場受精戰役，珍妮採取強烈攻勢，她需要我的參與，我是關鍵盟友，掌控著火藥的供給。如同多數雄性，從十五歲開始，我幾乎將清醒的每一刻花在說服異性，讓她們相信我是位好伴侶。如今我終於找到有同感的人，應該感到興奮才對，有生以來第一次，竟有女人對我的渴望高於我對她的渴望。這是男人的夢想，不用再哀求、不用再討好，就像冠軍種狗一樣，我終於有人要了。我應該狂喜才對，但是求愛突然變得像工作，而且是壓力沉重的工作。珍妮要的不是純粹享樂的性愛，她要的是寶寶，也就是說我肩負重責大任，這是嚴肅的任務。最令人歡愉的行為瞬間成了醫學操演，包括基礎體溫測量、月經週期記錄和排卵表。我覺得我在服務女皇。

我們的房事能挑起情慾的程度大概跟查稅差不多。過去我只要嗅到絲毫可能，就能立即投入，珍妮已習以為常，因此以為我現在仍是如此。譬如說，我在處理垃圾時，

她走進來，手拿日曆，對我說：『我上次月經十七號來，代表……』（她停下來計算日期）『我們要開始幹活了——現在！』

葛羅根家族的男人都不太能應付壓力，我也不例外。沒有多久，我就開始遭受男性的最大羞辱：不舉。只要發生一次，事情就玩完了。我的自信崩潰，陷入焦躁之中，因為只要發生一次，我就知道可能會再發生。不舉成了自我實現的預言，我愈擔心不能善盡夫職，愈不能輕鬆自然地發揮本性。我壓抑所有親密的肢體動作，以免珍妮想到『那裡』去。老天請原諒我吧！我竟會時時擔心我的愛妻會哀求我撕開她的衣服佔有她。我突然覺得住在遺世獨立的修道院，終身過著禁慾生活，其實也挺不錯的。

珍妮可沒那麼容易罷手。她是獵人，我是獵物。有天早上我在離家只有十分鐘車程的西棕櫚灘分社工作時，珍妮從報社打電話來，問我想不想在家裡和她吃午飯。**單獨嗎？妳是說孤男寡女共處一室嗎？**

『我們也可以在餐廳吃呀。』我提議。最好是門庭若市的餐廳，順便邀幾位同事，再拉岳母和我媽作陪。

『哎喲，拜託。』她說。接著她突然壓低聲音說：『今天是好日子。我想……我正在……排卵。』一陣恐懼淹沒我。**喔，天啊，別再提到那兩個字。**壓力上身，若不提槍上陣，就全軍覆沒。說得白一點，就是舉或不舉的問題。**求求妳，不要逼我，我想要哀**

求她，但我只有盡力鎮定地說：『沒問題，十二點半行嗎？』

我打開家門時，馬利跟平常一樣在門口迎接我，但沒看到珍妮，我叫她的名字。『我在浴室啦。』她回答。『等我一下。』我翻翻信件，殺殺時間，災難臨頭的預感在我心中盤旋，我想這種感覺和等待切片檢查結果差不多。『猛男，我來囉。』我身後傳來聲音，我轉身看，珍妮穿著兩件式性感內衣站在我面前，平坦的小腹微微露出，身上的上衣只用兩條細得不能再細的肩帶，危危顫顫地掛著，她的雙腿從未看起來如此修長過。『我看起來如何？』她攤開雙手說。她看起來如何？美呆了。談到睡衣，珍妮總是堅守寬鬆T恤的陣營，我看得出這身性感裝扮讓她覺得很蠢，但它達到預期的效果。

她輕巧地跑進臥室，我立刻跟進去。我們很快就在床上纏綿起來。我闔上眼睛，感覺到我的老朋友有動作了，魔力又回來了。**你可以做到的，約翰。**我努力想著最不純潔的念頭。**這次一定會成功！**我的手指摸索著纖細的肩帶。**跟著感覺走，約翰。沒有壓力。**我能夠感覺到她的呼吸，又熱又濕的在我臉上。**嗯嗯嗯，真性感。**

等等，那是什麼味道？她的呼吸中有種熟悉又陌生的味道，不會讓人作嘔，也不怎麼吸引人。我聞過那個味道，但一時間想不起來。我頓了一下。**你這白癡，你在幹什麼？不要管那個味道了，專心點！專心點！**但是那股味道——我沒辦法拋在腦後。**你分**

心了，約翰，不要分心。到底是什麼？專注點！我的好奇心終於獲勝。別管了！別管了！我開始用力嗅。是食物，沒錯，就是食物。但什麼食物？不是餅乾，不是洋芋片，不是鮪魚。我快想到了。那是……牛奶骨頭？

牛奶骨頭！對，沒錯！她的口氣有牛奶骨頭的味道。但為什麼？我納悶——我真的聽到腦子裡有個小小的聲音在問這個問題——為什麼珍妮會吃牛奶骨頭？除此之外，我可以感覺到她的嘴唇貼著脖子……她怎麼可能邊親我脖子，邊對著我的臉呼氣？這怎麼有……

喔……我的……天！

我睜開雙眼，距離我的臉只有幾公分的地方，映入眼簾的是馬利的大頭。牠的下顎靠在床墊上，喘氣聲像暴風雨，口水浸濕了床單。牠的眼睛半張——看起來像沉浸在愛河裡。『不乖！』我尖叫，翻到床的另一側。『不行！不行！回窩裡去！』我瘋狂大喊。『回窩裡去！回窩裡躺著！』但已經太遲了，魔力已經消失。我又回到修道院狀態。

稍息，阿兵哥。

第二天早上我跟獸醫約好時間，摘掉馬利的蛋蛋。我想如果未來我都不能享受性愛，牠也別想。傑伊醫生說我們可以上班前把馬利載來獸醫院，下班回家時再接牠回

家。一星期後，我們就是這麼做。

珍妮和我準備出門時，馬利不斷蹭牆壁，牠知道要出門了。對馬利來說，只要能出門就是好的，不管我們要去哪裡或是去多久。拿垃圾去丟？沒問題！去街角買罐牛奶？我也要去！我的罪惡感油然而生。那可憐的傢伙不知道等等會發生什麼事，牠相信我們不會害牠，但現在我們竟然密謀要閹了牠。還有任何比這更令人髮指的背叛嗎？

『過來。』我說，接著把牠撲倒，用力抓牠的肚子。『不會太糟的，你要知道，性愛其實根本沒有那麼讚。』即使過去幾週我的房事表現低落，但連我都不相信我現在說的話。我在騙誰？性愛超棒的，棒得讓人無法置信。這隻可憐的狗狗永遠都不會知道生命中最棒的享受。可憐的傢伙，我覺得糟透了。

我吹口哨叫牠，牠蹦蹦跳跳衝出來，跳進車子，盲目地相信我不可能陷害牠，讓我心情更惡劣。牠興致勃勃，準備投入任何我覺得合適的冒險。珍妮開車，我坐在乘客座。馬利照平常的習慣把前腳搭在中控板，鼻子碰到後照鏡，每次珍妮煞車時，就撞向擋風玻璃，但牠毫不在意，能和牠最好的朋友兜風，生命還能更美好嗎？

我把窗戶打開，馬利開始往右轉，靠著我，想要吸車外的空氣。沒多久牠就鑽到我的大腿，鼻子緊貼車窗的窄縫，每次牠吸氣時，就會倒吐一口氣。唉，何必呢？我心想。這是牠最後一次在雄性性徵還完整無缺時外出，我最少該給牠一點新鮮空氣吧。

我把車窗再往下降一些，讓牠能將嘴巴探出。牠非常享受吹風的感覺，我又將車窗往下降，接著牠的頭也探出去，雙耳被風往後吹，舌頭伸出，彷彿沉醉在都市的氛圍中。哇，牠可高興得不得了。

我們開上迪克西公路時，我告訴珍妮，我很不忍心讓馬利做手術。她正準備要講話，一定是要我別想太多，這時候我注意到馬利已經把腳掌搭在半開的車窗玻璃上，但我對牠的行為只是好奇，還沒有什麼警覺。現在牠的頸子和前胸也已經伸出去，只差一付擋風護目鏡和一條絲質圍巾，就能讓牠看起來像第一次世界大戰的飛行英雄。

『約翰，牠這樣讓我很緊張。』珍妮說。

『沒事的，』我回答，『牠只是想呼吸一點新鮮……』

在這一瞬間，牠的前腳整隻伸出窗外，腋窩卡在玻璃的邊緣。

『約翰，抓住牠！抓住牠！』

我還來不及反應，馬利已經離開我的大腿，即將鑽出正在行駛的車子，牠的臀部懸在半空，後腳亂抓，想找個墊腳的地方，準備逃出去。牠的身子滑過我，我起身抓牠，好不容易才用左手抓住牠的尾巴末端。珍妮在繁忙的車陣中緊急煞車。馬利已經全部掛在車子外，只靠著尾巴倒立懸掛在半空，但我很難握緊牠的尾巴。我的身體已轉到另一側，這種坐姿讓我沒辦法伸另一隻手抓住牠。馬利的前腳掌在地面狂抓著。

珍妮把車停在外車道，擋住了後面的車流。後面喇叭聲大作。『怎麼辦？』我大吼。我被困住了，我沒辦法把牠拉進來，沒辦法開車門，沒辦法伸出另一隻手，也不敢鬆手，現在我們車後的憤怒駕駛都紛紛繞過我們，馬利一定會竄到那些車子前面。我使盡全身力氣，臉緊貼著玻璃，離牠搖晃的巨大陰囊只有幾公分遠。

珍妮打開故障警示燈，衝到乘客座的那一側抓住牠，拉住牠的項圈，等我脫身後，我下車幫她把馬利拉進車內。我們的短暫鬧劇在加油站前上演，珍妮發動車子時，我往那兒看，發現所有技師都走出來欣賞這場表演。我看他們笑得那麼用力，搞不好會尿失禁。『謝啦！』我大喊。『很高興能讓你們有個愉快的早上。』

到達診所時，我緊抓著馬利領著牠走，以免牠想使出其他新招數。我的罪惡感已經消散無蹤，意志如鐵。『你別想逃，你這小太監。』我告訴牠。牠不斷呵氣、吐氣，拉緊狗鏈，聞其他動物的味道。在候診區，牠嚇壞幾隻貓，撞翻裝著傳單的架子。我把牠交給傑伊醫生的助理，說：『動手吧。』

當天晚上我接牠回家時，馬利已經成了不同的狗。牠還在為手術感到悶悶不樂，小心地走動。牠的眼睛充滿血絲，因為麻醉還沒完全退，眼皮一直下垂，仍然昏昏沉沉的，而原本傲氣的驚人皇冠珠寶，現在……什麼也沒有，只有一塊小小皺皺的皮飄盪。無法抑制的馬利血脈正式永久終止。

10 愛爾蘭的好運

我們的生活漸漸成了工作：報社工作、家務工作、園藝工作，以及受孕工作，還有幾乎是全職性質的——扶養馬利的工作。從很多方面來看，牠就像個小孩，照顧牠的時間和注意力跟照顧小孩差不多，如果我們真的有了孩子，那我們已經預先知道未來要肩負的責任，但這只是在某種程度上，就算我們對親職再沒概念，也很確定出門時不能把孩子鎖在車庫裡，只留一碗水。

我們結婚還沒滿兩週年，就能感受到負責的成人生活和婚姻生活的壓力。我們需要逃離，需要放個假，只有我們兩個，遠離日常生活的職責。有天晚上，我拿出兩張飛到愛爾蘭的機票，給珍妮一個驚喜。我們預計旅遊三週，沒有規劃路線，不參加導覽，不去熱門景點。只要租一輛車，帶一張地圖以及一本民宿指南。光是擁有機票，我們肩上的重擔就消失了。

我們先要處理幾件事情，第一件就是馬利。我們立刻否決寵物寄宿，牠太過年輕，太過強壯，太有活力，沒辦法一天二十三小時待在籠子裡。正如傑伊醫生所說的，結紮

並未影響馬利的活力，也沒減少牠的精力或瘋狂行為。除了不再喜好騎上靜止的物體之外，牠還是原本那隻瘋狂野獸。牠太過狂野——而且在恐慌時，破壞力不可預測——所以不能寄養在朋友家中，甚至連送到仇人家裡也不行。我們需要入住家裡的狗保母，很顯然，我們不能隨便找個人幫忙，尤其馬利又是如此的麻煩。我們要找的人必須負責、可靠、**非常非常**有耐心，而且夠強壯，能在重達三十二公斤的拉布拉多逃跑時，把牠拉回來。

我們列出所有想得到的朋友、鄰居與同事，接著再逐一刪除。太愛玩了，**劃掉**。太粗心，**劃掉**。厭惡狗的口水，**劃掉**。太過懦弱，連臘腸狗都管不住，更別講拉布拉多，**劃掉**。會過敏，**劃掉**。不肯撿狗大便，**劃掉**。最後只剩下一個名字——凱絲是我的同事，單身獨居。她在中西部的鄉村長大，熱愛動物，渴望有天能夠賣掉她的小公寓，搬進有庭院的屋子。她熱愛運動，喜歡快走。沒錯，她個性害羞，而且有點膽怯，不利於她指揮狗老大馬利，但除了這點，她是完美人選。更棒的是，她答應了。

我寫好的指示簡直像是要託顧重病的嬰兒，詳盡得不得了。馬利備忘錄共有六頁，單行間距，這是部分內容：

餵食：馬利一天吃三餐，每餐兩杯飼料。量杯在飼料袋裡。請在起床後、下班回家

時餵牠。鄰居會在中午時過來餵牠。一天的餵食量總共六杯，但如果牠一副餓壞的樣子，請再給牠一杯不等。請注意，這些食物都會排出來，請參照下文的『便便清理』。

維他命：我們每天早上餵馬利一顆寵物維他命，最好的餵食方式是直接丟到地上，然後假裝不准牠吃。如果牠認為那是不能吃的，牠會立即嚥下，但如果行不通，妳可以把它混在零食裡。

水：天氣炎熱時，切記隨時準備大量的水。水盆在飼料盆旁邊，每天更換一次，如果快喝完了，我們會再補充。注意：馬利喜歡把嘴巴浸入水裡玩潛水遊戲，把水濺得到處都是，而且牠的口腔能含住的水量相當驚人，等牠從水盆邊走開時，會流出來。如果妳放任牠不管，牠會用妳的衣服和沙發擦嘴。最後一點：在喝飽後，牠通常會甩頭，口水會濺到牆壁、枱燈等等。我們通常會在口水乾掉前擦掉，因為乾掉後，幾乎不可能清乾淨。

跳蚤與壁虱：若妳發現牠身上有跳蚤或壁虱，妳可以用我們準備的殺蚤噴霧噴牠，我們也有準備殺蟲劑，若妳認為家裡出現蟲害，可以噴在地毯或其他地方。跳蚤很小，跳得很快，很不好抓，但我們發現牠們不太會咬人，因此不必太擔心。壁虱較大，移動較慢，我們偶爾會在馬利身上看到幾隻。若妳看到，而且也願意的話，請抓起來，用衛生紙把牠擠碎（妳可能要用指甲壓，牠們相當強韌）或是丟進洗手台或馬桶沖掉（若壁

虱已吸飽血，這是最好的方案）。妳或許有讀過壁虱會傳染萊姆病給人類，可能會造成各種長期的健康問題，但好幾位獸醫向我們保證在佛羅里達染到萊姆病的機率很低。但為小心起見，請在抓完壁虱後，將手洗乾淨。抓馬利身上的壁虱的最好方式是給牠玩具讓牠咬住，好讓牠分心，接著用一隻手抓起牠的皮膚，然後另一隻手充當鑷子，把壁虱拔下來。順道提一下，如果牠太臭，而妳膽子夠大，妳可以用我們放在後院的充氣游泳池給牠洗澡（那正是牠洗澡用的工具），但請穿泳衣，因為全身會濕透！

耳朵：馬利的耳朵常會累積很多耳屎，如果不清理會造成感染。這段期間，請偶爾用棉花球和藍色的耳朵清洗劑，盡量清出耳垢。這會弄得很髒，所以請穿舊衣服。

散步：若早上沒有散步，馬利通常會在車庫搗亂。為了妳的身心健康著想，在睡覺前，最好帶牠出去快走一下，但這不是必要的。散步時要給牠戴馴狗帶，但妳不在身旁時千萬不能讓牠戴馴狗帶，那可能會勒死牠。依照我們對馬利的瞭解，這很有可能發生。

基本指令：若妳能讓牠跟隨，遛狗會輕鬆很多。每次都要先讓牠在妳的左側坐下，才下指令：『馬利，跟隨！』左腳再踏出去。如果牠想要往前撲，用力扯牠的狗鏈。我們用這招通常有效。（牠有上過訓練學校！）鬆開狗鏈後，妳叫：『馬利，過來！』牠通常都會乖乖過來。注意：叫牠時，最好站著，不要蹲著。

雷雨：馬利在下雷雨或甚至在下小雨時，通常會抓狂。牠的鎮靜劑（黃色藥丸）跟

維他命一樣都放在碗櫃裡。下雷雨的三十分鐘前（妳很快就會變成氣象預報員），給牠一顆就行了。讓馬利吞下藥丸需要一點高超技巧，維他命那招用在鎮靜劑上行不通，就算妳把鎮靜劑丟在地板上，假裝那是牠不該吃的東西也沒用。最好的方式是跨在牠身上，用一隻手撬開牠的嘴巴，另一隻手把藥丸盡量往喉嚨裡推，必須要推到吐不出來的程度，不然牠會把藥丸咳出來，接著摸摸牠的喉嚨，等牠吞下藥丸。當然，餵完藥後，妳一定會想洗手。

便便清理：我在芒果樹下放了一支鏟子，用來鏟馬利的排泄物。妳要常常清或是偶爾清都可以，這都依妳想多常在後院散步而定。注意腳下！

禁止：我們不准馬利——

＊跳上任何家具。

＊咬家具、鞋子、枕頭等。

＊喝馬桶水。（每次使用後最好蓋上蓋子，但注意：牠已學會用鼻子掀起蓋子。）

＊在庭院挖洞或挖起植物和花朵。牠通常會在覺得自己被忽略時做出這類行為。

＊翻垃圾桶。（妳可能要把垃圾桶擺在流理台上。）

＊撲到人身上，聞胯下，或任何不適當的社交行為。我們特別努力教導牠不要啃手臂，想也知道，沒有太多人喜歡這樣的行為。牠還需要磨練，在需要時，請妳打牠的屁

股，嚴厲地說：『不行！』

＊在餐桌旁乞食。

＊推正門的紗窗門，或是後面的紗窗門。（妳會看到紗窗門已經換過好幾次。）

凱絲，我要再度感謝妳答應幫我們這個忙。這是個大忙，要是沒有妳，我真不曉得我們該怎麼辦才好。希望妳和馬利能成為好朋友，並希望牠能帶給妳許多歡樂，就像牠帶給我們的一樣。

我給珍妮看這份指示，問她是否遺漏任何項目。她花了幾分鐘讀完，然後抬頭說：『你在想什麼？千萬不能給她看這個。』她對著我揮那一疊紙。『她看完後，你就別想去愛爾蘭了。她是唯一願意幫忙的人，萬一她讀了這個，一定會立刻逃之夭夭，一路逃到西嶼去。』為了確保我有聽到她的每句話，她又重複：『真不知你腦袋在想什麼。』

『妳認為我寫太多了嗎？』我問。

但我總相信做人應該要開誠布公，所以還是把指示給凱絲看。她確實嚇了好幾跳，特別是在我說明抓跳蚤的技巧時。不過她把不安藏在心裡，表情有點害怕，臉色有些發青，她心腸太軟，沒辦法反悔，只有強忍著恐懼說：『一路順風，我們不會有問題的。』

愛爾蘭真如我們夢想的一般：風光明媚、田園牧歌、閒逸懶散。大多數日子，天氣

都好極了，萬里無雲、陽光普照，讓當地人擔心起旱災的可能性。我們依照原先的想法，沒有做任何計畫，也沒規劃路線，只是到處閒晃，沿著海岸線摸索，有時停下來散步、購物或大口喝健力士黑啤酒，或者只是望著大海發呆。我們停下車和運乾草的農夫聊天，與路邊的綿羊合照。如果我們看到一條漂亮的小路，就轉進去。我們不可能迷路，因為我們沒有要去任何地方，遠在家鄉的職責都成了模糊的記憶。

每天接近傍晚時，我們會開始找過夜的地方。我們投宿的地方幾乎都是友善的愛爾蘭寡婦經營的民宿，她們總是熱情招待我們，沏上香熱的茶，鋪好乾淨的床鋪，而且永遠都會問同一個問題：『那麼，你們打算生小孩了嗎？』接著，她們會離開房間，回頭給我們深具含意的暗示微笑，然後把門關上。

珍妮和我逐漸深信愛爾蘭有立法規定，所有客房的床鋪都要面向教宗或聖母瑪利亞的大畫像，有些地方兩幅畫都掛，有個地方甚至還在床頭櫃上垂了一串超大的念珠。『愛爾蘭旅客禁慾法』也規定所有床鋪必須發出巨大的嘰嘎聲，每次睡在上頭的人只要翻身，就會發出像鬧鐘一樣吵鬧的聲音。

這個法條也有意創造出跟修道院一樣煽情的環境。我們在別人的家裡，**天主教氛圍濃厚的家裡**，牆壁很薄，床鋪很吵，聖人和聖母像到處懸掛，女主人很愛探頭探腦，我們猜她們大概都在門邊徘徊不去。這種地方是你最不想做愛的地點，當然，這一點激發

我對妻子產生一股新的強大慾望。

我們關燈後，鑽進被窩，床鋪的彈簧被壓得吱嘎作響，我的手立刻探入珍妮的上衣，伸到她的腹部。

『想都別想！』她會低聲說。

『為什麼？』我會低聲問。

『你瘋了嗎？歐哈蒂太太就睡在隔壁房間。』

『那又怎樣？』

『不行！』

『當然可以。』

『她會聽到的。』

『小聲點就好。』

『喔，**是啊**！』

『我保證，動作會很輕。』

『喔，好吧，先拿件衣服或什麼的把教宗蓋住。』她最後會讓步。『有他盯著，我才不想做。』

性愛突然變得如此……如此……禁忌，就像回到高中時期，在我媽懷疑的探查下，

偷偷摸摸進行。在這種情境下冒險做愛，明天早上在餐廳吃早餐時就有可能連頭也抬不起來，歐哈蒂太太端上炒蛋與煎番茄時，可能會一臉詭詐，奸巧地笑著說：『昨天睡得還舒服吧？』

愛爾蘭全境禁止性愛，那是最能挑逗我的一點，整趟旅程我們瘋狂做愛。

雖然如此，珍妮還是非常擔心家裡的大孩子。每隔幾天，她就會拿一大把零錢打公共電話回家，聽取凱絲的進度報告。我站在電話亭旁邊聽珍妮和她的對話。

『牠這麼做？……真的嗎？……衝到大馬路上？……妳沒受傷吧？……謝天謝地……要是我，我也會尖叫……什麼？妳的鞋子？……不會吧！連妳的皮包也？……修理的錢當然是我們付……一點也不剩？……我們一定會賠新的給妳……牠又什麼？……妳是說還沒乾的水泥嗎？天底下怎麼會有這種事？』

對話內容都是如此，一連串的調皮搗蛋，一件比一件糟，有許多事情甚至讓我們這兩位與小狗大戰千百回的倖存者大吃一驚。馬利是無可救藥的壞學生，而凱絲是束手無策的代課老師。牠玩瘋了。

我們回家時，馬利衝出來迎接我們，凱絲站在門口，又累又氣的模樣。她失魂落魄，就像在一場激戰後倖存的士兵，還沒從槍林彈雨的創傷中恢復。她已經打包好，坐在大門口，準備離開。她手拿著車鑰匙，一副急著逃走的樣子。我們送給她禮物，努力

表達謝意，要她不用擔心破掉的紗窗和其他損壞。她很有禮貌地告辭，絕塵而去。

我們猜凱絲在馬利面前一點威嚴也沒有，更別講控制牠了。每次的勝利都讓牠更大膽，牠把『跟隨』忘得一乾二淨，把她拖到任何想去的地方。她叫牠過來時，牠相應不理。牠咬走任何牠想要的東西：鞋子、皮包、枕頭，而且不肯放開。牠偷走她盤裡的食物，翻垃圾桶，甚至試圖搶走她的床。牠想：爸媽不在家，牠就是老大，牠才不會讓一位溫和的室友爬到牠頭上，掃了牠的興。

『可憐的凱絲，』珍妮說。『她看起來筋疲力盡，你不覺得嗎？』

『說劫後餘生比較適合。』

『我們大概沒辦法再請她幫忙了。』

『對，』我回答，『那大概不是個好主意。』

我看著馬利說：『蜜月結束了，老大。明天開始，你要回歸魔鬼訓練營。』

第二天早上我和珍妮都要去上班，但我先給馬利戴上馴狗帶，帶牠出門散步。牠立刻往前衝，連假裝跟隨都不肯。『有點生疏了，不是嗎？』我問，然後用全力拉狗鏈，力道猛到讓牠跌倒。牠站直，咳嗽，用受傷的表情看我，彷彿說：**你不必那麼用力吧，凱絲都不介意我這麼拉。**

『學著習慣吧。』我說，然後要牠坐下。我把馴狗帶的位置拉高到脖子的上方，經驗告訴我這個位置的效果最好。『好，再試一次。』我說。牠一副懷疑地看著我。

『馬利，跟隨！』我命令，左腳大步跨出，左手把狗鏈拉得很短，幾乎是把狗鏈整條拉直。牠猛衝，我猛拉，冷血地拉緊繩圈。『這樣欺負好心的女孩子，』我喃喃地說，『你慚不慚愧啊。』我們散步回來時，因為我的手用力抓狗鏈，手指關節都變白了，我終於讓牠相信我不是好惹的，這不是遊戲，而是真正的教訓，血淋淋的懲罰。如果牠往前衝，我就勒牠，沒有一次例外。如果牠乖乖合作，走在我身旁，我的手會放鬆，牠幾乎不覺得脖子上有項圈。衝，窒息；跟，呼吸，就這麼簡單，連馬利都能理解。我們在單車道上來回走，試了又試，不斷重複這組合：衝，窒息；跟，呼吸。慢慢地，牠終於領悟我是老大，牠是寵物，而且永遠都不會改變。我們走回家門前的車道時，我頑劣的狗兒乖乖地走在我身邊，不是很安分，但至少照規矩。牠畢生頭一次真的乖乖跟隨，或者至少願意做出跟隨的樣子。我認為我打了一場勝仗。『沒錯，』我快樂地唱著，『老大回來了。』

幾天後珍妮打到我的辦公室，她剛去看了薛曼醫生。『愛爾蘭的好運，』她說，『我又有了。』

11

牠吞下的東西

這次跟上一次不同。上次的流產讓我們學到慘痛的教訓，這次我們不會再犯相同的錯誤。最重要的是，我們把這視為等同於諾曼第登陸等級的軍事機密，嚴格保密。除了珍妮的醫生和護士，沒有人知道這個消息，甚至連我們的爸媽也不知道。邀請朋友來家裡時，珍妮把葡萄汁倒進酒杯裡，假裝喝酒，不引起任何懷疑。除了保密外，我們還表現得很鎮定，甚至在獨處時也如此。我們的構句都是假設語氣，例如：『如果沒有問題……』和『假設這次成功……』彷彿只要一談論懷孕，就會帶來厄運。我們不敢洩漏分毫喜悅，以免事情轉壞，重擊我們。

我們將化學清潔劑和殺蟲劑束之高閣，我們不要再走上相同的路。珍妮成了醋的自然清洗能力的忠實信徒，甚至相信它能夠克服最大的挑戰：溶解牆上乾掉的馬利口水。我們發現硼酸這種白色粉末能夠殺死蟲類，而且對人無害，可讓馬利與狗窩免於跳蚤肆虐，偶爾需要點除蚤滴劑時，我會請專業人士來做。

珍妮每天清晨起床，帶馬利在海邊散步。他們帶著鹹海水味回來時，我才剛起床。

我的妻子健康強壯，只有一點除外：在大多數日子，她整天都有強烈的嘔吐感，但她沒有怨言，高興接受每陣害喜，可以說是歡迎，因為那代表她體內的小實驗仍順利進行。

事情確實如此，這一次，愛希拿走我的帶子，錄下模糊不清楚的貝比首次影像。我們能聽到心跳聲，看到迷你的心室顫動，能夠看出頭的輪廓，數出四肢。薛曼醫生探頭進超音波室，告訴我們所有跡象都很正常，他看著珍妮，用快活的語氣說：『孩子，妳怎麼哭了？妳應該要高興才對啊！』愛希用文件夾敲他，罵說：『走開，別吵她。』然後對珍妮做出無奈的表情，彷彿說：『男人喔！什麼都不懂。』

講到照顧懷孕的妻子，什麼都不懂是我最好的寫照。我給珍妮空間，在她害喜和疼痛時安撫她，而且在她堅持大聲念《期待寶寶時會遇到的事》給我聽時，試著盡量不皺眉頭。在她肚子一天天脹大時，稱讚她的身材，說些：『妳看起來棒極了，真的，妳看起來像是苗條的小偷，偷偷把籃球藏在衣服底下。』我甚至盡力滿足她愈來愈奇怪和不可理喻的行為。我很快就跟二十四小時便利商店的夜班店員成了好朋友，因為我總是不時出現，買冰淇淋、蘋果或口香糖，買各種我想不到的口味。『你確定這是丁香口味？』我會問他。『她說一定要是丁香。』

珍妮懷孕五個月時，有一晚，她腦子裡突然冒出我們需要嬰兒襪的念頭。沒錯，我同意，我們當然需要，在寶寶出生前，我們會準備好足夠的數量。但她不是指我們有一

天會需要，而是說立即要。『不然我們從醫院回來後，寶寶會沒襪子穿。』她哀求地說。

別管預產期還有四個月，別管那時候的戶外溫度會是『涼爽』的攝氏三十五度，也別管就連我這個什麼都不懂的男人都知道，寶寶離開產房時，會用毯子全身包好，從頭到腳蓋住。

『老婆，別鬧了，』我說，『理智一點行不行，現在是星期日晚上八點，我要去哪裡找嬰兒襪？』

『我們需要襪子。』她重申。

『我們還有好幾個禮拜的時間可以買襪子，』我回她，『其實是好幾個月。』

『我只是想到那些迷你的小小腳趾頭露在外面的樣子。』她哀怨地說。

完全無法理喻。我一邊開車，一邊埋怨，最後終於在一家還開著的量販店找到嬰兒襪禮盒，那些襪子迷你極了，看起來就像一組迷你的指套。我回到家，把襪子倒出來給珍妮看，她才滿意：我們終於有襪子了，感謝上天讓我們在全國庫存隨時可能被清空前，搶到最後幾雙襪子。寶寶脆弱的腳趾頭終於安全了，我們可以安心入睡。

隨著預產期一天天接近，馬利的訓練也持續有進展。我每天訓練牠，現在我能夠大喊：『趴下。』然後看到牠立即趴在地上，四肢平鋪，來娛樂客人。牠在聽到我呼喚時

都會過來（除非有東西正在分散牠的注意力，例如另一隻狗、貓、松鼠、蝴蝶、郵差或是飄在半空的雜草種子）；我要牠坐下就會坐下（除非牠非常想站著）；而且會乖乖地跟隨（除非有相當吸引牠的東西，值得牠勒死自己——看見狗、貓、松鼠等等，同上）。牠有進步，但這不代表牠已經長成穩重、行為良好的狗。如果我高高在上，厲聲大吼指令，牠會聽命，有時甚至是熱切地做好動作，但牠的缺陷在於牠不可救藥的頑駑。

牠對於芒果的熱愛也有增無減，後院芒果樹每次總會掉個十幾顆下來。每顆重量大約四、五百公克，甜到讓牙齒覺得痠痛。馬利會平躺在草地上，用狗掌捧著一顆熟透的芒果，接著以外科手術般的精確程度，分離果皮與果肉。牠會把一大顆果肉含在嘴裡，嘴巴突得像是菱形，等牠終於吐出來時，果實看起來像是浸入過酸性溶液裡，清得一乾二淨。有時候牠會在外面待上幾個小時，浸淫在果肉與纖維的盛宴裡。

如同其他吃了太多水果的人，牠的體質也有改變，沒多久後院就佈滿鬆軟、顏色鮮豔的狗大便，這有一個好處：除非你真的瞎了，不然要意外踩到牠的大便實在不太可能。在芒果季節，牠的黃金是如紅綠燈般鮮豔的黃燈顏色。

牠也吃其他東西，而這些東西也會排出來。我每天早上剷牠的大便時，都會看到證據。有時候看到塑膠玩具兵，有時候看到橡皮筋。有次在一坨大便裡出現汽水瓶蓋，另一次看到咬爛的原子筆蓋。『原來我的梳子在這裡！』有天早上我興奮地大喊。

舉凡毛巾、海綿、襪子、用過的衛生紙，牠通通都吃。廚房紙巾是牠的最愛，當它們終於重見天日時，看起來有點像是插在橘色山丘上的藍旗子。

但馬利不是所有東西都能順利嚥下，牠總能輕鬆地定時嘔吐，就像暴食患者一樣。我們會聽到牠在隔壁房間發出很大的嘔嘔嘔聲音，等我們衝進去時，會看到一項家用品浸在消化一半的芒果和狗飼料裡。馬利很貼心，如果能忍住，牠從不在木質地板或甚至在廚房的膠質地板上嘔吐，牠總是吐在波斯地毯上。

珍妮和我過去都很愚蠢地以為，能將狗單獨放在家裡一會兒將是一件很棒的事。每次要出門時都要把牠鎖在車庫裡，已經讓我們很厭煩。珍妮有一次說：『如果狗不會在回家時迎接你，何必要養狗？』我們很清楚知道，只要有可能下雨，就絕對不能讓牠單獨在家。就算服用了狗用鎮靜劑，牠還是會想全力挖個地道逃到中國去，但如果天氣晴朗，我們並不想只是出門幾分鐘就必須把牠關在車庫裡。

我們開始在出門採買或是去鄰居家閒聊一下時，讓牠單獨在家一會兒。有時候牠的表現很好，我們回家時，家裡毫無損壞。在這種時候，我們會看到牠的黑色鼻子穿出客廳的百葉窗，凝視著外面，等待我們回來。有時候牠表現沒那麼好，我們通常在還沒開門時，就知道有麻煩了，因為牠沒在窗戶前，而是躲起來了。

珍妮懷胎六個月時，有一次我們出門後，不到一小時返家，發現馬利躲在床下——以牠的體積，要非常賣力才行——那模樣彷彿牠謀殺了郵差。牠渾身上下都散發著罪惡感。屋裡看起來很正常，但我們知道牠藏著黑暗的秘密，我們巡遍所有房間，想找出牠惹了什麼麻煩。接著我發現有個音響的防塵套不見了，我們到處找，但一點痕跡也沒有。要不是隔天早上在清理狗大便時，我發現了證明牠的罪刑的鐵證，牠或許能逍遙法外。好幾天的便便裡都有音響防塵套的殘骸。

我們下次出門時，馬利精準移除了同一個音響的揚聲器振膜，音響沒被推倒，也沒有其他損傷，只是它的紙質振膜不見了，簡直像有人用剃刀把它割掉。最後牠也對另一個音響下手。另一次，我們回家發現四腳凳變成三腳凳，而且凳腳完全消失，沒留下殘骸——連一片木屑也沒有。

我們能夠發誓擔保，南佛羅里達絕對不會下雪，但有天我們打開大門，發現客廳捲起暴風雪，軟白色的雪花在半空飛舞飄落。在一片白茫茫中，我們看到馬利在火爐前，身體有一半埋在雪堆裡，猛力來回甩著巨大的羽毛枕，彷彿牠才剛獵殺了一隻鴕鳥。

大多時候，我們對於這些損失都能談笑風生。每個養狗人總會有幾樣珍貴的傳家寶慘遭毒手。只有一次，我們真的想剖開牠的肚子，拿回我的東西。

珍妮生日時，我送給她一條十八K的金項鍊，鍊子的設計很雅致，鉤子相當小。她

立即戴上。但幾個小時後，她的手按在喉嚨上，尖叫說：『我的項鍊不見了！』項鍊的鉤子可能鬆開了，或是沒有扣好。

『別慌，』我告訴她，『我們沒有出門，一定是掉在家裡。』我們開始搜尋家裡，一間間地毯式搜索。在搜尋的過程中，我逐漸注意到馬利比平常還更活潑。我站直看著牠，牠像蜈蚣一般扭動。當牠一注意到我在看牠，立即做出撇清的動作。喔，不，我心想——馬利曼波，那只代表一件事。

『那是什麼，』珍妮問，聲音充滿恐懼，『牠嘴邊的那個東西？』

那個東西又細又雅致，而且是金色的。『喔，雪特！』我說。

『不要動。』她命令，音量突然壓低。我們都僵住了。

『乖，來，沒事的。』我化身為特種部隊的綁架談判員，安撫馬利。『我們沒有生氣，別擔心，我們只是想把項鍊拿回來。』珍妮和我反射性地從兩個方向包抄牠，以冰河滑動的極慢速移動，彷彿牠身上裝著爆裂物，一個不小心就會讓牠爆炸。

『馬利，乖，』珍妮用極為溫和的口氣說，『乖乖吐出項鍊，沒有人會受傷。』

馬利一臉狐疑，頭來回晃動，盯著我倆。我們已經包圍牠，但牠知道牠有我們想要的東西。我可以想像牠在衡量情勢，或許在想要提出什麼勒贖條件：把兩百條沒有標記的牛奶骨頭放在紙袋裡，不然別想再看到你珍貴的項鍊。

『馬利，把項鍊放下。』我低聲說，往前跨了一小步。牠開始全身搖動，我又往前爬了一點點。珍妮躡手躡腳，幾乎不著痕跡地緩緩接近牠。我們已經進入攻擊範圍內。我們互看一眼，未發一語，就知道該怎麼做。『財物奪回演習』已經操練過無數次：她往臀部撲，壓制住後腳，免得牠逃走；我往頭部撲，扳開牠的下顎，抓住違禁品。幸運的話，我們可以在幾秒內達陣。這是我們的作戰計畫，馬利也已經猜到。

我們離牠不到六十公分了。我對珍妮點點頭，沒有發聲，只靠嘴形講：『數到三。』但我們還來不及行動，牠的頭就往上仰，發出很大的咬嚼聲，原來懸在嘴旁的鍊子消失了。『牠吃下去了！』珍妮大喊。我們一同撲向牠，珍妮壓住牠的後腳，我的手臂夾住牠的頭，雙手撬開牠的下顎，再整隻手伸進嘴巴，直入喉嚨。我探測每個皺褶和細縫，空手而歸。『太遲了，』我說，『已經吞下去了。』珍妮用力拍打牠的背部，大喊：『吐出來，你這爛狗！』但一點用也沒有，她只有讓牠發出一聲很大聲的飽嗝。

馬利或許現在贏了，但我們知道獲勝只是遲早的問題。大自然的運作法則站在我們這一邊——進去的早晚要出來。雖然光想就覺得噁心，但我知道只要我持之以恆地撥開牠的大便，就會找到項鍊。如果那條項鍊沒那麼值錢，像是銀鍊或鍍金的鍊子，我可能會因為太噁心而做不下去，但這條鍊子是純金的，花掉我一大筆薪水。不管有多噁，我都要找回來。

為了達成目標，我為馬利準備牠最愛的瀉藥——一大盆熟透的、切片的芒果——接著守株待兔。之後三天，每次我放牠出去時，都急忙拿著鏟子，緊跟著牠。我不再把牠的排泄物堆到圍籬邊，而是小心地擺到草地的一塊木板上，一邊用樹枝翻，一邊用水管沖洗，把消化的東西沖下草地，留下異物。我覺得自己像是在洗礦槽工作的金礦工人，最後找到一籮筐被牠吞下的雜物，從鞋帶到吉他撥片都有，但沒看到項鍊。到底在哪裡？現在不是該排出來了嗎？我開始懷疑我是不是一時疏忽，把項鍊沖進草地裡，從此永遠消失。但我怎麼可能沒看到一條五十公分長的金鍊子？珍妮坐在門廊，興致勃勃地看著我的挖掘行動，甚至還替我取了綽號。『喂，淘金人，找到沒？』她對我喊。

第四天，我堅定的決心終於有了回報。我挖起馬利剛出爐的新鮮成品，重複每天必做的例行公事——『真不敢相信我竟然在做這種事！』——開始戳找和沖水，一邊沖刷便便，一邊尋找項鍊。什麼也沒有。正當我準備放棄時，突然瞥見一個奇怪的東西：一小團棕色的東西，大約是豌豆的大小。它的大小連遺失的珠寶都稱不上，但很顯然它是外來異物。我拿著戳翻用的樹枝壓住，我已經正式將它命名為狗屎棒，再用強力水柱沖洗。沖洗乾淨後，看到有個極為閃亮的東西在閃爍發光。哇哈哈哈！我淘到金了！

項鍊被擠得超小，比我原先想像的還要小好幾倍，彷彿有個黑洞把它吸進神秘的時空，再把它吐出來，這個說法也離實際不遠。強力的水柱逐漸沖掉硬塊，慢慢地，金團

舒展回原來的形狀，沒有糾結或損傷，跟新的一樣。不，比新的還要新。我拿進去給珍妮看，看到項鍊又再出現，珍妮興高采烈，即使它曾經通過相當令人生怯的路徑。我們都對項鍊現在的亮度感到訝異——比原本入口時還耀眼得多。馬利的胃酸發揮奇妙的神效，這條金鍊是我看過最閃亮的金子。『天啊，』我吹了聲口哨說，『我們應該轉行做珠寶清理。』

『棕櫚灘的貴婦就夠我們削翻了。』珍妮附和。

『沒錯，各位小姐，』我模仿油嘴滑舌的銷售員，『這是我們才有的獨家專利秘方！專利的馬利法能夠讓您珍貴的珠寶重新金光閃閃，奪目耀眼，出乎您的想像喔！』

『挺有商機的，葛羅根。』珍妮說，隨即去消毒重回手中的生日禮物。那條鍊子她戴了很多年，我每次看到它，當年短暫卻極為成功的金飾打光生涯頓時歷歷在目。淘金人與超級耐用的狗屎棒一起到達了無人能及的境界。那境界最好也別再有探索的需要了。

12 歡迎來到貧民病房

生孩子不是每天都有的事，所以西棕櫚灘的聖瑪麗醫院詢問我們是否要多付一些錢，住進特等產房時，我們一口就答應了。特等產房看起來像高級飯店房間，既寬敞又明亮，附上實木家具，採用花朵圖案的壁紙，有窗簾，還有按摩浴缸，從床底下還能拉出一張舒適的沙發，專供爸爸使用。供應『房客』的餐點也不是醫院的標準菜單，而是精緻料理。你甚至能訂一瓶香檳，雖然這主要是給爸爸暢飲的，因為餵母乳的媽媽頂多只能喝一小口，應景一下。

珍妮預產期的前幾週，我們去參觀產房時，我跳到爸爸沙發上，歡呼：『天啊，根本就像是度假嘛！』

特等產房的客源是雅痞族，是這間醫院的重要營收來源。有餘錢從醫療保險病房升等的夫妻讓醫院大發利市。我們都同意這有點奢侈，但何不享受一下呢？

珍妮的大日子來臨時，我們提著換洗袋向醫院報到，但院方告訴我們出了一點小問題。

『什麼問題？』我問。

『今天大概是生小孩的好日子，』櫃台人員愉悅地說，『所有特等產房都客滿了。』

滿了？這是我們生命中最重要的日子耶。舒適的沙發、雙人的浪漫晚餐和香檳酒都沒了？『等等，』我抱怨，『我們好幾週前就預約了。』

『很抱歉，』這位女士毫不同情地說，『我們對於孕婦哪時候要生產實在沒有多大的控制權。』

她的話很有道理，她又不能要別人趕快生一生。她要我們去另一層樓，住進標準病房，但等我們到達產房時，櫃台的護士向我們宣佈更糟的消息。『你們相信嗎？竟然所有病房都滿了。』她說。不行，我們不能相信。珍妮似乎能坦然以對，但我開始不耐煩了。『現在我們要去哪生，停車場嗎？』我回嘴。

護士很冷靜，對我微笑，顯然非常熟悉緊張的準爸爸的火爆脾氣。她說：『別擔心，我們會找到病床。』

在打了幾通電話後，她指向一條長走廊，我們穿越了一連串的雙層門後，發現我們所在的產房跟剛剛離開的標準病房一模一樣，但有個明顯差異——這裡的病人絕對不是西裝筆挺、收入充裕的雅痞，不是跟我們一同上拉梅茲無痛分娩課程的學員。我們聽到護士用西班牙話跟病人交談，而站在病房外的男士都是棕色皮膚，粗糙的雙手握著草

帽，焦急地等候。提到棕櫚灘，每個人都會先想到這裡是億萬富豪的遊樂場，但比較不為人所知的是，在市中心西邊，抽乾的佛羅里達沼澤地上開闢的農場綿延無垠。成千上萬的移民農工在收成季節時，抵達南佛羅里達，多數來自墨西哥和中美洲，採收胡椒、番茄、萵苣和芹菜，這些是美國東岸冬季蔬果的主要來源。我們現在知道移民農工都在哪生孩子了。媽媽痛苦的尖叫聲不時可聞，接著是慘痛的呻吟，用西班牙語大呼：『媽啊！』這個地方感覺像鬼屋，珍妮的臉色也慘白得跟鬼一樣。

護士帶著我們進入一個小隔間，裡面有一張床，一張椅子和一排電子檢測儀器。她拿了一件病人袍給珍妮換上。幾分鐘後，薛曼醫生飄進來，開朗地說：『歡迎來到貧民病房！』他要我們『別被簡陋的外觀騙了』，這裡其實配備了醫院最先進的醫學器材，護士也受過最佳訓練。因為貧民婦女在懷孕期通常都缺乏照顧，替她們接生有時會遇到極為危急的情況。他一面把珍妮的羊水弄破，一面保證我們會受到很專業的照顧。接著，與他的出現一樣突然，他離開了。

沒錯，隨著時間流逝，珍妮忍受著痛苦的收縮，我們也發現我們獲得相當良好的照顧。護士都是經驗老到的專家，散發自信，洋溢熱情，時時檢查，測量寶寶的心跳，並指導珍妮。我手足無措地看著，盡量鼓勵她，但一點用也沒有。珍妮甚至一面咬緊牙關，一面目露兇光對我說：『如果你再問我一次我現在好不好，我會撕了你的臉！』我

看起來一定很受傷，因為有位護士走到我身邊，拍拍我的肩膀，安慰我說：『歡迎參與生產，爸爸！過程就是這樣的。』

我走出病房加入其他在走道等候的男士。每個人都靠著太太病房的門邊，而我們的太太在裡面尖叫呻吟。我覺得我有些格格不入，穿著高級休閒衫、卡其褲，一副菁英階層的樣子。但那些農工似乎並未因此排斥我，沒多久，我們就開始微笑，心照不宣地對著彼此點頭。他們不懂英文，我不懂西班牙文，但這不重要，我們都是一掛的。

或者說，幾乎是一掛的。我在那天學到，在美國止痛藥是奢侈品，不是必需品。對於那些負擔得起的人——或是保險有給付的人，像我們——醫院會實施無痛分娩，直接將止痛劑注入中樞神經系統。珍妮分娩的第四個小時，麻醉師出現，將一根長針沿著脊髓插入皮膚下，連結皮下注射器。幾分鐘後，珍妮腰部以下都麻木，安穩地休息。周遭的墨西哥女人可沒那麼幸運，她們要跟之前一樣撐過去，淒厲的尖叫聲劃破空氣。

接下來的幾小時，珍妮用力，我指揮。傍晚時，我抱著一個像足球一般大的小包裹，走到走廊上。我把剛出生的兒子舉到半空，給我的新朋友看，用西班牙文大喊：『是個小男生！』其他準爸爸咧開嘴巴，伸出大拇指，做出表示讚賞的國際共通手勢。這次，我們沒有像決定狗名一樣激烈爭吵，反而是幾乎不假思索地，快速決定了長子的名字。我們替他取名為派崔克，紀念第一位從愛爾蘭萊姆林克郡移民到美國的葛羅根祖

先。一位護士走進來，告訴我們特等產房已經空出來了，現在換病房似乎沒什麼意義了，但她還是協助珍妮坐進輪椅，將我們的兒子放在她的懷裡，帶我們過去。我們享用的佳餚似乎沒原先想像的美味。

在預產期的前幾週，我和珍妮已經深談過，討論如何才能讓馬利習慣新成員的到來，讓牠能接受自己不再是最受寵愛的依賴者。我們想讓牠慢慢認清現實。我們聽過家犬因為太過嫉妒新生兒而做出不良行為的故事——從尿尿在重要物品上到撞倒嬰兒搖籃，甚至有攻擊行為——牠們受到的懲罰通常是去收容所的單程票。我們將空房間佈置成育嬰房後，讓馬利接近搖籃和床鋪，以及所有嬰兒用品。牠聞一聞，流流口水，舔一舔，直到好奇心完全滿足為止。珍妮產後留在醫院休養的三十六小時，我常常回家探望馬利，還帶著醫院的嬰兒毯與其他沾著嬰兒氣味的物品。有一次我甚至把一件用過的迷你紙尿布帶回家，馬利專注地用力聞著，害我不禁擔心牠的鼻孔會把整件尿布吸進去，而需要花掉比生產還昂貴的醫療費來救牠。

等我終於將媽媽和兒子接回家時，馬利完全沒有特殊反應。珍妮把在安全椅中睡著的派崔克放在床的中間，然後與我一起去車庫看馬利，牠極度熱情地迎接我們。等馬利從高亢的狂野狀態降溫到極度興奮狀態後，我們才帶牠進屋子。我們的計畫是照常做自

己的事，不要特地把寶寶指給牠看。我們在床邊走來走去，讓牠自己慢慢發現新成員。

馬利跟著珍妮走進臥房，在她整理換洗袋時，把頭整個探進袋子裡。牠顯然絲毫未察覺床上有個生物，接著派崔克動了，發出很小聲的、像鳥叫的聲音。馬利的耳朵豎起，全身僵住。**那個聲音是從哪來的？**派崔克又叫了一聲，馬利把一隻前腳舉了起來，像獵鳥犬一樣指著他。我心想：我的天，牠指著我們的小寶寶，就像獵犬指著……獵物一樣。在那一瞬間，我想起牠曾經猛力攻擊的羽毛枕。牠不會笨到把嬰兒當作是雉雞吧？

接著，牠往前撲。那不是兇猛的『擊斃敵人』的前撲，牠沒露牙，也沒吼叫，但那也不是『歡迎你呀，小朋友』的前撲。牠的胸部落在床墊上，力道之大讓整張床都為之搖晃。派崔克已經完全清醒，睜大了雙眼。馬利退回去，再往前撲，這一次牠的嘴巴離小寶寶的腳趾只有幾公分而已。珍妮衝向寶寶，我衝向馬利，雙手抓住項圈，把牠往後拉。馬利已經失去理智，努力想要撲向這個不知怎麼跑到聖殿內部的新東西。牠用後腳站起，我抓住項圈往後扯，覺得自己是駕馭白馬的西部片英雄。『牠的反應還真不錯。』我說。

珍妮把派崔克從安全椅中抱起來，我把馬利夾在我的雙腳間，雙手緊抓牠的項圈，壓住牠。珍妮也看得出馬利沒有任何惡意。牠做出招牌的蠢蠢笑臉，用力喘氣，雙眼發亮，尾巴搖啊搖。我壓制住馬利，珍妮慢慢靠過來，先讓馬利聞寶寶的腳趾，再逐一聞

腳掌、小腿和大腿。這個可憐的小東西不過一天半大，就受到強力吸塵器的攻擊。馬利聞到尿布時，意識狀態似乎轉變了，幫寶適觸發了牠的意亂神迷。牠抵達了聖地，這隻狗看起來陶醉無比。

『敢給我輕舉妄動，看我怎麼修理你。』珍妮警告，她是認真的。如果牠對寶寶流露出分毫的攻擊性，那就完蛋了，但牠從未如此。我們迅速發現我們的困擾不是要防止馬利傷害我們的心肝寶貝，而是要阻止牠接近尿布桶。

隨著日子一天天過去，馬利逐漸將派崔克當作是新的好朋友。有天晚上，我關了燈，準備上床睡覺，但找不到馬利。最後，我終於想到要去嬰兒房看看，牠趴在派崔克的搖籃旁，一狗一人沉浸在幸福的兄弟之情中，發出鼾聲，沉沉睡去。我們橫衝直撞的野駒馬利，在派崔克旁完全是不同的樣子。牠似乎懂得這是個脆弱、無助的小小人類，如果派崔克在附近，牠的腳步會放輕，小心地舔寶寶的小臉和小耳朵。派崔克開始學爬時，馬利會安靜地趴在地上，讓寶寶爬上牠如山般的身軀，拉牠的耳朵，戳牠的眼睛，扯下一小撮的狗毛。這完全不會惹惱馬利，牠只是像雕像般坐著。在派崔克身邊，牠就像溫和的巨人，而牠發自天性的溫順個性，讓牠欣然接受自己屈居老二地位。

我們對馬利的無比信任，並未獲得所有人的認同。在他們眼中，馬利是野蠻、難以

控制且孔武有力的巨獸——牠現在將近四十五公斤——他們認為我們相信牠不會攻擊脆弱的嬰兒，實在太過大膽。我的媽媽是這一派的死忠支持者，而且完全不隱藏她的想法。看到馬利舔她的孫子，讓她恐懼不已。『你知道那些舌頭舔過什麼嗎？』她會這樣委婉地說。她認真警告我們不該讓狗和寶寶獨處一室，古早的掠食直覺可能毫無預警地冒出。如果她能作主的話，她會永遠讓馬利和寶寶隔離在不同房間。

有天她從密西根來看我們，在客廳大聲尖叫。『約翰，快過來！』她叫道。『那狗在咬寶寶！』我衝出臥房，衣衫不整，結果只看到派崔克坐在嬰兒鞦韆座裡，開心地前後搖，馬利躺在下面。沒錯，馬利的確是朝著寶寶咬，但這並非我驚慌失措的媽媽所想的那樣可怕。馬利趴在派崔克的飛行路徑上，狗頭對著鞦韆的拋物線的最高點，派崔克固定在吊帶的臀部會在這裡停一下。每次派崔克包著尿布的屁屁進入攻擊距離時，馬利會嬉鬧地朝屁股輕咬，推推派崔克。派崔克開心地叫著。『唉喲，媽，那沒什麼啦，』我說，『馬利只是很愛他的尿布而已。』

珍妮和我建立了一套新習慣。每天晚上，她每幾個小時就會起床餵派崔克，我則負責早上六點餵奶，讓她能好好睡覺。我在半睡半醒間把他抓出搖籃，換尿布，泡牛奶。然後是最棒的時刻：坐在後院門廊，抱著他小小的溫暖身子，靠著我的肚子吸奶瓶。有

時候我的臉會靠著他的頭打起瞌睡，他則繼續滿足地吸著。有時候我會聽國家廣播電台，看著清晨的天色從紫色轉為粉色再轉為藍色。他吃飽後，我會拍拍他，直到他打了飽嗝為止。我幫寶寶換好衣服，自己也換好裝，吹口哨叫馬利過來，沿著海岸散步。我們買了慢跑型嬰兒車，這款車裝上三個大腳踏車胎，幾乎任何地方都去得了，包括穿越沙地和跨越人行道。我們這三人組必定是每天早上的奇景：馬利走在前方，像雪橇犬一樣拉著乘客，我在後方控制車速和方向，以免發生慘劇，派崔克在中間，開心地揮舞手臂，就像交通警察一樣。我們回到家時，珍妮已經起床，開始煮咖啡。我們會把派崔克放進嬰兒餐椅，準備好早餐麥片球，馬利每次都趁我們不注意時偷吃，狗頭斜靠著餐椅的桌面，用舌頭把麥片球捲進嘴裡。我們心想：**竟然偷嬰兒的食物來吃，牠難道就這麼點出息嗎？**但派崔克似乎對於這整件事興致勃勃，他很快就學會把早餐麥片球翻倒，看馬利到處爬，將地上的早餐球吃得一乾二淨。他也發現如果早餐球掉到大腿上，馬利會把頭探到桌面下，在清乾淨散成一片的早餐球時，不斷戳派崔克的肚子，讓他格格笑。

我們發現親職工作很適合我們。我們很能融入這樣的日常節奏，也很珍惜這種簡單的歡喜，在遇到挫折時，就苦笑撐過去，因為我們知道即使是災難連連的日子，沒多久也會成為珍貴的回憶。我們所有的夢想都成真了。我們有了摯愛的寶寶，也有笨頭笨腦的狗狗，還有坐落海岸邊的屋子，更重要的是，我們還有彼此。十一月時，我的報社把

我升為專欄作家，這是個眾人角逐的職位，我在第三版有個專欄，每星期出刊一次，能寫任何想寫的東西。生活美好極了。派崔克九個月大時，珍妮開始問我，什麼時候要再生第二胎。

『嗯，我也不知道耶。』我說。我們都知道我們不只要一個孩子，但我從未認真設定時間表。光想到我們才剛經歷的苦工，好像不應該急著重新經歷一遍。『我想我們可以先停止避孕，讓事情自然發展。』我建議。

『喔，』珍妮若有所知地說，『老套的**該來的也躲不掉**家庭計畫學。』

『喂，』我說，『這一套真的很有效好不好。』

於是，我們也就這麼做了。我們想明年的不論任何時候懷孕，時間點應該都不錯。珍妮推算一下，說：『就算六個月後有了，然後懷胎九月，這樣也有兩年的時間。』

聽起來滿棒的，兩年感覺還很遙遠，接近永恆。兩年感覺上不像真的。現在我證明我能勝任男性的授精職責，已經沒有壓力。無須擔心，不用緊張，就順其自然吧。

一個星期後，珍妮懷孕了。

13

夜半驚魂

肚子裡有個孩子在成長，珍妮深夜發作的怪異食欲又回來了。有一晚是沙士，另一晚是葡萄柚。有天接近半夜時，她問：『我們有士力架巧克力嗎？』看來我又要跑二十四小時便利商店一趟了。我吹口哨叫馬利過來，給牠戴上項圈，走去街口的便利商店。在停車場裡有一位年輕女子，她一頭蓬鬆金髮，搽著鮮豔的淡紫色口紅，穿著我看過最高的高跟鞋，開始跟我們聊天。『喔，牠好可愛喲！』她滔滔不絕地說。『哈囉，小狗狗。小朋友，你叫什麼名字？』馬利當然是非常樂意交朋友，我把牠緊緊拉住，以免牠流口水在她的紫色迷你裙和白色平口背心上。『你很想親我吧，狗狗，是吧？』她說，然後做出親嘴的啾啾聲。

我們聊天時，我心裡不禁納悶這位漂亮的小姐在這個時間、在迪克西公路旁的停車場閒晃做什麼。她顯然沒開車，也不像是要去店裡買東西或者才剛買完東西。她就站在那裡，扮演停車場親善大使，開心歡迎走進來的陌生人和一旁的狗狗，彷彿她是本社區的量販店接待員。她為什麼如此友善？因為美女永遠都不友善，至少不會對半夜出現在

停車場的陌生男子友善。一輛車停下來，有個中年男子降下車窗。『海瑟嗎？』他問。她對我靦然一笑，彷彿說：為了討生活，什麼都得做。『我要走了，』她說，接著坐進車裡，『拜拜囉，狗狗。』

車子駛離時，我說：『馬利，別愛上她，你付不起的。』

幾星期後，星期日早上十點，我帶馬利散步到同樣一間店買《邁阿密前鋒報》，又有人跟我們搭訕，這次是兩名年輕女子，看起來相當緊張不安。跟我們第一次遇到的那位小姐比，她們實在不怎麼漂亮，而且完全不想費功夫把自己裝扮得漂亮些，看起來像急著要賺下一次的毒品錢。『你是哈洛嗎？』其中一位問我。『不是。』我說，但我心裡想的是：**妳真的認為有人會在馬路上召妓的時候，手裡還牽著一條拉布拉多狗嗎？**她們到底認為我有多變態？我把報紙從商店門口的報紙箱拿出來時，有輛車出現了——我猜是哈洛——她們坐上他的車離開。

迪克西公路沿線的性交易活動蓬勃發展，我不是唯一見識到的人。我姊姊有一次來我家玩，中午時穿得和修女一樣保守去散步，一路上遇到兩個開著車尋找目標的嫖客詢價。還有個朋友來我們家作客，才剛進門，就告訴我們剛才他開車時，有個女的對他露出胸部，不過他也不會特別介意這種行為。

市長聽到當地居民的抱怨後，保證會公開羞辱被逮捕的尋芳客，警察也開始喬裝，

讓便衣女警站在路口釣自動上門的嫖客。喬裝的女警是我看過外表最抱歉的妓女——請想像前調查局局長胡佛穿女裝的樣子——但仍擋不住男人尋求她們的服務。有場逮捕行動就在我家的路旁發生——電視新聞記者就跟在後面。

如果只是妓女和嫖客，我們或許還能視而不見，但是這裡的犯罪活動還不僅於此。我們的社區治安似乎一天比一天糟。有一次我們沿著海岸漫步時，珍妮突然感到一陣相當嚴重的孕吐，沒辦法再繼續走，她決定獨自回家，我繼續帶派崔克和馬利散步。她走在街上時，發現有輛車跟隨著她。她一開始以為是我們的鄰居停下來打招呼或是有人想問路，等到她轉頭，看到那輛車的駕駛暴露下體，正在自慰，等到獲得預期的反應後，他加速倒車離開，好藏住車牌。

派崔克快要一歲時，我們這條街又發生謀殺案，跟奈德美太太一樣，這次的受害者也是獨居的老婦人。她家是迪克西公路與邱吉爾路的交叉路口第一間，就在二十四小時營業的開放式洗衣店的後面，我跟她只是點頭之交。不同於奈德美太太的是，這次我們不能再用這是熟人犯案來自我安慰，這次的受害者是隨機遇害的，歹徒在星期六下午潛入她家，她當時正在後院晾衣服。等她走進屋內時，他用電話線綁住她的手腕，用床墊壓住她，接著開始在屋子裡翻找財物。他帶著贓物離開，而我體弱的鄰居在床墊的重壓下慢慢窒息而死。警察迅速逮捕在投幣式洗衣店遊蕩的一名遊民，搜查他的全身上下

後，發現他的不法所得只有十六美金鈔票和一些硬幣，這就是一條人命的總值。

層出不窮的罪案讓我們很慶幸養了龐大駭人的馬利。就算牠是堅定的和平主義者，最有威脅的攻擊招數不過是舔舔功，但那又怎樣，有誰在乎牠看到所有陌生人的立即反應，一律是跑去叼網球過來，希望有新玩伴跟牠玩拋接遊戲。歹徒不需要知道這些。陌生人上門時，在應門前，我們不再先把馬利鎖住。我們不再對外人保證馬利絕對不會攻擊人，反而是故意含糊地警告他們，例如：『牠最近不太穩定。』或是『我不知道這個紗窗門還能再承受幾次撲擊。』

我們現在家有嬰兒，另一個還在肚子裡，不能再像以前一樣無憂無慮，對於個人安全毫不擔心。珍妮和我時常猜測，萬一發生狀況，有人想要傷害寶寶或我們的話，馬利會怎麼做。我傾向認為牠只會變得很瘋狂、不斷狂吠和吐氣。珍妮對牠比較有信心，她相信馬利對我們忠心不二，特別是忠於愛推倒麥片球的新玩伴派崔克，也就是說在遇到危難時，強烈的原始護衛直覺會從牠內心深處浮現。『不可能，』我說，『牠會把鼻子塞到那傢伙的胯下，然後自己先攤平。』無論如何，我們都同意，牠只要一出現就能嚇壞別人，我們覺得這樣很好。有牠在，我們能安心在家；沒有牠，則覺得家裡不再安全。即使我們仍不斷辯論牠是不是優良的護衛犬，但只要知道有牠在身邊，我們就能安心入睡。有一晚，牠讓這場辯論有了定論。

那時候是十月，天氣還沒轉變。夜晚仍然悶熱，我們開了冷氣，窗戶緊閉。看完十一點的夜間新聞後，我帶馬利去後院小便，看看派崔克在搖籃裡的狀況，接著關了燈，爬上床，珍妮已經熟睡。馬利一如往常趴在我那一側的地板上，深深吐了一口氣。正當要入眠時，我聽到聲響——一陣淒厲、持續、尖銳的聲音。我立即清醒，馬利也是。一片漆黑中，牠站起來，靜止不動，耳朵下垂。接著聲音又出現，穿過緊閉的窗戶，蓋過冷氣機的嗡嗡聲。那是尖叫，女人的尖叫，很大聲而且絕對是尖叫聲。我心裡的頭一個想法是青少年在街上嬉鬧，這種事常常發生。但那不是快樂的，不是那種求求你別再搔我癢的尖叫聲，而是帶著絕望無助，是真正的驚恐，我知道有人遇到大麻煩了。

『馬利，過來。』我低聲說，輕輕鑽出被窩。

『別出去。』在我身邊，珍妮的聲音在黑暗中響起。我不知道她已經醒來，也在聽外面的動靜。

『妳先報警，』我告訴她，『我會小心的。』

我穿著短褲，抓著馬利的馴狗帶末端走出前門，剛好看到有人奔向海岸邊。尖叫聲再度傳來，來自另一個方向。在室外，沒有了牆壁和玻璃的阻擋，那個女人的聲音以驚人的速率填滿夜色的寧靜，我只有在恐怖電影裡聽過像這樣的尖叫聲。其他大門的燈也亮了。合租我家對面房子的兩個年輕人衝到外面來，上半身赤裸，只穿著牛仔短褲，朝

著尖叫聲的方向奔去。我謹慎地保持一段距離跟著，馬利緊跟在我身旁。我看到他們跑到幾間屋子外的草地，沒過幾秒，又往我的方向跑回來。

『快去照顧那個女生！』其中一個人一面大喊，一面指著另一邊。『有人用刀刺她。』

『我們要去追他！』另一個人大吼，接著他們赤腳朝著人影跑掉的方向衝。我的鄰居貝芮是位膽大無懼的單身女子，她買下奈德美太太屋子旁的破平房，重新裝修。她也跳上車子，加入追逐。

我放開馬利的項圈，衝向尖叫聲的方向。經過三間屋子後，看到十七歲的鄰居女孩獨自站在她家的車道上，彎著腰啜泣，斷斷續續地急速喘氣。她緊抱胸口，在她的雙手下方，我看到有一圈血跡在她的上衣散開。她是個苗條美麗的女生，有著一頭及肩的淺棕色頭髮，與離婚的母親同住。她母親是夜班護士，個性很開朗。我曾經和母親講過幾次話，但跟她女兒只有互打招呼，連她的名字都不知道。

『他說不要叫，不然他會刺我，』她邊哭邊說，上氣不接下氣，呼吸急促地講，『但是我一直叫，一直叫，然後他就刺我。』她彷彿擔心我不相信她，還掀起上衣給我看穿過肋骨的那道傷口。『我坐在我的車子裡，音響開著，他不知道是從哪冒出來的。』我把手放在她的臂膀上安撫她，才剛把手放上去，她就雙腿一軟跌進我的懷裡，

雙腳像小鹿一樣折在身體下。我把她攙扶到人行道上，坐下來安慰她。她的聲音現在柔和多了，也冷靜多了，她努力睜開眼睛。『他要我別叫，』她一直重複，『他用手摀住我的嘴巴，叫我不要叫。』

『妳叫是對的，』我說，『妳嚇走他了。』

我突然想到她現在在驚嚇狀態中，但我完全不知道該怎麼做。**救護車怎麼還不來？趕快來啊**。我用我唯一知道的方式安撫她，就跟我安撫小孩的方法一樣，輕撫她的頭髮，用手心擦掉她臉頰上的眼淚。她愈來愈衰弱時，我一直告訴她要撐下去，救護車就要到了。『妳會沒事的。』我說，但我並非百分之百相信自己的話。她的膚色慘白。感覺上，我們似乎在人行道上坐了好幾個小時，但警方調查報告顯示，其實只有三分鐘。

慢慢地，我才想到要看看馬利在做什麼。我抬頭看，牠站在前面，離我們三公尺遠，一臉專注地面對街道，背部像公牛一樣弓起，我從來沒看過牠擺出這種姿勢，那是準備攻擊的姿勢。牠頸部的肌肉繃緊，緊咬牙關，兩肩的毛豎立，專注看著街道，似乎準備隨時往前撲。我瞬間領悟到珍妮是對的。如果那個持武器的歹徒回來，他要先通過我的狗這一關。在那一刻我知道——我絲毫沒有疑慮——馬利會奮戰到死，絕不讓他攻擊我們。抱著這個小女生，想著她會不會死在我懷裡，已讓我很情緒化，再加上看到馬利出乎意料地緊守著我們，如此威猛，讓我的雙眼泛出淚光。人類最好的朋友？絕對是。

『我在這裡。』我對女孩說，但我其實想說的是、我應該說的是：我們在這裡，馬利和我。『警察就要到了，』我說，『打起精神來，撐著點。』

她閉上雙眼前，低聲說：『我叫麗莎。』

『我是約翰。』我說。這似乎有點不可思議，在這種情況下自我介紹，彷彿我們在參加社區聚會。想到這種情境有多荒謬，幾乎要讓我笑出來，但我只是把她的一束頭髮撥到她的耳後，對她說：『妳現在很安全，麗莎。』

有個警察從人行道跑過來，就像從天堂降臨的天使。我對馬利吹口哨，說：『沒事的，馬利，他沒問題。』而在一瞬間，我的口哨聲彷彿是打破了催眠狀態，我那呆笨又友善的狗狗回來了，小踏步繞著我們，喘著氣想要嗅我們，從深藏不露的祖先精神浮現的古早直覺又已經收了回去。接著，更多警察圍過來，沒多久救護車人員帶著擔架和一疊消毒紗布衝過來。我走到一旁，告訴警察我看到的情況，然後走回家，馬利在我前頭跑著。

珍妮在門口等我，我們一起站在面對馬路的窗前看著街上的喧騰。我們的社區看起來像是警探影集的場景，紅色燈光灑遍窗戶，警用直升機在半空盤旋，用探照燈照著後院和小巷。警察設下路障，徒步搜查這一區，最後仍是徒勞無功，他們沒有逮捕任何嫌疑犯，也不能確知犯案動機。我那些追出去的鄰居告訴我，他們根本沒看到歹徒。珍妮

和我終於爬回床上，但過了很久才入睡。

『妳一定會對馬利感到驕傲，』我告訴她，『很奇怪，牠竟然知道當時的情況有多危險，牠就是知道。牠感覺到了危險，而且變得完全不同。』

『我早跟你講了。』她說，而她說得沒錯。

直升機飛到我們家正上方時，珍妮翻個身，在她睡著前說：『又過了一個無聊的普通夜晚呀。』在黑暗中，我伸手往床底下摸摸躺在地板上的馬利。

『大塊頭，你剛才表現很棒喔！』我低聲說，一邊搔搔牠的耳朵。『你的狗食真是得之無愧。』手還擺在牠背上，我沉入夢鄉。

一個青少女在自己的家門前、坐在自己的車裡，遭到陌生人刺傷，早報卻只用短短六行報導，說明了南佛羅里達對於犯罪的麻木。《太陽守望報》的第三版下方對於整個事件做了簡短描述，新聞標題是『少女遭襲擊』。

整篇報導隻字未提我或馬利，或是我對面那些打赤膊的鄰居衝去追逐歹徒，也沒提到開車追逐歹徒的貝芮，或者是那些打開燈察看、報警的鄰居。在南佛羅里達充斥著暴力犯罪的醜惡世界裡，我們鄰居的遭遇不過相當於輕微的打嗝。沒有出人命，沒人遭挾持，沒什麼大不了。

麗莎的肺臟被刺穿，住院五天後，在家又休養了好幾週。她的媽媽跟鄰居說她的傷勢已經完全痊癒，但她仍然足不出戶，讓我很擔心那次攻擊是否留下了心靈創傷。以後她離開安全的家時，還能覺得自在嗎？我們的人生只有交會三分鐘，但我覺得我投注的感情就像哥哥對於小妹妹的關愛一樣。我想要尊重她的隱私，但我也想看看她，確保她會好好的。

有個星期六，我在車道洗車時，馬利在我旁邊，用狗鏈鍊住。我抬頭看時，看到她站在車道前，比我記憶中還要漂亮：古銅色肌膚、結實、有活力——又回到原本的模樣。她笑著問：『還記得我嗎？』

『我想想，』我說，假裝疑惑的樣子，『妳看起來有些面熟。妳是不是在湯姆‧佩蒂的演唱會上坐我前面，不肯坐下來的那個人？』

她大笑。我問：『妳還好嗎，麗莎？』

『很好，』她說，『正準備回歸正常生活。』

『妳看起來好極了，』我告訴她，『比我上次看到妳時還要好。』

『是啊，』她說，然後低頭盯著自己的腳，『可怕的一晚。』

『可怕的一晚。』我重複。

這就是我們對於那晚唯一的評論。她告訴我住院時的事：醫生檢查、警探偵訊、無

止盡的水果籃，還有無聊的在家療養。但她避談那晚的攻擊，所以我也沒提。有些事情最好別再提起。

麗莎那天下午待了很久，我在後院做家事時，她跟著我到處跑，和馬利玩、跟我聊天。我感覺到她想要說一些話，但又說不出來。她才十七歲，我不期待她能找到正確的字眼。未經計畫，未經警告，我們的生命交會了。無法解釋的突發暴力事件迫使兩個陌生人相識了。我們沒有時間像鄰居一樣交談，沒時間建立界限。在危機的一瞬間，我們密切結合在一起，一個是穿著短褲的父親，一個是上衣沾滿血的少女，彼此扶助，祈求希望。當時我們感到很親近。在當時那種情況下，怎麼可能不親近呢？當時我們也感到困窘，有點尷尬，因為在那時我們都放下防衛，話語都是多餘。我知道她很感激我到她身邊，我知道她很感激我的安撫，不管有多笨拙。她知道我非常關心她，在她身邊。那晚在人行道上，我們共享一種相同的感覺——在那個短暫、瞬間的清明時刻，我們看清生命中的其他事物——我們不會輕易忘記。

『我很高興妳過來。』我說。

『我也很高興。』麗莎回答。

她離開時，我對於這個女孩已有很好的預感。她很強壯、很堅強，一定會繼續前進。我的想法沒錯：在幾年後，我知道她成為電視播報員，我明白她已經走出去了。

14 提早報到

『約翰。』

在睡夢中，我逐漸聽到有人在叫我的名字。『約翰，約翰，快醒醒。』是珍妮在叫我，用力搖我。『約翰，我覺得我要生了。』

我兩手撐著床坐起來，揉揉眼睛。珍妮側躺，雙腳縮到胸前。『妳說妳什麼？』

『我的肚子抽痛，』她說，『我剛剛躺著在計算抽痛的時間。我們要打電話給薛曼醫生。』

我已經完全清醒。**要生了**？我一直熱切期待著第二個孩子誕生——又是個男生，我們從超音波檢查得知的。但現在的時間點卻不對，非常不對。珍妮懷孕二十一週，才剛剛過了正常的四十週懷孕期的一半而已。在珍妮的懷孕書籍中，有一本有胚胎每週在體內成長的高畫質相片。我們幾天前才翻開那本書，端詳在二十一週的照片，驚嘆寶寶現在的樣子。在二十一週，胚胎才差不多一個手掌那麼大，不到四百五十克重。胎兒的眼睛還沒睜開，指頭像是細瘦的小樹枝，肺臟還沒發育完全，沒辦法分離出空氣中的氧

氣。在二十一週，胎兒還無法獨立成長，離開子宮不但存活的機會很小，更不可能不產生嚴重的長期健康問題。大自然將寶寶留在子宮裡九個月是有道理的，在二十一週出生的風險實在太大。

『可能沒什麼。』我說。但我按下撥打婦產科醫師的答錄服務的快速鍵時，可以感到自己的心臟急速跳動。兩分鐘後，薛曼醫生回電，聽起來才剛睡醒。『可能只是脹氣，』他說，『但最好檢查一下。』他要我立即送珍妮到醫院。我在屋子裡衝來衝去，幫珍妮打包，把東西丟進換洗袋裡，泡好奶粉，準備好奶瓶，把尿布塞進尿布袋。珍妮打電話給她的同事珊蒂，問她我們可不可以託她照顧派崔克。珊蒂也是初為人母，住在幾條街外。馬利也起來了，伸懶腰、打哈欠、全身搖一搖。深夜兜風耶！『抱歉了，馬利。』我牽牠到車庫裡時對牠說。牠滿臉失落。『你要在城堡留守。』我抱起搖籃裡的派崔克，把他放進安全座椅裡，扣上安全帶，沒有吵醒他。接著，我們就駛入夜色中。

在聖瑪麗醫院的新生兒加護病房裡，護士迅速開始檢查。他們幫珍妮換上醫院的長袍，將測量子宮收縮頻率和胎兒心跳的儀器連到她身上。沒錯，珍妮每六分鐘就收縮一次，這顯然並非脹氣。『妳的寶寶想要出來，』有位護士說。『我們會盡全力阻止。』

薛曼醫生在電話上要護士測量珍妮的產道是否擴大。有位帶著手套的護士將一隻指頭伸進去，回報產道已經開了一公分。就連我都知道大事不妙。產道開到十公分時，子

宮頸已完全擴張，在正常的狀況下，這時候產婦要開始用力。每次痛苦的絞痛，珍妮的身體就將她推往沒有退路的結果。

薛曼醫生要護士打生理食鹽水點滴，並注射子宮收縮抑制劑。子宮收縮逐漸趨緩，但不到兩小時，又開始猛力收縮，護士打了第二針，又打第三針。

接下來十二天，珍妮住院觀察，讓一連串新生兒科醫師又戳又刺，連上監視儀器和點滴。我向報社請假，獨力照顧派崔克，盡全力做好每一件事——洗衣服、餵食、煮飯、帳單、家事和庭院工作。喔，還有家中的另一個生物。可憐的馬利，牠的地位從第二受寵的位置急速降到地底的冷宮。但即便我忽視牠，牠還是努力維持關係，不讓我離開牠的視線。牠忠實追隨我到任何地方，我一隻手抱著派崔克在屋裡跑來跑去，另一隻手吸地板、蒐集髒衣服或煮飯。我可能跑進廚房裡，把幾個髒盤子丟進洗碗機裡，馬利也慢慢走進來，繞著廚房五、六次，尋找最佳的棲息處，然後躺下。牠趴下沒多久，我就衝到洗衣間，把衣服從洗衣機拿出來，放到乾衣機裡去。牠也跟著我，繞一繞，抓抓毯子，直到牠滿意所有毯子的位置為止，然後再趴下，結果我又走向客廳拿報紙。過程就是如此。如果幸運的話，我可能會在橫衝亂撞中，快速拍拍牠的頭。

有一晚，終於把派崔克哄睡後，我筋疲力竭地躺在沙發上。馬利衝過來，把牠的拔河玩具放在我的大腿上，抬起頭來，深邃的棕色眼睛望著我。『喔，馬利，』我說。

『我已經沒力了。』牠的鼻子從下往上推玩具，把玩具拋上空中，等著我抓住它，想要引誘我跟牠玩。『抱歉，馬利，』我說。『今晚不行。』牠皺起眉頭，頭歪到一邊去。突然之間，牠舒適的日常慣例都支離破碎。女主人神秘失蹤，男主人不陪牠玩，生活完全走樣。牠小小聲地哀嘆一聲，我可以看出牠正在努力搞清楚狀況：為什麼約翰不和我玩？早晨的散步怎麼沒了？為什麼現在都不能在地板玩摔角？珍妮到底在哪裡？她沒有和另一條街的大麥町私奔吧？

馬利的生活並非悽慘到底。樂觀點想，我已經快速回到婚前的（意即：懶散的）生活風格。身為家中唯一的成人，我獲得授權，暫時中止『已婚夫婦家居法』，並宣佈一度廢止的『單身漢條例』成為本領土的法律。珍妮住院時，我的襯衫要穿兩次、甚至穿三次，在有明顯的芥末汙漬後才需要洗；我可以直接從牛奶的紙盒對嘴喝牛奶，馬桶坐墊永遠都豎起，除非需要坐上去才會放下。最讓馬利高興的是，我施行全年無休的浴室門戶開放政策，反正屋子裡只有男的。這讓馬利又有機會在狹小空間裡親近我。既然浴室門都開了，只有讓牠直接從浴缸水龍頭喝水，才有道理。珍妮一定會很驚駭，但從我的觀點來看，這至少比馬桶水好。馬桶坐墊向上政策實施後（所以，馬桶蓋向上政策也實施了），如果要牠別碰馬桶水——馬桶水簡直就像在懇求牠把鼻頭塞進去，玩潛水艇遊戲——就需要提供馬利可行的新選擇。

我在浴室裡時，開始習慣把浴缸水龍頭轉開一點點滴水，讓馬利舔乾淨新鮮的水。這隻狗的興奮程度好比我為牠建了一座迪士尼樂園的飛濺山。牠會把牠的頭扭到水龍頭下舔水，尾巴敲著身後的洗手台。牠對水的渴求永遠無法滿足，讓我深信牠上一輩子一定是駱駝。我很快領悟到我創造出一頭浴室怪獸，沒多久，馬利開始獨自跑到洗手間，站在浴缸旁，哀怨地瞪著水龍頭，舔掉任何一滴留在水龍頭旁的水珠，用鼻子抵著水龍頭開關，直到我無法忍受，跑進浴室幫牠打開。轉瞬之間，狗盆的水似乎配不上牠了。

我墮落的下一步是淋浴。馬利發現牠如果把頭鑽進浴簾裡，喝到的就不是一滴滴的水，而是一整個瀑布。我抹上肥皂，牠的黃色大頭赫然鑽進來，開始舔著噴下來的水花。『千萬別告訴媽媽。』我說。

我試圖騙過珍妮，讓她相信我把家務打理得服服貼貼。『喔，我們好得很，』我告訴她，接著轉頭對派崔克說：『對不對，小子？』聽到這句話，他會做出標準回應：『巴巴！』然後指著天花板的風扇說：『風——！』她沒那麼好騙。有一天，我帶著派崔克做每日例行的探視，她不可置信地盯著我們看，問：『你到底對他做了什麼？』

『什麼意思，我對他做了什麼？』我回答。『他好得很。你好得很，不是嗎？』

『巴巴！風——！』

『他的衣服，』她說，『怎麼會……』

這時我才注意到，派崔克的連身兔裝——或是我們這些豪邁的爸爸稱呼的『兔裝』——看起來怪怪的。我發現他胖胖的大腿擠進袖口裡，被勒得緊緊的，可能堵住了大腿的血液循環，垂在他兩腿間的袖口像是牛的乳腺；在上半身，派崔克的頭從沒有扣上的胯下穿出，雙臂藏在寬鬆的褲子裡，看起來滑稽極了。

『你這呆瓜，』她說，『你把衣服穿反了啦。』

『那是妳的看法。』我說。

但遊戲已經結束。珍妮拿起病房的電話開始撥號，幾天後，我親愛甜美的安妮塔嬸嬸抵達我家。她是退休的護士，在青少年時從愛爾蘭移民到美國，現在住在佛羅里達州的另一端。她神奇地出現，提著行李，開心地重整秩序，『單身漢條例』已成為歷史。

醫生終於讓珍妮出院，但下了許多嚴格的禁令。如果她想生下健康的寶寶，她就得躺在床上，盡量不要翻動，只有上廁所時才能起身走動。她每天可以簡單沖澡一次，再回去躺著。不可以煮飯，不可以換尿布，不可以走出去拿信，不可以拿任何比牙刷還重的東西——這也包括她的寶寶，這條禁令幾乎讓她想死。乖乖躺在床上，不可以作弊。珍妮的醫生已經成功阻止早產，現在的目標是至少還要懷孕十二週。到那時候，胎兒已經三十五週大，雖然還是有些脆弱，但已經發育完成，能夠獨立面對外在世界。因此，

珍妮要像冰河一樣靜止不動。安妮塔嬸嬸決定待久一些，願上帝保佑她慈悲的靈魂。馬利很開心有新的玩伴，沒多久，牠也成功訓練安妮塔嬸嬸幫牠轉開水龍頭。

一位醫檢師來到我們家，把一條導管插入珍妮的大腿裡，導管連接到一個用電池供電的唧筒，不斷將安胎藥注入血液裡。彷彿這樣還不夠似的，她還在珍妮身上連接一具看起來像刑求工具的監視器——一個超大的吸杯連接一串電線，再連上電話。吸杯附著在珍妮的肚皮上，透過一條伸縮的傳送帶與機器相連，測量胎兒的心跳和子宮收縮，一日三次，將紀錄透過電話線傳回給護士，監測任何不正常的徵兆。我衝到書店，花了為數不少的一筆錢買了一大疊書，珍妮在三天內就讀完。她試著打起精神，但是待在床上的沉悶、無趣，以及時時刻刻擔心還未出生的孩子是否健康，將她的心情往下拉。最糟的是，她還有一個十五個月大的兒子，她既不能抱、不能走去看他，不能在他餓時餵他，不能在他髒時洗他，也不能在他難過時伸手把他挽起來親。我會把派崔克擺在她床上，讓他趴在她身上，他會扯扯她的頭髮，把手指伸進她嘴巴裡，指著天花板上旋轉的扇葉說：『媽媽！風——！』這會讓她微笑，但那已是不同的笑容，她變得愈來愈沉鬱。

全程陪伴在她身邊的，當然是馬利。牠在她身邊的地板紮營，還把各種狗玩具和牛皮骨頭都放在身邊，以免珍妮突然改變主意，決定跳下床享受一點樂趣，玩玩拔河。牠從早到晚緊守崗位。我下班回家時，安妮塔嬸嬸在廚房煮晚餐，派崔克坐在她隔壁的嬰

兒椅裡。接著我走進臥房，看見在床邊的馬利站起來，下巴靠在床上，搖著尾巴，用鼻子戳珍妮的脖子，她那時可能在讀書，或在打瞌睡，或只是看著天花板發呆，她的手會環抱著牠的背。我每天把日曆上的日子劃掉，讓她知道現在的進展，但那只有提醒她每分每秒流逝的速度有多慢。有些人喜愛無所事事的躺臥度日，但珍妮不是這種人。她天性喜愛忙碌，強迫她無所事事會讓她的意志在不知不覺中消沉，每天都愈陷愈深。她就像困在無風帶的水手，愈來愈不耐煩地等待一絲絲的起風徵兆，期待風吹滿帆，繼續航行。我試著鼓舞她，說些像：『一年之後，我們回想這時候，一定會覺得很好笑。』但我可以看出她有一部分已經慢慢遠離我，有時候她的眼神飄得很遠。

珍妮在床上休養的時間還剩一個月時，安妮塔嬸嬸打包好行李，跟我們道別。她已經盡量久留，事實上，她還延長居留了好幾次，但她家裡還有個老公，她常常半開玩笑半是擔心地說：她老公可能已經成了野獸，因為他靠著微波餐點維生，整天看ＥＳＰＮ體育台。我們又再次要靠自己。

我盡力不讓船沉沒。我清晨醒來替派崔克洗澡和換衣服，餵他燕麥和蘿蔔泥，帶他和馬利散一小段步。接著我把派崔克送到珊蒂家，在我上班時託她照顧，然後在晚上時接他回家。我會在中餐時間回家，替珍妮準備午餐，把她的信拿給她——這是她一天中

最期待的事情——然後跟馬利玩拋接棍子的遊戲，清掃一下家裡。我們的房子已慢慢蒙上疏於照顧的外表：雜草叢生，髒衣服堆積，而且在馬利為了追逐一隻麻雀，像卡通人物一樣撞破紗門後，留下的大洞到現在還沒修補。長達幾週，破裂的紗窗在風中飄舞，正式成為狗的出入口，在與躺在床上的珍妮相伴的長時間裡，馬利可以隨牠高興在後院與屋子間穿梭。『我會修理的，』我向她保證，『我已經列在清單上了。』但我可以看出她眼神中的沮喪，她要非常努力才能克制自己不要跳下床、將她的家恢復原狀。我趁派崔克晚上睡著時出門買家用品，走在超市的貨架間採買時，往往已是半夜時分。我們靠外送食物、早餐麥片球和一罐罐義大利麵醬維生。我長年以來持續不斷寫的日記，突然一片空白，因為我沒有時間，更沒有精力。在最後一篇簡短的日記中，我只有寫：

『現在的生活有點太過沉重。』

然後，當珍妮懷孕三十五週時，同樣一位醫檢師來到我們家，說：『恭喜，妳成功了，妳終於重獲自由了。』她拔掉供藥的唧筒，移除導管，打包胎兒監視器，說明醫生寫下的指示。珍妮終於重歸原本的生活，不再有限制，不再服藥，我們甚至能夠重享性愛。寶寶現在已經發育完全了，時間到時，就會誕生。『好好享受吧，』她說，『妳應得的。』

珍妮把派崔克往上拋，跟馬利在後院玩，賣力做家事。那一晚我們上印度餐館慶

祝，吃完晚餐後，去本地的喜劇俱樂部看表演。第二天，我們一家三口繼續慶祝，去希臘餐廳吃午餐。皮塔三明治還沒上桌，珍妮就幾乎要生了。前一晚她在吃咖哩羊肉時就有陣痛，但她毫不在意。她可不要讓幾次收縮毀掉她辛苦盼到的夜間狂歡。現在每次收縮幾乎都讓她站不起來。我們衝回家，珊蒂已經到達我們家，照顧派崔克並看管馬利。我打包她的換洗袋時，珍妮在車子裡等，她呼吸短促，忍受著痛苦。等我們抵達醫院、住進病房，珍妮的產道口已經開了七公分。不到一小時，我懷裡就抱著我們的新生兒子，珍妮在旁邊數他的手指和腳趾。他的眼睛是張開的，非常機靈，雙頰紅通通的。

『妳辦到了，』薛曼醫生宣佈，『他很健康。』

康諾・理查・葛羅根出生於一九九三年十月十日，兩千六百三十六公克重。我高興過頭，完全沒想到殘酷的諷刺：這次生產我們住進特等產房，但幾乎沒時間享用。如果這次生產再快一些，珍妮說不定在德士古加油站的停車場就把寶寶生出來了。我甚至沒時間在準爸爸的沙發躺下。

想到為了安全將兒子帶到這世界所經歷的折磨，我們認為他的出生堪稱一件大新聞——但沒有大到當地媒體會來報導的地步。不過在我們的窗戶下，許多新聞車擠在停車場，『小耳朵』往上升，我看到記者拿著麥克風面對攝影機作報導。『嘿，老婆，』我說，『狗仔隊來報導妳囉！』

在病房照顧寶寶的護士說：『妳相信嗎？唐納．川普就在另一頭的病房裡耶！』

『唐納．川普？』珍妮問。『我不知道他懷孕了。』

這位地產大亨在幾年前搬到棕櫚灘時，曾掀起一陣騷動。他搬進已故的麥片公司繼承人瑪潔莉．瑪麗威勒．波斯特的大宅邸裡。那棟豪宅的名稱為『瑪拉歌』，意思是『從海到湖』，如名字所顯示的，這塊地共六點八公頃，從大西洋延伸到沿岸水道，還包括九洞的高爾夫球場。從我們的街底朝水道望過去，可以看到伊斯蘭教摩爾式風格的五十八間房大宅，劃破棕櫚樹，昂然挺立。川普家和葛羅根家實際上是鄰居。

我打開電視，獲知唐納和他的女朋友瑪拉．梅寶生了一個女嬰，他們相當開心，女嬰的名字很合適，叫做蒂芬妮。蒂芬妮在珍妮生下康諾沒多久後出生。『我們應該邀請他們帶孩子過來玩。』珍妮說。

我們從窗戶看出去，看到電視台人員蜂擁而上，拍攝川普一家帶著新生兒出院的鏡頭。瑪拉優雅地微笑，抱著寶寶給攝影機拍攝，唐納對攝影機揮手，促狹地眨了一下眼睛。『我感覺非常好！』他對攝影機說，然後他們搭乘司機駕駛的豪華轎車離開。

第二天早上，輪到我們離開醫院時，一位在醫院擔任志工的退休者，非常親切地推著坐在輪椅裡的珍妮和康諾，走出大廳，穿過自動門，走進陽光下。沒有攝影師，沒有衛星轉播車，沒有訪問，沒有現場報導，只有我們和年老的志工。雖然沒人問我，但我

也感覺非常好，唐納・川普不是唯一對自己的後裔感到驕傲的人。

志工陪著珍妮與寶寶等我把車開到門口，在我把剛出生的兒子放進安全座椅前，我把他高高舉起，給全世界的人看——如果有任何人在看的話——然後說：『康諾・葛羅根，你跟蒂芬妮・川普一樣獨特，千萬別忘了！』

15 產後最後通牒

這段日子應該是我們生命中最快樂的時光，從許多方面來說，確實是。我們有了兩個兒子，一個在學走，一個剛出生，年紀只差十七個月。他們帶給我們無比的歡喜，但是在珍妮被迫臥床休養時壓迫她的那分陰鬱心情仍未完全消失。有些時候她很正常，開心扶養兩個完全依賴她的小生命，擔起責任，克服挑戰，但其他時候，她會突然變得悶悶不樂、垂頭喪氣，深陷在憂鬱的迷霧裡，有時長達好幾天。我們都累壞了，而且嚴重睡眠不足。派崔克每晚仍然會吵醒我們至少一次，康諾更是經常吵醒我們，哭著要餵奶或換尿布。我們絕少能躺下好好睡個兩小時不被吵醒。有些晚上，我們就像殭屍，目光呆滯、不發一語地交會而過，珍妮去照顧一個孩子，我照顧另一個。我們十二點醒來，兩點醒來，三點半醒來，接著在五點醒來，然後太陽升起，又是另一天的開始，又是全新的展望，以及重複相同的循環與痛徹骨髓的疲倦：在走廊另一端，派崔克可愛、有精神、嘹亮的聲音叫著：『媽媽！巴巴！風——！』即使我們想盡量多睡，但我們知道過去的熟睡時光已經不復返。我的咖啡愈煮愈濃，去上班時穿著皺巴巴的襯衫，領帶還沾

著嬰兒的吐奶。有天早上在新聞室時，我注意到報社年輕漂亮的編輯助理專注地盯著我看。我覺得很得意，對著她微笑。**嘿嘿，就算我已經是兩個孩子的爸，但是女人還是會注意我。**接著她說：『你知道你頭髮裡黏了一張芝麻街的貼紙嗎？』

除了睡眠遭剝奪，讓我們生活一團亂外，我們的新寶寶也讓我們非常擔心，使生活更複雜。康諾已經過輕，而且不能吸收營養。珍妮全心全力地哺乳，希望康諾能健健康康，但他似乎也同樣全心全力地妨礙她。她將乳房塞進他嘴裡，他也非常聽話，飢渴地吸奶，接著他用力一嘔，全部吐出來。她會再餵他一次，他繼續狼吞虎嚥，又一次把胃裡的東西清光光。噴射性吐奶成為生活的一部分，每小時定期發生。一次又一次，同樣的事情不斷上演，每一次都讓珍妮愈來愈暴躁。醫生的診斷是食道逆流，把我們轉介給專科醫師。這位醫生替寶寶注射鎮靜劑，把內視鏡塞入他的喉嚨，察看體內。康諾終於慢慢擺脫這個疾病，體重逐漸增加，但有長達四個月的時間，我們幾乎無時無刻不擔心他。恐懼、壓力和挫折感，都讓珍妮情緒崩潰，再加上缺乏睡眠的推波助瀾──因為她幾乎無時無刻地哺乳，再無力又無助地看著他把母乳吐回她身上。『我覺得我好失敗，』她這麼說，『媽媽應該要能滿足寶寶的所有需要才對。』讓她抓狂的導火線愈燒愈短，微不足道的小事──碗盤櫃的門沒關、流理台有麵包屑──都會點燃她的怒火。

好消息是珍妮從來不將焦慮發洩在兩個寶寶上，實際上，她哺育時的專注和耐心幾

乎接近強迫性的程度。她把自己的每分每毫完全貢獻給孩子。壞消息是她把挫折和憤怒發洩在我和馬利的身上，尤其是馬利。她對牠已喪失耐性。牠成了她的肉中刺，做什麼都不對。每次犯錯——而且牠仍像以前一樣時常犯錯——都一寸寸將珍妮推向爆發的邊緣。馬利完全未察覺這樣的改變，還是持續幹蠢事、惹麻煩，牠的精力仍是旺盛十足。我買了會開花的小樹回來種在花園裡，紀念康諾的誕生，在種下的同一天，馬利就把它連根拔起，嚼成腐葉。我終於有空修好破掉的紗窗門，但馬利已經很習慣使用牠自製的狗門，立刻衝破紗門。牠有天偷跑出去，等牠終於回來時，口裡叼著兩條女性內褲，我不想知道那是從哪來的。

珍妮餵食馬利處方鎮靜劑的次數愈來愈頻繁，其實比較是為了她自己，而不是為馬利好，馬利對雷電的恐懼變得愈來愈強烈，愈來愈不理性，現在，光是下小雨就足以令牠驚慌不已。如果我們在家，牠只會黏著我們，焦慮地流口水，沾滿我們的衣服。如果我們不在家，牠會用相同反常的方式，對著門、膠泥和油布又挖又鑿，尋求安全感。我愈賣力修，牠愈賣力破壞，我跟不上牠的速度。我應該要生氣才對，但珍妮的怒氣已等於我們兩人的總和，我反而開始替牠掩護。如果我發現有鞋子、書或枕頭被咬爛，我會搶在珍妮發現前把證物藏起來。當這顆不定時炸彈在我們的小屋子裡暴衝時，我會跟著牠，把地毯擺正，將咖啡桌推回原位，擦掉牠噴到牆上的口水。牠又狂抓車庫的門時，

我會趁珍妮還沒發現前，匆忙用吸塵器把木屑清理乾淨，熬夜把門補好、磨光，等珍妮早上醒來時，最新的破壞已經掩飾好。有天晚上我跪著修補最新的損毀時，牠站在我身邊，搖著尾巴，舔我的耳朵，我對牠說：『真是的，馬利，你找死嗎？你一定要改。』

有天晚上，我就走進這樣狂暴的場景。我打開大門，發現珍妮用拳頭搥馬利。她大哭不止，發狂打牠，她規律地打，比較像是在敲打定音鼓，而不像在揍狗，她的拳頭不時落在馬利的背部、肩膀和脖子上。『為什麼？為什麼你要這樣？』她對牠尖叫。『為什麼你什麼都要破壞？』在那一瞬間，我看到牠幹的好事了。沙發椅墊被咬了一個大洞，沙發布成了碎片，填充物被拉出來。馬利頭低低地站著，雙腿往外張，彷彿是步入暴風圈裡。牠並未試著逃跑或是躲開拳頭，牠只是站在那裡，一聲不發，毫無怨言地讓拳頭落在身上。

『停！停！停！』我大叫，抓住她的手腕。『好了，別打了，別打！』她仍在啜泣，呼吸不過來。『別打了。』我重複。

我擋在她和馬利之間，臉直接與她的臉相對，眼前瞪著我的彷彿是一個陌生人，我認不出她的眼神。『把牠趕出去，』她說，語調毫無起伏，帶有幾分沉痛，『立刻把牠趕出去。』

『好，我會帶牠出去，』我說，『但妳冷靜一點。』

『把牠趕出去，而且永遠不要再讓牠回來。』她用一種嚇人的平板語調說。

我打開前門，馬利衝出去，我轉身拿桌子上的狗鏈時，珍妮說：『我是認真的，我要牠離開，我要牠永遠不要回來。』

『少來了，』我說，『妳不是認真的吧。』

『我是認真的，』她說，『我受夠這條狗了。你替牠找新家，不然我會替牠找。』

她不可能是認真的，她愛馬利，即使牠的缺點洋洋灑灑一大堆，她仍然深深愛牠。她只是心情不好，壓力太大才爆發。她會改變主意的，但我想現在最好給她時間冷靜。我走出門，一句話也沒講。在前院，馬利到處竄，往上跳，嘴巴不斷咬，想要把狗鏈從我手中搶走。牠原本快活的自我回來了，顯然被痛打一頓對牠毫無影響。我知道她沒傷著馬利，老實講，我平常和牠玩得比較激烈時，打得還要用力得多，而牠愛死了，總是又蹦又跳地想要再來一下。對疼痛有免疫力是拉布拉多的一個特點，牠是一台肌肉健壯和精力無限的機器，永遠停不下來。有一次我在車道洗車時，牠把頭塞進肥皂水的桶子裡，在前院草地狂衝，桶子還緊緊套在頭上，什麼也看不到，一直到全速撞上水泥牆後才停下，結果牠仍是一副沒事樣。但是生氣時，輕輕用手掌在牠臀部拍一下，或只是用嚴厲的口吻對牠說話，牠就露出一副受創的模樣。以馬利這樣的大蠢狗來說，牠有個極為敏感的心靈。珍妮沒有弄傷牠的身體，但她重創了牠的感情，至少在那一刻是如

此。珍妮是牠的一切，牠在世界上的『唯二』好友之一，而她卻攻擊牠。她是馬利的女主人，而馬利是她最忠實的同伴。如果她認為打牠是應該的，牠也認為應該要接受、忍住。比較起來，這隻狗實在不算什麼好狗，但牠的忠誠無庸置疑。現在，我的工作是修補傷害，讓珍妮改變心意。

在街上，我扣上牠的狗鏈，命令牠：『坐下！』牠坐下。我拉起馴狗帶往上拉，準備散步，在我跨出第一步前摸摸牠的頭，按按牠的頸子。牠的鼻子翹高，抬頭看我，舌頭沿著脖子垂下來。牠似乎已忘記珍妮的爆發，現在我只希望她也忘懷這回事。『我該怎麼辦，你這大笨蛋？』牠往上跳，彷彿牠身上裝了彈簧，舌頭碰到我的嘴唇。

馬利和我那天晚上走了好幾公里，等我終於回家，打開前門時，牠已經累壞了，準備要安靜在角落休息。珍妮在餵派崔克吃嬰兒食品，康諾坐在她的大腿上。她很平靜，似乎已恢復原本的樣子。我鬆開馬利的狗鏈，牠喝了許多水，飢渴地舔著，掀起一小陣波浪，濺到狗碗外。我把地板擦乾，偷偷看了珍妮一眼，她似乎仍很平靜。或許災難的那一刻已過去了，或許她已改變心意，或許她對於自己的暴怒感到不好意思，正在想該怎麼道歉。當我走過她面前時，馬利緊跟著我，她沒有看我，只平靜地低聲說：『我非常認真，我要牠離開。』

接下來幾天，她又重申最後通牒，足以讓我瞭解到這不是隨口說說的威脅。她不只是爆發而已，這件事不會過去。我非常難過，不管聽起來有多病態，但馬利已成為我的同性心靈伴侶、永久不變的同伴、我的朋友。牠代表我一直想要成為的自由精神：不受規範、固執不變、毫不屈服、政治不正確，但我沒有那樣的勇氣，因此牠無法控制的活力讓我有種補償性的滿足感。不管生活變得多複雜，牠總是提醒我生命裡簡單的快樂。不管我肩負著多重的負擔，牠從來不讓我忘記任性的反叛有時候是值得的。在這個幾乎人人頭頂都有老闆的世界，牠是自己的主人。一想到要送走牠，我的靈魂頓時枯竭。但我現在要擔心兩個孩子，以及我和孩子不能缺少的妻子。維繫這個家庭的線極為脆弱，如果送走馬利可以阻止分崩離析，帶來穩定，為什麼我不實現珍妮的希望呢？

我開始探詢，試探性地問朋友和同事是否想要認養兩歲大、可愛又活潑的拉布拉多犬。透過其他鄰居的轉述，我知道社區有位住戶熱愛狗狗，沒辦法拒絕需要找個家的狗兒。但連他也說不，很不幸地，馬利的名聲已傳遍千里。

每天早上我查詢分類廣告，一副好像我有辦法找到一則神奇的廣告：『尋找瘋狂有精力、無法控制、有多種恐懼症的拉布拉多犬。具破壞性格者尤佳。願意支付高額價款。』相反的，我看到的是青年成犬的交易蓬勃發展，不管原因為何，這些狗兒都沒辦法適應。許多狗是純種狗，牠們的主人剛在幾個月前花了幾百美金帶回家，現在牠們又

回到市場裡，主人只要求一點點補貼，或甚至願意免費贈送。這些被遺棄的狗有相當多是拉布拉多公犬，數量之多令人擔憂。

這些廣告幾乎每天出現，既可悲又可笑。身為過來人，擁有第一手經驗，我能識破這些狗兒重回市場的真正原因。廣告中用許多正面的婉轉措辭來描述我再清楚不過的各種行為。『活潑……親人……需要大院子……需要空間奔跑……精力旺盛……有活力……強壯……很獨特。』它們總結起來代表一件相同的事：主人無法控制的狗、已成為負擔的狗、主人已經放棄的狗。

一方面，我諳然於心地笑著，這些廣告的粉飾相當諷刺。讀到『忠心守護』，我知道賣家的意思是『會咬人』。『永久的伴侶』代表『具有分離焦慮症』。『最佳守門犬』的解讀為『吠個不停』。看到『最划算的交易』，我知道那位絕望的主人其實在問：『我要付你多少錢，才能擺脫這個麻煩？』另一方面，我黯然絕望地心痛。我不是不負責任的人，我相信珍妮也不是，我們不是那種會在分類廣告把麻煩脫手的人。但無庸置疑，馬利確實讓人頭痛。牠一點兒也不像陪伴我倆長大的乖巧家狗，牠有一堆壞習慣和問題行為。牠確實有罪，但牠也成長不少，相較於兩年前我們帶回的那隻令人頭痛的狗，牠已大有改進。雖然牠不斷犯錯，但牠也有努力。做為牠的主人，馴養牠、讓牠滿足我們的需求是這段歷程的一部分，但接受牠的本性也是。不只是要接受牠，還要欣賞

牠的個性與無法壓抑的犬類精神。我們帶回家的是活生生的、會呼吸的生物，而不是擺在角落的時尚配件。不管是幸還是不幸，牠都是我們的狗。牠是家庭的一員，而且，即使牠有眾多缺點，我們對牠的愛，牠以百倍回報，這樣的忠誠不可能用任何價格買到。

我不打算放棄牠。

即使我還是言不由衷地詢問有誰願意領養馬利，但我已開始認真訓練牠。我自己設定了一個不可能的任務：修正這隻狗的行為，並向珍妮證明牠值得留下。不管睡眠被打亂，我還是清晨起床，把派崔克放進嬰兒車，走到水岸邊，訓練馬利各種指令：坐下、停下、跟隨。一次又一次不斷練習，我不顧一切要完成任務，馬利似乎也感覺到了，這次的賭注不同了，這次是玩真的。為了確保牠真的懂得這點，我不只一次清楚直接地對牠說：『馬利，我們這次不是在玩。這次是來真的，認真點。』接著，我會一再練習指令，我的助手派崔克在旁拍手，對他的黃色大朋友喊：『扭扭！伊啊！』

當我帶馬利回去上服從訓練課程時，牠已不是我第一次帶去的不良少年。是的，牠還是和野豬一樣瘋，但這次牠知道我是老大，牠是嘍囉。這次牠不會撲向其他狗（或至少沒那麼多次），不會在停車場狂衝亂撞，不會湊進陌生人的胯下。在八週的課程中，我緊拉狗鏈，命令牠做完各種指令，而牠也樂於──應該說是『過度開心地』──服從。這次的訓練講師很隨性，是『我最大』小姐的相反。在最後一節課時，她叫我們到

前頭來。『那麼，』她說，『來表演一下你們學到的東西吧。』

我命令馬利坐下，牠迅速地坐好。我拉直馴狗帶，迅速拉一下帶子，命令牠跟隨。我們在停車場繞行一圈，馬利緊跟在我身旁，肩膀不時擦到我的大腿，就跟書本上講的一樣。我再次命令牠坐下，站在牠的正前方，指著牠額頭，平靜地說：『停下。』同時另一隻手放開狗鏈。我往後退了幾步，牠的棕色大眼緊盯著我，等待我做出任何小動作，解除命令，但牠仍定在地上。我繞著牠走了一圈，牠興奮地發抖，試著隨著我轉頭，緊盯著我，就像電影『大法師』中遭附身的小女孩一樣，但牠動也沒動。我又走回牠面前，為了強化效果，我彈彈指頭，大喊：『趴下！』牠迅速臥倒，彷彿牠在襲擊硫磺島❽。講師大笑出來，這是個好徵兆。我背對牠走了十公尺遠，我能感覺到牠炙熱的眼神，但牠忍住了。當我轉頭面向牠時，牠的身體已經抖得很厲害，火山即將爆發。接著，因為已預期到接下來會發生什麼事，我雙腳張開、擺成拳擊手的站立姿勢，說：『馬利……』我讓牠的名字懸在空中幾秒鐘。『過來！』牠用盡全身力量往我的方向衝刺，我已準備好接受衝擊。在最後一刻，我以鬥牛士一派優雅的姿態，敏捷地閃過牠，

❽『硫磺島之役』是二次世界大戰期間，美日傷亡最慘烈的一場戰役。

牠衝過頭，然後再繞回來，用狗鼻戳我的背後。

『乖，馬利，』我跪下來，不斷地說，『好乖，好乖，好乖的狗狗！你好乖！』牠在我身旁跳著，就像是我們一同攻上了聖母峰。

課程即將結束時，訓練師把我們叫到前面，發給我們證書。馬利已經通過基本的服從訓練，結業成績排名第七。雖然這一班只有八頭狗，而排名第八的鬥牛犬精神不太正常，似乎一心想找機會終結人命，但那又如何？我還是願意接受。馬利──我無可救藥、無法訓練、不願聽令的狗兒，通過考試了！我驕傲得不得了，幾乎要哭出來。事實上，我或許真的會哭，要不是馬利還是跳了起來，立刻吃掉牠的證書的話。

回家時，我一路上高聲唱著〈我們是冠軍〉❾，馬利感覺到我的歡喜與驕傲，把舌頭伸進我的耳朵裡。這一次，我不介意牠這麼做。

但馬利有一個問題還沒解決，我需要治好牠最糟糕的習慣：撲到人身上。不管是朋友或陌生人、小孩或成人、讀表員或快遞員，馬利歡迎他們的方式都一樣──全速衝向他們，在地板上滑行，躍起來，前腳掌搭在對方的胸膛或肩膀上，舔他們的臉。當牠還是能抱在懷裡的小狗時，這種動作很可愛，但現在對於一些人來說，牠不請自來的殷勤歡迎已經變得很討厭，甚至很可怕。牠撲倒小孩、嚇壞客人、弄髒朋友的上衣，幾乎嚇

死我年邁體衰的媽媽，沒人喜歡牠的熱情。我試著用各種標準的服從訓練技巧教會牠戒掉這個習慣，但毫無成果，牠就是無法理解我的意思。我相當尊敬的一位經驗老道的飼主跟我說：『如果你想要牠不再做這種事，等下一次牠撲向你時，就很快的用膝蓋給牠的胸口一記。』

『我不想傷害牠。』我說。

『這不會傷害到牠的。膝蓋用力給牠幾記，我保證牠絕對不會再撲人。』

我得對牠施以鐵的紀律：馬利要更生，不然就更居。隔天晚上我下班回家，踏進家門時大喊：『我回來了！』一如往常，馬利在木質地板上狂衝，過來歡迎我。最後幾公尺牠用滑的，就像在滑冰一樣，接著抬起腳掌，準備抵住我的胸口，舔我的臉。在牠的狗掌要碰到我前，我的膝蓋迅速往上抬，擊中牠肋骨下方較軟的點。牠有點喘不過氣，立刻滑到地板上，抬頭用受傷的表情看我，想要搞清楚我是怎麼了。牠從小到現在一向都會撲向我呀，那記突然的偷襲是怎麼回事？

第二天晚上，我重複相同的懲罰。牠躍起，我給牠一記，牠摔到地上，用力咳嗽。

❾〈我們是冠軍〉（We are the Champions）：英國著名搖滾樂團皇后合唱團（Queen）的名曲。

我覺得這樣做有些殘忍，但如果不要讓牠登上分類廣告，我知道我得清楚傳達訊息。『抱歉，馬利，』我說，然後彎腰讓牠趴在地上舔我的臉，『這是為你好。』

第三天晚上我進門時，牠從角落衝出，以平常的高速滑行速度接近，但是這一次，牠改變方式，不再躍起，而是把腳擺在地上，頭撞上我的膝蓋，幾乎把我撞倒。我認為這個改變稱得上是勝利。『你辦到了，馬利！你做到了！好狗狗！你沒跳起來。』我蹲下來，讓牠可以盡情舔我，不用擔心遭到偷襲。我感到很訝異，馬利竟能屈服於教誨的力量。

然而，這個問題並未完全解決。牠或許已經不再撲到我身上，但牠還是會撲到其他人身上。這隻狗還有點小聰明，猜到只有撲向我才會有危險，但牠還是可以撲到其他人類身上，而不用擔心受懲罰。我需要拓展進攻範圍，因此，我請我的好朋友吉姆•托賓幫忙。吉姆是記者，也是我的同事。他個性溫和，有點書呆子氣，禿頭、戴眼鏡、身材短小。馬利若認為有人能讓牠放心儘管撲上去而不會被偷襲的話，那人一定是吉姆。有一天在辦公室，我告訴他我的計畫。他要在下班後來我家，按電鈴，走進去。馬利撲過來親他時，他要全力用膝蓋頂牠。『別客氣，』我指示，『光用暗示的，馬利不會懂。』

當晚，吉姆按電鈴，走進門。當然，馬利中計了，往吉姆的方向衝，雙耳往後飛。馬利離開地面撲向他時，吉姆謹記我的建議，他顯然擔心自己會太過含蓄，用膝蓋擊向

馬利的胸口給牠致命一擊，讓牠暫時失去意識，牠倒下的聲音傳遍客廳。馬利淒厲哀嚎一聲，兩眼驚恐地睜開，趴在地板上。

『我的天啊，吉姆，』我說，『你有在學功夫嗎？』

『是你要我讓牠感覺到的。』他回答。

馬利確實有感覺到。牠站起來，調整呼吸，用狗該有的方式歡迎吉姆——四隻腳牢牢貼在地上。如果牠會講話，我發誓牠會承認牠輸了。馬利再也沒有撲向任何人——至少我在場時——而且再也沒有人用膝蓋給牠胸口或其他地方一記。

馬利改掉撲人的壞習慣不久後，有一天我醒來，發現我的老婆回來了。我的珍妮，我深愛的女人，曾經消失在揮散不去的憂鬱之霧中，現在她回來了。她的產後憂鬱症突然消失，就跟淹沒她時一樣快速。彷彿她的心魔已被驅離，它們已經消失，令人欣喜地不見蹤影。她又是那位強壯、樂觀的年輕媽媽，不只能勝任照顧兩個孩子的工作，也愈來愈開朗。馬利又重受寵愛，安穩佔據牠的位子。她雙手各抱一個寶寶，彎下腰親牠。她會丟棍子給牠接，用漢堡肉做肉汁給牠吃。音響播放她喜歡的歌時，她會和牠在客廳跳舞。有些晚上，馬利比較平靜時，我會發現她和馬利一起躺在地板上，頭靠在馬利的頸窩裡。珍妮回來了，感謝老天，她回來了。

16 試鏡

生命中有些事情實在太過離奇，因此必定是真的，所以當珍妮打電話到我的辦公室，告訴我馬利要參加影片試鏡時，我知道她絕對不是在瞎掰，但是，我仍然不可置信。『妳說什麼？』我問。

『我說影片試鏡。』

『是電影的影片嗎？』

『對啦，電影的影片啦，笨蛋，』她說，『電影長片。』

『馬利？電影長片？』

我們這樣對話好一段時間，因為我試圖消化這個訊息：我家那隻咬爛熨衣板的笨狗，竟要成為玲丁丁⑩的得意接班人，躍上大螢幕，跑進燃燒的屋子裡拯救無助的孩子。

『我們的馬利？』我又問一次，只想多確認。

這是真的。一星期前，珍妮在《棕櫚灘郵報》的主管打電話給她，說她有個朋友想

請我們幫個忙。她的朋友是本地的一位攝影師，叫做葛玲‧麥克葛爾，紐約一間叫『映象館』的製片公司雇用她，參與他們計畫在沃斯湖市開拍的電影。沃斯湖市就在西棕櫚灘南邊不遠的地方。葛玲的任務是找到一間『典型的南佛羅里達住宅』並把屋子的每一吋都拍下來——書櫃啦、冰箱磁鐵、衣櫃啦，任何想得到的東西——幫助導演把影片拍得盡量寫實。

『這部電影的所有工作人員都是同性戀，』珍妮的老闆說，『他們想知道有小孩的夫妻在這裡如何生活。』

『有點像人類學的個案研究。』珍妮說。

『沒錯。』

『好呀，沒問題，』珍妮答應，『只要我們不用先整理就好。』

葛玲過來拍照，她不只拍屋裡的東西，也拍我們：我們的穿著、髮型，躺在沙發上的樣子。她拍下洗手台上的牙刷、在搖籃裡的寶寶，也拍下典型異性戀夫妻飼養的太監狗，或者，至少她讓牠入鏡了，因為她說：『牠有點模糊。』

❿玲丁丁（Rin Tin Tin）：默片時代最知名的狗明星。

馬利能夠參與讓牠興奮到極點。自從嬰兒入侵後，馬利不放棄任何可以獲得疼愛的機會。葛玲就算用電擊棒電牠也沒關係，只要有人注意牠就行。葛玲非常熱愛大型狗，也不會被口水澡嚇到，她給馬利很多關愛，還跪下來與牠玩摔角。

看著葛玲按快門，我不禁想到其他可能性：我們不只提供電影製作人原始的人類學資料，而且還親自在電影裡飾演一角。我聽說這齣電影大多數的配角和所有臨時演員都是在佛羅里達聘請的。假若導演在廚房磁鐵和海報裝飾的照片中，發掘出一位天生的大明星呢？畢竟天下之事無奇不有。

我可以想像導演的樣子，在我的幻想裡，他長得跟史蒂芬・史匹柏很像，低頭看著撒滿照片的大桌子，不耐煩地掃過每張照片，喃喃地說：『垃圾！垃圾！這都不適合。』然後他忽然直直盯著一張照片：一個粗獷但敏銳的典型異性戀男子在做家事。導演的指頭會重重壓在照片上，對著助理大吼：『快把這個人找來！我要他來演我的電影！』等他們終於找到我，我一開始會謙虛推辭，最後終於在盛情難卻下，接下角色。畢竟，電影還是要拍的。

葛玲感謝我們讓她來我們家拍照，之後便離去。她完全沒有任何暗示，讓我們認為她或與電影相關的人員會再跟我們聯絡，我們的任務已經完成。但幾天後，珍妮打電話到我的辦公室，告訴我：『我才跟葛玲・麥克葛爾講完電話，你一定不會相信的。』我

已經很篤定我將會聽到什麼消息，我的心狂跳。『說吧。』我回答。

『她說導演想要馬利去試鏡。』

『馬利？』我問，我肯定是聽錯了。她似乎沒注意到我聲音裡的失望。

『他顯然在找一隻很大隻、很蠢、很瘋的狗來扮演家庭的寵物，馬利吸引了他的目光。』

『很瘋？』我問。

『葛玲確實是這麼說的：很大隻、很蠢、很瘋。』

嗯哼，他顯然找對了。『葛玲有說他有提到我嗎？』我問。

『沒有，』珍妮說，『他幹嘛要提到你？』

葛玲隔天過來接馬利。馬利深知出場的架勢很重要，所以狂衝過客廳，全速迎接她，只有停下來咬住附近的枕頭，因為沒人能料到忙碌的電影導演什麼時候會想睡個午覺，如果他真想睡午覺，馬利會立即送上枕頭。

牠衝到木質地板上時，全力往前滑行，一直到撞上咖啡桌才停住，然後牠飛到半空，撞到椅子，四腳朝天落地，牠翻身站好，正面撞上了葛玲的腿。我注意到，牠至少沒有撲人。

『妳確定不要我們給牠鎮靜劑嗎？』珍妮問。

葛玲堅持說導演想要看到馬利不受控制、未受藥物影響的狀態，接著她帶走我們快樂得要瘋掉的狗狗，讓牠坐在她的紅色客貨車助手席上。

兩小時後，葛玲和馬利回來了，她宣佈：馬利通過試鏡。『怎麼可能?!』珍妮尖叫。『不可能！』雖然葛玲告訴我們馬利是唯一為那個角色試鏡的狗，但我們的興奮絲毫未減。她又告知我們，馬利的角色是這部電影唯一不支薪的角色，但我們仍興致高昂。

我問她試鏡的情形。

『我載著馬利，那簡直像是有個強力蓮蓬頭在車子裡，』她說。『牠的口水到處噴，等我開到那裡時，我已經全身濕透。』製片總部位在墨西哥灣流飯店，這間飯店是早期的觀光景點，現在已經沒落，它面對沿岸水道。一到那裡，馬利立即跳出車子，在停車場像無頭蒼蠅一樣亂竄，好像認為空襲沒多久就會開始，讓工作人員印象深刻。『牠根本發瘋了，』她回述，『完全抓狂。』

『沒錯，牠有點太興奮。』我說。

她接著說，後來馬利咬走一名工作人員手中的支票簿，掉頭就跑，一邊跑還一邊繞圈圈，不知道要跑到哪去，顯然牠認為這是保證製作人員付錢的唯一方式。

『我們都叫牠拉布拉多脫逃犬。』珍妮道歉，臉上帶著驕傲的媽媽才有的得意笑容。

馬利終於稍微冷靜，至少冷靜到每個人都相信牠能飾演那個角色，基本上牠只是扮

演自己而已。那部電影叫做『最後一支全壘打』，講述一趟棒球的奇幻之旅，在片裡，一位住在養老院的七十九歲老人回到十二歲的時光五天，實現在少棒隊打球的夢想。馬利扮演少棒隊教練家裡的過動狗。少棒隊教練由退休的大聯盟名捕手蓋瑞・卡特飾演。

『他們真要馬利演那個角色？』我問，還是不敢相信。

『大家都很愛牠，』葛玲說，『牠非常合適。』

在開拍前夕，我們注意到馬利的行為有些改變。牠表現出一種奇異的平靜，彷彿通過試鏡讓牠重獲自信。牠的姿態幾近莊嚴。『或許牠只是需要有人對牠有信心。』我告訴珍妮。

如果有任何人對馬利有信心，那必定是『頭號星媽』珍妮。開拍的日子即將來臨，她把馬利洗乾淨、梳理好、剪好趾甲和清理耳朵。

開拍的那天早上，我走出房間，看到珍妮和馬利交纏在一起，彷彿在做生死之鬥，在客廳裡又蹦又跳。她雙腳跨在牠身上，膝蓋緊緊夾住牠的肋骨，一隻手緊抓牠的馴狗帶，而牠強力反抗，不斷往前撲，簡直就像牛仔馬術競技賽在客廳裡上演。『妳到底在幹什麼？』我問。

『你以為呢？』她氣惱地說。『當然是刷牠的牙啊！』

沒錯，她另一隻手拿著牙刷，盡其所能地刷馬利的大牙齒，而馬利的嘴巴冒出成堆

白沫，盡其所能地吃掉牙刷，就像是狂犬病病發。

『妳用的是牙膏嗎？』我問，而這個問題當然也會帶出另一個更重要的問題，『妳要怎麼讓牠把牙膏吐出來？』

『我用小蘇打。』她回答。

『謝天謝地！』我說。『所以牠沒有得狂犬病囉？』

一小時後我們啟程，開向墨西哥灣流飯店。兩個兒子坐在安全座椅裡，馬利坐在中間，不斷喘氣，口氣難得這麼清新。他們要我們在早上九點抵達，但是離飯店一條街遠的地方交通阻塞，前方路段設下路障，一位警察在前面指揮交通，將車流引開飯店。本地報紙對於電影的拍攝做了詳盡報導——繼十五年前電影『體熱』（Body Heat）在此開拍以來，這是沉悶的沃斯湖市最大條的新聞——因而吸引了一大群人聚集旁觀。警察把所有人都加以驅趕。我們在車陣中慢慢前行，等我們終於開到警察面前時，我探出窗外說：『我們要過去。』

『不能過去，』他說，『請往前，快走。』

『我們有參與演出。』我說。

他狐疑地打量我們：一對開著廂型車的夫妻，帶著兩個嬰兒和一隻家庭寵物。『我說快往前！』他大喊。

『我們的狗是演員。』我說。

他突然尊敬地看著我。『你是那隻狗的主人？』他問。狗在他的通行名單上。

『我是那隻狗的主人，』我說，『狗狗馬利。』

『牠飾演牠自己。』珍妮附和。

他轉身，猛力吹著口哨。『他是那隻狗的主人，』他對著半條街遠的警察大吼。『狗狗馬利！』

那位警察又轉身對另一個人大吼，『他是那隻狗的主人！狗狗馬利到了！』

『讓他們通過！』第三位警察在遙遠的地方喊。

『讓他們通過！』第二位警察重複。

我們前面的警察移開路障，揮手要我們過去。『這邊請。』他恭敬地說。我覺得自己像是皇族。我們開過他身旁時，他又說了一次，彷彿還是不敢相信的樣子，『他是那隻狗的主人耶。』

在飯店外的停車場，工作人員已經準備好開拍了。電線在人行道上交錯，攝影機腳架和麥克風固定桿都已架起。燈光掛在鷹架上，拖車裡掛著成排的戲服。樹蔭下，有兩張大桌子擺了食物和飲料供演員和工作人員取用。看起來像大人物的人，戴著太陽眼鏡四處走動。導演鮑伯・高斯歡迎我們，大略敘述馬利的場景，聽起來很簡單：飾演馬利

飼主的女演員麗莎•哈里斯，將一輛廂型車停在路旁，扮演她女兒的是丹妮兒，她是個可愛的少女，是本地表演藝術學校的學生，扮演兒子的演員也是本地的新生代演員，還不到九歲。兩個小孩坐在後座，跟馬利飾演的家庭寵物在一起。女兒拉開車門，跳下車，弟弟牽著馬利跟在後面，一同走出鏡頭。

『很簡單，』我告訴導演，『牠應該能做到，沒問題。』我把馬利拉到旁邊，等著帶馬利進車子。

『好了，大家聽著，』高斯告訴所有工作人員，『這隻狗本來就有點瘋，對吧？但除非牠真的把這個鏡頭搞砸了，不然我們還是繼續拍。』他解釋他的想法：馬利是真實的——典型的家狗——他們的目標是捕捉牠身為典型的家狗，在典型的家庭出遊時會有的行為。不需演戲或指導，純粹真實的影像。『讓牠自由發揮，』他說，『你們照樣拍就對了。』

每個人都準備好後，我把馬利帶進車裡，把牠的尼龍繩狗鏈交給小男孩，他看起來很怕馬利。『牠很友善，』我告訴他，『牠只是想舔你而已，你看吧？』我把手腕伸到馬利的嘴邊，示範給他看。

第一次：廂型車停到路邊。女兒把門拉開的一瞬間，黃色的閃電飛躍出來，像是大砲射出一個巨大的毛球，毛球衝過攝影機，後面還拖著一條紅色狗鏈。

『卡！』

我在停車場裡到處追馬利，把牠拖回來。

『好，我們要再拍一次。』高斯說。他轉頭對那個小男生溫和地說：『那狗狗還滿瘋的，這次抓緊一點。』

第二次：廂型車停到路邊。門打開。女兒正要走出來時，馬利突然蹦出來，從她身旁跳下去，這次拖著一個關節發白、臉色發青的小男生。

『卡！』

第三次：廂型車停到路邊。門打開。女兒出來。小男孩出來，手裡牽著狗鏈，他要從廂型車下來時，狗鏈繃得緊緊地，從車子裡冒出來，但沒有狗跟在後面。小男生開始拉、扯、拔。他重心放低，用盡全力拉，但毫無動靜。過了好幾秒，現場一片沉窒的寧靜，小男生苦笑，回頭看攝影機。

『卡！』

我探頭進車裡看到馬利正彎著腰，舔著任何男性都不該舔的地方。牠抬頭看我，彷彿在說：**看不出我在忙嗎？**

第四次：我把馬利和小男孩在車裡安頓好，把門關上。在高斯喊『開麥拉！』之前，他先和助理討論了好幾分鐘。攝影機終於開拍。廂型車停到路邊。門打開。女兒出

來。小男孩出來，但臉上一片疑惑。他直接看著攝影機，舉起手，半條狗鏈在他手裡，末端被嚼爛，滴著口水。

『卡！卡！卡！』

小男孩解釋他在車裡等時，馬利開始咬狗鏈，不肯停止。工作人員和演員瞪著支離破碎的狗鏈，不可置信，他們的表情混合著驚異和恐怖，彷彿看到了某種神秘偉大的自然力量，但我呢，一點也不驚訝。馬利葬送的狗鏈和狗繩多到連我也數不清，牠甚至有辦法咬爛一條外覆橡膠的鋼鏈，那條鏈子的包裝還宣稱：『航空業使用。』康諾出生後沒多久，珍妮買了一項新產品『狗用旅行束縛帶』，可以把馬利固定在汽車座椅上，以免牠在車子行駛時亂跑。這個新器材才使用九十秒鐘，牠就把帶子咬爛，不僅如此，牠還把我們全新的廂型車後座安全帶咬爛。

『大家休息一下！』高斯喊。他轉頭，用出奇平靜的語氣問我：『你能盡速買到新狗鏈嗎？』他不需告訴我他那一大堆的演員和工作人員閒著沒事幹時，每分鐘能燒掉多少錢。

『幾百公尺外有間寵物店，』我說，『我十五分鐘內回來。』

『這次請買一條牠咬不爛的。』他說。

我帶著一條沉重的狗鏈回來，看起來像是給獅子訓練師使用的。拍攝繼續進行，但

NG不斷，而且愈拍愈糟糕。有一次，少女演員丹妮兒驚聲尖叫，她的聲音充滿恐懼：『喔，我的天呀！牠的那個跑出來了！』

『卡！』

另一次，馬利在丹妮兒腳邊轟隆隆地喘氣，她正跟暗戀的對象講電話，音效工程師拿下耳機，一臉噁心地大聲抱怨說：『我聽不到她說的話，只聽得到沉重的呼吸聲，聽起來像是A片。』

『卡！』

拍攝的第一天就這麼過去。馬利是個大災難，讓人一個頭三個大，而且無可救藥。我一方面有些自我防衛——拜託，他們對免費的能有什麼期待？狗偵探班吉嗎？——另一方面，我羞愧極了。我有意無意地偷瞄演員和工作人員，看出他們臉上的煎熬：那隻狗打哪來的？我們要怎麼擺脫牠？在拍攝結束時，有位拿著打板的助理告訴我們明天早上要拍的戲還沒決定，『明天不用過來，』他說。『我們需要馬利時，會打電話給你。』為了確保沒有任何誤會，他重複：『除非我們通知，不然就不用來，懂了嗎？』是的，我懂了，非常明確清楚。高斯派他的手下扮黑臉，馬利剛起步的演藝生涯已經結束。我也不能怪他們，馬利是電影史上最可怕的幕後製作夢魘，或許只僅次於『十誡』卻爾登・希斯頓分開紅海的難度而已。牠導致的延誤和浪費的底片不知道燒掉了幾千美

金。牠的口水沾滿無數戲服，襲擊餐點桌，差一點撞倒價值三萬美金的攝影機。他們只是停損殺出，擺脫我們而已，使出『別打給我們，我們會打給你』的老套說詞。

『馬利，』我們回到家時，我說，『你本來有大好機會的，但你真的搞砸了。』

第二天早上，我還在為我們破滅的明星夢悔恨不已時，電話響了。昨天的助理打電話過來，要我們盡速帶馬利去飯店。『你的意思是你要牠回去？』我問。

『立刻就要，』他說，『鮑伯要牠出現在下一個鏡頭裡。』

我在三十分鐘後抵達，還是不敢相信他們竟要我們回來。高斯很興奮，在看過昨天的毛片後，他開心得不得了。『那隻狗很搞笑耶！』他愉快地說。『真的很搞笑，根本是喜劇大師！』我感到自己腰桿挺得更直，站得更挺了。

『我們都知道牠天生就很搞笑。』珍妮說。

電影繼續在沃斯湖市拍攝了幾天，馬利不時需要上場。我們在休息區閒晃，與其他星爸、星媽和閒雜人等聊天、社交，然後在工作人員喊：『準備拍攝！』時立即肅靜；聽到『卡！』後，繼續開派對。除了蓋瑞・卡特，棒球名人堂明星球員戴夫・溫菲爾也在電影中客串演出，珍妮甚至還替兩個兒子要到簽名球。

馬利熱愛當明星。工作人員，特別是女性工作人員，常常圍著牠轉。天氣酷熱難

耐，他們指派一位助理，專門帶著一個水碗和一罐礦泉水跟著馬利，隨時倒水給牠。似乎每個人都從餐點桌上拿東西給牠吃。我去上班時，把牠留給工作人員照顧幾小時，等我回來時，看到牠像圖坦卡門法老王一樣，四腳朝天，腳掌揮舞，接受一位美豔化妝師的腹部按摩。『牠好討人喜歡喲！』她嬌聲說。

明星夢也讓我臭屁起來，我開始介紹自己是『馬利的經紀人』，時而講出這樣的話：『我們希望牠在下一部電影，可以飾演汪汪叫的角色。』有一次拍攝休息時，我走進飯店大廳打公用電話。馬利沒有戴狗鏈，在聞離我幾公尺遠的家具。飯店櫃台人員顯然把我的大明星誤認為流浪狗，想要把牠趕到側門外。『走開！』他厲聲說。『滾出去！』

我用手蓋住話筒。『不好意思？』我說，用我最冷酷的眼神瞪櫃台人員。『你知道你在跟誰說話嗎？』

我們在片場連續待了四天，工作人員告訴我們馬利的戲都已拍完，不需要再過來，珍妮和我都覺得已經成為映象館家族的成員了。沒錯，我們是這個家族中唯一不支薪的成員，但仍然是其中一員。『我們愛你們！』在我們把馬利牽進車裡時，珍妮對周圍的人大喊。『我等不及要看最後的成品囉！』

但我們還是耐心等待。有位製作人要我們過八個月再打電話過來，他們會寄搶先版給我們。但八個月後我打電話過去，總機要我等一下，幾分鐘後他說：『請你等幾個月

後再打電話過來，好嗎？』我等了，又再打，等了，又再等，每次他們都叫我過幾個月後再打。我開始覺得我在騷擾他們，我能想像總機的手蓋住話筒，低聲對著在剪接桌旁的高斯說：『又是那個瘋子狗主，你這次要我跟他怎麼講？』

最後，我放棄打電話，接受我們永遠看不到『最後一支全壘打』的事實，深信也沒有人會看到。那部片子大概被扔到剪接室的地上，因為要把那隻該死的狗的所有鏡頭剪掉，實在是太過艱鉅。我足足又等了兩年，才有機會看到馬利的演技。

我去百視達租片，一時興起，問店員知不知道有部片叫『最後一支全壘打』。他不僅知道，而且架上還有一支。事實上，我們很幸運，沒有任何一支被借出。

後來我才知道這部片令人難過的遭遇。映象館在美國地區找不到願配合的發行商，在毫無選擇下，不得不把馬利的處女作打入電影的賤民階層：『最後一支全壘打』直接出錄影帶。我毫不在意，借了一片，衝回家，把珍妮和孩子叫過來，聚集在電視前。總和起來，馬利出現在螢幕上的時間不到兩分鐘，但我得說那是這部片最精采的兩分鐘。我們捧腹大笑！雀躍大叫！歡呼連連！

『扭扭，那是你耶！』康諾尖叫。

『我們出名了！』派崔克大吼。

馬利從來不是隻虛榮的狗，牠似乎毫不在意，打了一個哈欠，鑽到咖啡桌下。等到

播放演員表時，牠已經睡熟了。我們屏息等待所有兩腿的演員名字秀過去，有一瞬間，我以為我們的狗不會出現在名單上了，但此時我看到了一排粗體字橫跨過螢幕，讓所有人看清楚：『狗狗馬利——飾演自己。』

17 博卡奇緣

『最後一支全壘打』拍完的一個月後，我們告別了西棕櫚灘以及在這裡的回憶。我們這條街曾經發生過兩起兇殺案，但最後，我們搬離邱吉爾路的小平房的原因，不是犯罪，而是雜亂。兩個小孩再加上所有嬰孩用品，我們家的東西已經擠到快爆出來了，完全沒有誇張。我們的小屋逐漸成了黯淡無光的玩具反斗城過季店。馬利現在已四十四公斤重，只要轉個身，就會撞倒東西。這棟屋子有兩個臥房，我們愚蠢地以為孩子能共享一個房間，但他們不斷吵醒對方，害我們的夜間活動必須延長一倍時間。我們把康諾搬到廚房和車庫間的狹窄空間，好聽一點的說法，那個地方是我的『家庭辦公室』，我彈吉他和付帳單的地方，但對其他人而言，事實是無法粉飾的：我們把我們的寶寶移到通風走廊上。聽起來很糟糕，這條走廊離車庫只有半步遠，換句話說，等於是在車庫裡。怎麼會有父母把孩子養在車庫裡？通風走廊聽起來也很不安全，風會吹進去的地方，代表其他東西也會跑進來：灰塵、過敏原、叮人的昆蟲、蝙蝠、罪犯和變態。這條走廊是一般人擺垃圾桶和濕球鞋的地方，事實上，我們也把馬利的飼料和水碗放在那裡，甚至

在康諾出生後也是如此，不是因為這是唯一適合餵養動物的地方，而是馬利已經習慣在這裡吃飯喝水。

將通風走廊改成育嬰室聽起來像是狄更斯筆下的辛酸故事，但實際上沒有那麼不堪，那裡甚至稱得上很舒適。它原本是屋子和車庫之間有屋頂的開放通道，但上一任屋主在好幾年前就把通道封起來。這條走廊正式成為嬰兒房前，我把原先老舊漏水的固定式百葉窗換成全新的堅固窗戶，掛上新的百葉窗，重新上漆。珍妮在地板鋪上柔軟的地毯，在牆上掛上小品畫，在天花板上懸掛奇特的吊飾。不過，這看起來成何體統？我們的兒子睡在走廊裡，而我們的狗卻佔據主臥室。

另外，珍妮為了兼顧家庭與工作，將《棕櫚灘郵報》專題報導的工作轉為兼職，大多數時間在家工作，因此搬到離我的公司更近的地方，也比較合理。我們都同意現在是搬家的時候了。

人生充滿了諷刺，其中一個就是：在看了好幾個月的屋子後，我們選定的屋子正位在我百般大肆嘲弄的一個南佛羅里達州城市。那個城市名為博卡拉頓，是西班牙語，意為『老鼠之嘴』，它可真是個不簡單的嘴巴。

博卡拉頓是富裕的共和黨人聚居之地，大多數人口為來自紐澤西州和紐約的新移民。這個城市的富翁大多是新富，這些人大部分還不知道如何高雅地享受自己的財富，

而不會鬧出笑話。博卡拉頓充滿豪華轎車、紅色跑車，眾多粉紅色灰泥牆豪宅擠在狹小的土地上，高牆環繞的社區星羅棋布，每一個都有警衛守在大門口。那裡的男性偏好的打扮是亞麻長褲配義大利休閒鞋，不穿襪子，並投入過多時間拿著手機講聽起來很重要的電話。女性通常曬成古銅色，與她們喜好的GUCCI皮包相搭配，黑亮的皮膚烘托她們染成銀得嚇人或金得嚇人的髮色。

這個城市到處都是整型醫師，他們的宅院最大，笑容最為燦爛。對博卡拉頓保養良好的女性而言，隆乳手術幾乎是獲得居留權的必需程序。年輕女性都做了漂亮完美的假胸部，年長女性都做了漂亮完美的假胸部和拉皮手術。她們全部的美容程序大約包括臀部雕塑、隆鼻手術、縮鼻手術、腹部整型手術與紋眼線，因此這個城市的女性看起來彷彿是構造完美的充氣娃娃軍團。有次在我寫的一篇諷刺專文裡，我用一首歌表達：『抽脂手術與矽膠，是博卡波頓女性的最好朋友。』

我在專欄裡不斷嘲弄博卡拉頓的生活風格，就從名字開始。博卡拉頓的居民從來不稱自己的城市為博卡波頓，他們只用『博卡』的暱稱，而且他們的發音並未遵照字典：他們不發『博卡』，而是帶著柔軟的紐澤西腔鼻音發『啵喀』，例如：『喔，「啵喀」的灌木修剪得真「瓢涼」（漂亮）。』

迪士尼電影『風中奇緣』⓫那時正在上映，我借用電影描寫的印第安公主波卡洪塔

斯發表一系列諷刺文章，題名為〈博卡奇緣〉。我筆下金光閃閃的主角是郊區原住民公主『博卡洪塔斯』，她開著粉紅色的ＢＭＷ轎車，堅挺的人造胸部抵住方向盤，所以她能空出雙手，對著後照鏡整理閃閃發光的銀亮金髮，另一隻手拿著手機滔滔不絕，全速駛向日晒沙龍。博卡洪塔斯住在名家設計的粉色系印第安棚屋裡，每天早上去部落健身房運動——但只有能在距離大門三公尺內找得到停車位時才去——而下午則手持可靠的美國運通卡，走進名為博卡市購物中心的神聖部落獵場，搜尋野生皮毛。

在我的一篇專欄裡，博卡洪塔斯莊嚴地吟誦：『在米茲納花園廣場，葬下我的信用卡。』米茲納花園廣場是博卡拉頓最為高級的購物區。在另一篇文章，她一邊提出美容手術應抵稅的訴求，一邊調整羚羊皮魔術胸罩。

我的人物描寫很殘酷，相當刻薄，但沒有過度誇飾。現實生活中居住在博卡的博卡洪塔斯們是這些文章最忠實的讀者，他們試圖找出我虛構的女主角是受到哪一個人的啟發（我絕對不會透露）。我時常受邀對社團和社區演講，每次總是會有人站起來問：『為什麼你那麼痛恨「啵喀」？』我告訴他們，我不討厭博卡，我只是喜歡荒唐的滑稽

⓫『風中奇緣』的英文片名為Pocahontas，『Poca』與博卡（Boca）的發音相似。

戲，而漂亮的粉紅色『老鼠之嘴』是世上最適合上演滑稽戲的地方。

因此，我和珍妮最終看中的屋子自然是位在博卡生活的邊緣位置，正位於東博卡拉頓的水岸社區與倨傲的西博卡拉頓高牆社區之間（而我要向重視郵遞區號的居民鄭重指出，它剛好落在博卡市外，是棕櫚灘郡的『未併入領土』）。我們遷入的社區是博卡少數的中產階級區域，這裡的居民喜歡用戲謔的自豪口吻說，他們住在兩條軌道間的三不管地帶。沒錯，這裡正有兩條鐵軌，一條劃定東邊社區的邊界，另一條劃定西邊社區的邊界。晚上躺在床上，能聽到貨運列車往邁阿密開去或駛回。

『妳瘋了嗎？』我對珍妮說。『我們不能搬到博卡去！我會被攆出去，他們會把我的頭擺在有機生菜沙拉上。』

『唉喲，拜託，』她說，『你會不會太誇張了？』

刊登我的專欄的《太陽守望報》是博卡拉頓發行量最大的報紙，大幅超越《邁阿密前鋒報》、《棕櫚灘郵報》，甚至當地的《博卡拉頓新聞報》。我的作品在博卡拉頓市中心區和西區廣為閱讀，而且照片就刊在專欄上，我時常被認出來。我覺得我沒有誇大其詞。『他們會把我活活剝皮，再把我的屍體掛在蒂芬妮珠寶店門口。』

但我們已經找了好幾個月，這是第一間符合所有條件的屋子。大小適中、價位合理、位置良好——正位在我工作的兩間辦公室的中間。這裡的公立學校是南佛羅里達最

好的。博卡拉頓表面光鮮，有最棒的公園，包括幾處邁阿密棕櫚灘都會區內最乾淨的海灘。我帶著相當大的恐懼，同意買下這棟屋子。我覺得我成了滲透敵人陣地的密探，只是我的身分並不怎麼秘密。我這個野蠻人準備偷溜進博卡的大門裡，毫無廉恥地闖進博卡的花園派對搞破壞，誰能怪他們排斥我？

我們剛搬進去時，我躡手躡腳地在市區亂晃，非常不安，覺得所有人的眼睛都盯著我。我的雙耳赤紅，心裡想像在我經過後，路人一定都在竊竊私語。我寫了一篇專欄歡迎自己搬入博卡（並懺悔許多我犯下的過錯）後，收到許多信指責我：『你把我們的城市批得一文不值，現在你卻想住在這裡？你這個無恥的偽君子！』我必須承認他們說的有道理。我有位同事是忠貞的博卡熱愛者，他立即抓到機會質問我。『所以，』他開心地說，『你心目中俗不可耐的博卡，說到底還是不錯的居住環境吧？等到要買房子時，這裡的公園、稅率、學校、海灘、都市規劃看起來都挺不錯的，不是嗎？』我只能莫可奈何，徒呼負負。

不過我很快就發現，大多數住在三不管地帶的鄰居，都對於我的文字攻擊深有同感，其中一位將那些人稱為『我們之中的自大鬼和老粗』。沒多久我就覺得如魚得水。

我們的屋子是七〇年代風格的四房平房，面積是第一棟房子的兩倍，卻缺乏它的溫

馨，但這個屋子有改造的潛能，我們也慢慢留下自己的痕跡。我們拆掉原本鋪滿的地毯，在客廳鋪上橡木地板，其他房間鋪義大利製瓷磚。也拆掉了醜陋的玻璃拉門，裝上明亮的落地窗。我在前院栽種野薑、赫蕉、百香果，原先的一片荒蕪慢慢變成欣欣向榮的熱帶花園，不僅蝴蝶飛舞，連路人也忍不住停下來欣賞。

我們的新家有兩項跟屋子本身無關的優點。從我們的客廳窗戶望出去是一個小公園，松樹聳立，樹蔭下有許多遊戲器材，孩子們熱愛來這兒玩。而在後院，就在新裝好的落地窗外，是游泳池。我們本來不想要游泳池，擔心我們的小娃娃會受傷。珍妮提議把游泳池填滿時，房屋仲介的臉色頓時刷白。我們搬進來的第一天，做的第一件事是在游泳池旁豎起一公尺多高的圍籬，比照高戒備監獄的安全措施等級。這時候派崔克剛滿三歲，康諾十八個月大，他們就像一對海豚，立刻在水裡悠遊自如。公園變成後院的延伸，而游泳池延長我們深愛的溫和氣候。我們很快就發現，佛羅里達的游泳池能讓幾乎難以忍受的窒暑，變成歡樂的嬉鬧夏日。

最愛後院游泳池的，當屬我們擅泳的家狗。牠繼承了漁夫拾獵犬的祖先在紐芬蘭洶湧波濤中泅泳的泳技。只要打開游泳池的門，馬利會先從客廳助跑，在跑到敞開的落地窗時，從磚砌的陽台用力一跳，躍到半空，跳進水裡，腹部先落水，捲起水花，激起波浪，池水四濺。與馬利一起游泳是可能危及性命的冒險行為，有點像是和遊輪共泳。牠

會全力加速衝向你，腳掌在前頭浮著，你以為牠應該會在最後一刻閃開，但牠直接撞上你，接著再往岸上爬。如果你還在水裡浮著，牠會把你壓到水面下。『你把我當什麼，碼頭嗎？』我會這麼說，然後把牠挽進我的懷裡，讓牠喘口氣。牠一邊把我臉上的水舔掉，前掌仍然不由自主地拍水。

我們的新家唯一沒有的東西是抗馬利的堡壘。舊屋子的單車位水泥車庫幾乎是銅牆鐵壁，它有兩扇窗，即使在最酷熱的夏天也還算通風舒適。博卡的新家車庫有兩個車位，但不適合馬利、或任何不能在攝氏六十五度高溫下生存的生物居住，它沒有窗戶，而且悶熱至極。更糟的是，車庫的牆壁不是水泥牆，而是沒那麼堅固的無漿牆，馬利已經證明牠有能力迅速確實摧毀這種材質。雖然牠持續使用鎮靜劑，但牠對雷電的恐懼症愈來愈嚴重。

我們第一次讓牠獨自留在新家時，把牠關在廚房隔壁的洗衣間，給牠一條毯子和一碗水。幾個小時後我們回家時，牠已經把門抓得傷痕累累。雖然損害輕微，但我們才剛借了三十年的貸款買下這棟房子，這顯然不是個好兆頭。『或許牠只是在習慣環境。』我解釋。

『但天空連一朵雲都沒有，』珍妮懷疑地說，『萬一下雷雨，會發生什麼事？』

第二次把牠留在家裡時，答案揭曉了。雷雨雲覆蓋天空時，我們立即結束行程衝回

家，但為時已晚。珍妮走在我前頭，她打開洗衣間的門時僵在那裡，喊出：『喔，天啊！』那語氣會讓你覺得她看到一具屍體掛在水晶吊燈上。我在她身後探頭往裡看，又說一聲：『喔……天……啊！』眼前的場景比我想像的還要慘。馬利站在裡面，上氣不接下氣，腳掌和嘴巴都在流血，毛掉得到處都是，彷彿雷電讓牠嚇到連毛都掉下來。牠造成的損害比之前的任何一次都要嚴重，這已道盡一切：整面牆被挖開，毀壞到不成樣子，灰泥、木屑和彎掉的鐵釘散落一地，牆裡的電線露出，地板和牆壁滿是血跡。坦白說，這個地方看起來就像激烈兇殺案現場。

『喔，天啊！』珍妮說了第三次。

『喔，天啊！』我重複。這是我們唯一能講出的話。

我們就這樣默默站在門口，看著眼前的慘劇。過了幾秒後，我終於說：『沒問題，我們可以處理，這能修好的。』珍妮瞪我一眼，她看過我修理的成果。『我會找裝潢工人，由專家修理，』我說。『連我都不打算自己修。』我餵馬利吃鎮靜劑，心裡暗自擔心這次大破壞會讓珍妮回到康諾出生後的低潮期，但是，那時的憂鬱似乎已經徹底消散，她的態度很樂觀。

『花個幾百美金就能修好的。』她開朗地說。

『我也這麼想，』我說。『我會多接幾場演講，多賺一點錢，應該就夠了。』

幾分鐘後，馬利開始放鬆。在吃藥後，牠的眼皮都會往下垂，雙眼充滿血絲，看起來就像『死之華樂團』⓬演唱會的樂迷。我不忍心看到牠這副模樣，也一直不太情願給牠吃藥，但鎮靜劑能幫助牠忘掉恐懼，拋掉只存於牠心中的死亡威脅。如果牠是人類，我會說牠是確診的精神病例。牠表現出妄想、偏執，堅信來自天上的邪惡黑暗力量會終結牠的性命。牠蜷曲在廚房洗手槽前的地毯上，深深嘆了一口氣。我跪在牠身旁，撫摸黏著血塊的毛。『唉，馬利，』我說，『我們該拿你怎麼辦呢？』牠用失神的、充滿血絲的雙眼看著我，頭仍靠在地上。那是我看過最悲傷、最難過的雙眼，牠靜靜凝視我，彷彿有事情要告訴我，一件很重要的事，希望我能瞭解。『我知道，』我說，『我知道你沒辦法控制。』

第二天，珍妮和我帶著孩子去寵物店，買回一個特大號的狗籠。籠子有各種尺寸，當我向店員描述馬利的大小時，他直接帶我們看最大的尺寸。那個狗籠很龐大，足以讓獅子站在裡面轉身。柵欄是厚實的鋼鐵，有兩個鎖，把門栓推進去就能將門關好，地板

⓬死之華樂團（Grateful Dead）：搖滾樂界巡迴最長久、也最迷幻的嬉皮代表樂團。

也是堅硬的鋼鐵板。它正是我們要的，一個可攜式的惡魔島監獄。康諾和派崔克都爬到裡面，我把門栓往裡推，暫時把他們關起來。『你們覺得呢？』我問。『這能關住我們的超級狗嗎？』

康諾搖搖晃晃地走到籠門邊，像個老囚犯一樣，手指穿過柵欄，說：『我在牢裡。』『扭扭要被關到監獄裡囉！』派崔克高喊，想到馬利要坐牢讓他很開心。

回到家後，我們將狗籠放在洗衣機旁，可攜式惡魔島佔了洗衣間的一半大小。裝好後，我大喊：『馬利，過來！』我把一條牛奶骨頭丟進去，牠興奮衝進裡頭。我關上門，把門栓好，牠站在裡面大快朵頤，完全未察覺牠即將擁有的新生活體驗：在心理健康領域中，這稱為『非自願性拘禁』。

『我們出門時，這就是你的新家。』我愉悅地說。馬利站在裡面，滿足地喘氣，臉上絲毫沒有半點擔憂，然後牠躺下，嘆了一口氣。『這現象很好，』我對珍妮說，『這現象非常好。』

當天晚上，我們決定測試最高安全等級的狗監設施。這一次我連牛奶骨頭都不需要，就能將馬利引進去。我只是把門打開，吹一下口哨，牠就走進去了，尾巴敲著柵欄。『要乖乖喔，馬利。』我說。我把孩子帶進車裡準備出門吃晚餐時，珍妮說：『你知道嗎？』

『什麼？』我問。

『我們開始養牠後，這是頭一次我們把馬利留在家裡，而心裡不會七上八下的。』她說。『直到現在，我才知道我以前有多緊張。』

『我懂妳的意思，』我說。『我們永遠都要猜：我們的狗這次又會破壞什麼？』

『就像：今晚去看電影會讓我們付出多大代價？』

『這就像俄羅斯輪盤。』

『我覺得這個狗籠是最值得的花費。』她說。

『我們早就該這麼做了，』我也有同感，『安心是無價的。』

今天的晚餐很棒，吃完飯後，在夕陽斜照下，我們沿著海灘散步。孩子們踏著浪花奔跑，追逐海鷗，抓起沙子往海裡丟。珍妮相當放鬆，跟平常不同，知道馬利安全待在惡魔島裡，不能傷害牠自己或其他東西，非常讓人欣慰。我們從前門的人行道走向我們的屋子時，她說：『這次出門的感覺真好。』

我正要附和時，眼角瞄到一樣東西，事情有些不太對勁。我轉頭看著前門旁的窗戶，百葉窗垂下，因為我們每次出門都會放下百葉窗，但窗戶底部約三十幾公分的地方，窗葉是分開的，有東西卡在中間。

一個黑色、潮濕的東西，緊挨著玻璃。『怎麼回事……？』我說。『馬利……怎麼

可能？』

我打開前門。沒錯，我們的『一狗歡迎大隊』在玄關賣力搖尾巴，非常開心地迎接我們。我們分頭在屋裡到處察看，檢查每個房間和櫥櫃，尋找馬利無人看管亂竄時留下的痕跡。屋子沒有異狀，毫髮無傷。我們聚集在洗衣間裡，見到籠門大開，來回搖擺，就像復活節早晨從耶穌的墳墓搬開的石頭一樣。像是有個秘密共犯偷偷潛入，釋放我們的囚犯。我蹲在狗籠旁，仔細檢查。兩個鎖的門栓被往後推到底，而上面有個相當重要的線索——它們沾滿口水。『這看起來是從裡面動的手腳，』我說，『我們的胡迪尼⑬用舔的把門舔開了。』

『怎麼可能?!』珍妮說。然後她說了一個字，我很高興孩子離她不夠近，沒有聽清楚。

我們時常認為馬利跟單細胞生物一樣笨，但牠有足夠的智商知道要怎麼將牠長而強壯的舌頭伸出柵欄，慢慢讓門栓從栓座滑出去。牠舔出自由之路，而且接下來幾週，牠證明牠隨時都能放自己出來，我們的最高安全等級監獄實際上只是中途之家。有時候我們回家會看到牠舒服躺在狗籠裡休息，有時候牠在客廳的窗戶前等我們，非自願性拘禁並非馬利會束手接受的概念。

我們用堅固的電纜把兩個鎖都綁好，這招讓牠乖乖待在籠內好幾次，但有一天，遠

方傳來轟轟雷聲，我們回家看到籠門底部的角落被剝開，像是有人拿巨大的開罐器拉起鐵皮。馬利驚慌失措，胸腔緊緊卡在開口處，一半在外面，一半在裡面，牠的腳掌又再次血跡斑斑。我盡量把鐵門扳回原位，我們這次不只用電纜固定門栓，也把門的四個角落綁住。沒多久我們又強化籠子的角落，因為馬利不斷想用蠻力破籠而出。我們原先以為堅不可摧的鐵籠，才三個月的時間，就從光鮮亮麗變得像是被砲彈炸過一般，柵欄扭曲，門框被扳開，門合不起來，籠子兩側往外突。我雖然盡全力修補，但它總是難以抵擋馬利火力全開的攻擊。這個新玩意曾經帶給我們的虛幻安全感已經消失，每次我們出門，即使只有半小時，我們都不禁會想：這一次我們兇猛的囚犯會不會衝出來襲擊沙發、挖鑿牆壁、啃食房門？『放心』真是何等珍貴呀！

⑬胡迪尼（Harry Houdini，一八七四—一九二六）：史上著名的幻象大師，也是享譽世界、最傳奇的脫逃大師。

18 露天用餐

馬利跟我差不多，都跟博卡拉頓格格不入。我們搬進去時（現在必定也是），博卡聚集了眾多世界最小、最愛叫、最受寵的狗，亦即博卡洪塔斯之流養來當時尚配件的寵物。牠們是珍貴的小寶貝，通常脖子上會繫個領結，灑上古龍水，有些狗的趾甲甚至還上趾甲油，你會在各種不可思議的地點看到牠們——在貝果店排隊時，從名牌包探頭出來看你；在海灘，牠們躺在海灘巾上，在女主人身旁打瞌睡；脖子上掛著閃閃發亮的萊茵石項圈，昂首邁入精品古董店。大多時候，你可以看到牠們坐在凌志、賓士、捷豹裡兜風，高貴地坐在方向盤前，棲身在主人的大腿上。牠們之於馬利，就如貴婦人之於大老粗。牠們體型嬌小、風度翩翩、品味高雅；馬利則龐大、笨拙，愛嗅人的胯下。馬利非常希望牠們能將牠納入社交圈內，而牠們卻非常不可能這麼做。

把剛到手的訓練結業證書吞掉的馬利，在散步時還能控制，但如果牠看到有趣的東西，還是會毫不遲疑地往前撲，就算可能被勒死也不管。我們在博卡散步時，每隻名貴的迷你狗都值得牠冒生命危險。每次牠一看到都會跑過去，拖著我或珍妮全力往那

兒銜，牠的頸圈縮緊，讓牠呼吸困難、拚命咳嗽。而每次馬利都會遭到迷你狗的不屑以對，以及迷你狗主人的輕慢，她會抓起年輕的菲菲、蘇西或雪莉，彷彿是從鱷魚的嘴裡救出她的寶貝。馬利似乎毫不介意，下一次看到迷你狗，牠又重複相同動作，絲毫不受前一次的拒絕影響。我很欽佩牠的毅力，因為被追求對象拒絕時，我通常都無法坦然以對。

戶外用餐是一項重要的博卡體驗。博卡市有許多餐廳在棕櫚樹下擺設餐桌，樹身和樹葉上還裝飾著一串串的白色小燈泡。這些是觀看別人與給別人觀看的地方，一邊喝拿鐵，一邊對著手機滔滔不絕講著，同伴被晾在一旁，只能發呆望著天空。博卡的迷你狗是戶外用餐的重要元素，男男女女牽著他們的狗，繫在鐵製的餐桌上，狗兒則會心滿意足地躺在主人的腳邊，或甚至坐在主人旁邊，高傲地抬起頭，彷彿對侍者的怠慢非常惱怒。

有個星期日下午，珍妮和我覺得全家去博卡的熱門餐廳，在戶外用餐，會挺好玩的。『既然搬來了博卡，就來做做博卡事吧。』我說。我們把孩子和馬利裝進車內，開往米茲納花園廣場，這處位於市中心的購物廣場仿照義大利的廣場風格，規劃了寬廣的人行道以及無數的餐廳。我們停好車，在這三個街區大的廣場上漫步，觀看人和被觀看——我們的排場必定也是一絕，珍妮把兒子繫在雙人座的嬰兒車裡，那台車大到會被誤認為是推土車，嬰兒車後面裝滿各種嬰兒用品，從蘋果泥到濕紙巾無一不全。我走在她

旁邊，而馬利則是全神貫注於搜尋博卡迷你狗，幾乎無法乖乖走在我身旁。牠甚至比平常還要興奮，想到能接近那些昂首闊步的迷你純種狗，讓牠樂壞了。我緊緊抓住狗鏈，牠的舌頭吐出來，喘氣聲轟隆隆，簡直像火車經過。

我們挑了一間價位可親的餐廳，在附近閒晃一會兒，等待露天餐桌區的空位。我們的桌子很棒，有樹蔭，能看到廣場中央的噴水池，而且夠沉重，絕對能壓住一頭四十五公斤、容易興奮的拉布拉多犬。我把馬利的狗鏈固定在桌腳上，先點飲料：兩杯啤酒和兩杯蘋果汁。

珍妮拿起啤酒瓶準備敬酒，說：『敬這美好的一天與我美好的家人。』我和她輕敲彼此的酒瓶，兒子們用力互撞杯子。這時候事情發生了。事實上，發生得如此突然，我們一時之間根本不曉得怎麼回事，只知道上一秒，我們還坐在舒適的露天餐桌旁，祝頌這美好的一天；下一秒，我們的桌子移動，衝向附近的一大片桌子，撞上無辜的旁觀者，摩擦水泥的人行道，發出可怕又刺耳、天崩地裂的巨響。在第一時間還未弄清我們遇到什麼可怕的慘劇前，我們的桌子似乎是被下咒，自動逃離這群不乾淨的博卡入侵者，撇開這個不屬於這裡的家庭。在下一秒，我瞭解到我們的桌子沒被附身，被附身的是我們的狗。馬利跑在前面，用盡全身每分力量拖著桌子，狗鏈如鋼琴線一般繃直。

再過一秒，我看到馬利拖著桌子跑去的方向，在人行道十幾公尺遠的地方，有隻高

雅的法國貴賓，靠在主人身邊，鼻子翹得高高的。我記得那時我心裡想著：**該死，牠一定要這麼迷戀貴賓狗嗎？**珍妮和我繼續坐在原地幾秒，手中拿著飲料，兒子在中間，坐在嬰兒車裡，這個美好的星期日下午原本是完美無瑕的，如果我們的桌子沒有衝過人群的話。我們趕緊站起來，不斷尖叫著往前跑，邊跑邊對身邊的客人道歉。我第一個追上在路上跳動拖行的落跑桌子，我抓住它，重心放低，用盡全身力量拉著桌子。珍妮沒多久也跑到我身邊，跟著往後拉。我覺得我們像是西部片英雄，不計一切地控制住失控的火車，不讓它脫軌，掉下懸崖。在一片混亂中，珍妮甚至真的轉頭對著孩子大喊：『我們馬上回來！』**馬上回來？**她的語氣彷彿這一切都很平常，都在預期的計畫內，彷彿這是我們常做的事，可能我們一時興起想著：喔，讓馬利帶著我們可愛的小桌子散散步，不也挺好玩的？我們也能跟著欣賞商店的櫥窗，然後再回來吃開胃菜。

我壓制住桌子，拉回馬利時，牠離貴賓狗和嚇壞的狗主人不到一公尺，我回頭看看孩子的情況，才看到其他露天用餐者的表情，那就像是電視廣告中，鬧哄哄的群眾突然靜下來，引頸聆聽低聲講出的投資建議。男性停止講電話，手上還拿著行動電話；女性睜大眼睛看著，嘴巴闔不起來。博卡人一片驚愕。最後，康諾終於打破沉默。『扭扭去散步！』他開心叫著。

一個服務生衝過來幫我把桌子拖回去，珍妮死抓住馬利，馬利仍然緊盯著牠的追求

目標。『我再去拿一付餐具。』服務生說。

『不用了，』珍妮悶悶地說。『請拿帳單來，我們要走了。』

在我們驚天動地的博卡露天用餐之旅後沒多久，我在圖書館找到一本書，叫做《沒有不能教的狗》，作者是備受讚揚的英國狗訓練師芭芭拉‧伍浩斯。正如書名所指出的，《沒有不能教的狗》提倡馬利的第一位訓練師『我最大』小姐的信念——劣犬之所以不能變成靈犬，唯一原因是狗主人手足無措、猶豫不決、意志軟弱。伍浩斯主張：狗不是問題，人才是。在立下這條守則後，這本書一章接一章敘述一些惡性重大、難以想像的罪行，有叫個不停的狗、挖個不停的狗、打架打不停的狗、騎個不停的狗、咬個不停的狗，也有討厭男人的狗與討厭女人的狗，或是偷主人東西的狗，以及因嫉妒而攻擊脆弱嬰兒的狗，甚至還有吃自己大便的狗。我心想：**謝天謝地，至少牠不吃自己的大便**。

我愈讀愈覺得我們秀逗的拉布拉多並非毫無希望。我們一直覺得馬利一定是世上最糟糕的狗，現在卻讀到許多牠**沒有**的行為，讓我振奮不已。牠從無惡意，也不太常叫，不咬人，不攻擊其他狗，除了追求所愛以外。牠認為所有人類都是牠最棒的朋友。好上加好的是，牠不吃大便，也不在大便裡打滾。我告訴自己，沒有不能教的狗，只有像我和珍妮這樣無能、無知的狗主。馬利現在的狀況都是我們的錯。

然後，我看到第二十四章〈與精神不穩定的狗共同相處〉，在讀這一章時，我不禁倒抽一口氣。伍浩斯對馬利的描述如此透徹精闢，我幾乎相信她一定有在牠傷痕累累的籠子裡住過。她探討瘋狂、不可理解的行為，獨處時的破壞行為：挖開地板和咬爛地毯。她描述這類猛獸的主人試圖『將狗關在家裡或院子裡的某個地方』。她甚至提到在絕望、無計可施時，可以使用鎮靜劑（大多無效），讓這些情緒躁動的狗恢復正常。

『有些狗是天生情緒不穩定，有些是後天環境造成，但結果都一樣：這些狗帶給主人的不是歡樂，而是憂慮、負擔，常常讓全家人灰心氣餒。』伍浩斯寫道。我看著在我腳邊打鼾的馬利，說：『很熟悉吧？』

下一章的章名是〈異常的狗〉，伍浩斯用無可奈何的口吻說：『我不斷強調，如果你要繼續養一隻不正常的狗，你必須接受你的生活會受到一些限制。』你的意思是在出門買一罐牛奶時，都會怕得要死？『雖然你可能很愛那隻低能的狗，』她繼續寫道，『但可能會造成其他人的不便。』其他人？譬如像星期天，在佛羅里達博卡拉頓的露天餐廳用餐的其他人？

伍浩斯說的正是我們的狗和我們可憐無助、互相依賴的共同生活。每一項描述我們都符合：摸不著頭緒、意志軟弱的主人；情緒不穩定、無法控制的狗；一大堆遭破壞的物品；感到不便的陌生人和鄰居。我們正是經典案例。『恭喜你，馬利，』我對牠說。

『你能稱得上是低能的狗耶！』聽到牠的名字，牠睜開雙眼，伸伸懶腰，翻滾成露出肚皮，四腳朝天。

我本來滿心期待伍浩斯會提供這類瑕疵品的飼主一線曙光，一些有用的秘訣，只要正確執行，就能把世界上最瘋狂的寵物，變成有資格參加西敏寺狗展的狗兒。但她用非常悲觀的口氣做結語：『只有養過不穩定的狗的飼主，才能真正知道正常狗與不正常狗的分別。沒有人能幫主人決定要怎麼協助不正常的狗。身為愛狗者，我認為讓牠們長眠是比較慈悲的作法。』

讓牠們長眠？呃，為防沒有清楚表達意思，她又補充：『若已經用盡所有訓練與醫療方法，但還是沒辦法讓這種狗正常生活，對主人和寵物而言，讓牠們長眠是比較好的選擇。』

動物愛好者芭芭拉‧伍浩斯，曾經成功訓練數千隻主人認為是無藥可救的狗，連她都同意有些狗根本是沒有希望。如果她能作主的話，牠們會被人道地送往天國裡的犬科精神療養院。

我側身抓抓馬利的肚子，說：『別擔心，馬利，這間屋子唯一有的睡眠是會醒來的那一種。』

牠大口嘆氣，然後又回到夢境中火辣的貴賓狗身旁。

大約在同時，我們也瞭解到並非所有拉布拉多狗都相同。這個品種實際上有兩種類別：英國種與美國種。英國種的體型較小，比美國種結實，頭比較大，個性較溫和平穩，較常用於展示。美國種的拉布拉多體型較大、較強壯，外形沒有那麼優雅對稱，牠們的精力無窮，非常好動，通常用於打獵。美國種拉布拉多在原野的無比優異特質，讓牠們成為家庭裡的大麻煩。書上警告：牠們豐沛的精力，不可以小覷。

賓州的拉布拉多繁殖農場《無盡的拉布拉多山犬》手冊解釋：『有許多人問：英國種和美國種拉布拉多（獵犬）有什麼不同？牠們的差異之大，美國養狗協會甚至考慮分成兩個品種。牠們的體型和個性都不同。如果你要的是圍獵競賽的獵犬，請選擇美國種獵犬。牠們動作敏捷、高䠷、瘦長，但是個性非常活潑好動，因此不是最好的「家庭犬」。英國種拉布拉多則體型非常壯碩、結實，較為矮小，個性甜美、安靜、溫和、可愛。』

我不需多想，就知道馬利屬於哪一種。答案愈來愈明白，我們無知地挑了適合在野地徹日奔跑的種類，而且這還不夠，我們挑到的拉布拉多還非常情緒不穩定、難以控制、無法訓練，鎮靜劑或犬類心理學皆無效。對於芭芭拉•伍浩斯這類經驗老到的訓練師來說，這種低能的品種最好還是處死算了。我心想：很好，我們終於搞清楚了。

伍浩斯的書讓我們認清馬利瘋狂的心理後，沒多久，有位鄰居要出門度假一週，問我們這段期間能不能讓他們的貓寄宿。我們說：當然可以，沒問題，帶過來吧。跟狗相比，貓簡單多了。貓能夠自理，而且這隻貓特別害羞，愛躲起來，特別是馬利在的時候。牠可以躲在沙發下一整天，只有在我們睡著後才出來吃飼料、用貓砂盆，免得遇到馬利。我們把貓砂盆放在游泳池邊、有紗窗門的陽台角落。說真的，這絲毫不費功夫，馬利完全不知道屋子裡有貓。

鄰居的貓寄宿在我們家的第二或第三天，清晨時，一陣有規律的吵鬧節奏穿過床墊，把我吵醒。馬利在床邊興奮得全身顫抖，牠的尾巴以急速的節奏拍打床墊。**磅！磅！磅！**我翻身要拍拍牠，但牠躲開我。牠在床邊又跳又轉的——馬利曼波。『好啊，這次你又咬了什麼？』我問牠，眼睛還沒張開。馬利彷彿是回答我的問題，驕傲地把戰利品吐在乾淨的床單上，離我的臉只有幾公分遠。在半夢半醒間，我花了一會兒才弄清楚那是什麼。那個東西小小的、黑黑的、凹凹凸凸，包在粗礫的沙粒裡。然後我聞到味道：一股刺鼻的惡臭。我立即坐起來，往珍妮那邊退，吵醒了她。我指著床單上來自馬利的閃閃發亮的禮物。

『那該不會是……』珍妮說，她有些作嘔。

『是的，沒錯，』我說，『牠襲擊了貓砂盆。』

馬利臉上的驕傲簡直像牠剛剛把『希望之星』⓮叼來給我們。正如芭芭拉・伍浩斯先見之明的預言，我們精神不穩定、不正常的狗，已經進入吃屎的生命階段。

⓮『希望之星』（Hope diamond）：史上最有名的一顆巨鑽，重達四十五・五二克拉。

19 雷擊驚魂記

康諾出生後，我們認識的每個人（除了我非常虔誠的天主教雙親，他們成天祈禱我們多生幾打小葛羅根）都認為我們不會再生孩子了。我們平常社交的雙薪、專業人士家庭，都奉獨子為圭臬，在他們眼裡，兩個孩子有一點點奢侈，三個孩子簡直是前所未聞，特別是在懷康諾時經歷了種種折磨，沒有人能理解為什麼我們會想再重溫那段疲憊的過程。但從新婚時期殘殺植物以後，我們已成長許多。父母的身分已成為我們的全部，我們的兩個兒子帶給我們的快樂，沒有任何人或事物能比得上。現在，他們就是我們生活的全部，雖然我們心中也有些想念悠閒的假期、星期六慵懶地讀小說，以及慢慢享用直到深夜的燭光晚餐，但我們在新的生活找到樂趣——濺出的蘋果醬、窗戶上小小的鼻印，以及清晨時赤腳在走廊輕步行走的柔和交響樂。即使在災難連連的日子，我們通常也能找到理由讓我們莞爾一笑，心裡明白每位父母很快就會發現的事：這些初為人父人母的美妙時刻（包著尿布的小屁股、長出第一顆牙齒、無法聽懂的牙牙兒語），為原本平凡的漫長生命點出了燦爛耀眼的火花。

我傳統的老媽曾叨念說：『好好享受這段時間，因為他們長得很快，快到你無法想像。』我們那時都不以為然。現在，不過幾年的時間，我們都領悟到她說得對。她的話雖是人人會說的陳腔濫調，但我們能看出這句話慢慢成真。孩子一直在成長，每一週都跨越一小步，永遠都沒辦法再回味。這一週派崔克還在吸拇指，下一週他就終生棄絕這個習慣。這一週康諾還是躺在搖籃裡的小嬰兒，下一週他已經是個小男孩，在嬰兒床上跳啊跳。派崔克不會發ㄐ的音，所以女生逗他玩時，他常常會雙手握拳搭在屁股上，嘟著嘴說：『賊賊在笑我。』我一直打算要拍下來，但卻晚了一步，有一天他突然正確發出ㄐ的音。我們花了好幾個月都沒辦法讓康諾脫掉超人裝睡衣，他會在屋子裡亂跑，背後的披風飛起來，大喊：『我，糟人！』然後有一天他再也不這麼做，又錯失一個珍貴的鏡頭。

孩子是無法忽視的神奇時鐘，原本無垠的時間之海，分分秒秒，日日夜夜，年復一年，因為他們的存在，提醒我們人生是不間斷的前行。我們的寶寶長得比我們希望的還要快，這或許能解釋為什麼搬到博卡的新房子後，不到一年，我們又想要再生一個。我對珍妮說：『我們現在有四個房間，為什麼不再多生一個呢？』我們只試了兩次。我們兩個都不想坦承我們想要的是女生，但我們當然希望如此，非常希望，即使在懷孕初期，我們不斷宣稱有三個兒子也好極了，但超音波檢查宣告我們心底的期望成真後，珍

妮抱住我，悄悄說：『我好高興能為你生個小女生。』我也很高興。

並非所有朋友都能分享我們的喜悅。大多數人聽到珍妮懷孕的消息時，都很魯莽地問：『是意外懷孕嗎？』他們就是不能相信懷第三胎除了是意外，還有什麼可能。我們堅持不是後，他們開始質疑我們的決定。有位朋友甚至責備珍妮竟讓我再讓她懷孕，她的語氣比較像是在責怪一個將所有財產捐給邪教的人：『**妳到底在想什麼？**』

我們不在乎。一九九七年一月九日，珍妮送給我遲來的聖誕禮物：臉頰紅通通的小女嬰，三千一百七十五公克重，我們命名為可琳。我們的家庭現在終於完整。若說懷康諾的過程是一長串的折磨和煎熬，那麼這次懷孕則是如教科書案例一般完美，博卡拉頓社區醫院的生產經驗讓我們體驗全然不同的尊榮享受。在產房的走廊上有一間休息室，擺了一台卡布奇諾咖啡機，免費喝到飽——非常**博卡**。等寶寶終於出生時，我已經咖啡因中毒太深，雙手幾乎沒辦法穩住剪斷臍帶。

可琳一週大時，珍妮頭一次帶她到戶外。那一天的氣候清爽晴朗，兒子和我在前院種花。馬利鍊在一旁的樹下，歡喜地躺在樹蔭下看著外面的世界。珍妮坐在草地上，陪在牠旁邊，把躺在搖籃裡睡覺的可琳放在中間。幾分鐘後，孩子們要媽媽過去看他們的成果，他們帶著我和珍妮繞過花床而去，可琳繼續睡在馬利旁邊。我們在一大叢灌木後

走動，在那裡我們還是能看到寶寶，但是路上的行人看不到我們。我們轉身時，我停下來指著灌木外，要珍妮看。在外面街上，一對散步的老夫婦停下來，盯著我們的前院，滿臉疑惑。一開始，我不太確定為什麼他們會停下來看，但我很快就想通了：從他們的角度，只能看到脆弱的新生兒與一隻黃色大狗在一起，大狗看似獨自在看顧寶寶。

我們安靜地停住，忍著笑聲。馬利躺在那兒，看起來就像埃及的人面獅身像，前腳交叉，頭抬得高高的，開心地喘氣，每隔幾秒鐘鼻子就貼近寶寶的頭嗅一嗅。那對可憐的老夫婦必定認為他們遇到一宗兒童疏忽案，寶寶的爸媽一定是不知在哪個地方的酒吧鬼混，把嬰兒獨自留下，給鄰居的拉布拉多犬照顧，那隻狗現在大概準備要給寶寶吸奶。馬利彷彿知道我們的計謀，沒有移動位置，還把下巴靠在寶寶的肚子上，狗頭比可琳還要大。牠吐出長長的一口氣，彷彿在說：『**他們倆到底什麼時候才會回來？**』牠似乎在保護她，或許牠真的是，但我相信牠只是在品嘗她的尿布味。

珍妮和我站在樹叢裡，相視而笑。馬利是嬰兒保姆的念頭——狗狗專業托兒所——實在太有趣，讓我們不想立即戳破。我原想站在那裡看事情會怎麼發展，但突然想到有可能會牽扯到報案電話。我們沒有因為把康諾擺在走廊而惹上麻煩，但這次我們要怎麼解釋？（『嗯，我知道這一定會引起誤解，警察先生，但是牠其實非常負責，你絕對想不到的……』）我們走出樹叢，向那對夫婦揮手，看到他們鬆了一口氣。謝天謝地，這

個寶寶並不是真的去給狗照顧。

『你們一定非常信任你們的狗。』老太太非常謹慎地說，顯示出她深信狗很兇猛、難以預測，不該接近脆弱的新生兒。

『牠還沒吃掉過任何一個。』我說。

可琳誕生的兩個月後，我用非常低調的態度慶祝四十歲生日，亦即我自己慶祝。四十歲應該是關鍵的轉捩點，走到這一刻，就該向變化不斷的青春告別，擁抱中年穩定的舒適生活。若有哪一年的生日應該大肆慶祝，就是四十歲，但不適用於我。我們現在需要照顧三個孩子，珍妮要哺育一個新生兒，我們還有更多重要的事要擔。等我下班回家時，珍妮已又累又倦。草草吃完剩菜後，我替兒子們洗澡，哄他們睡覺，珍妮則在餵可琳奶。到八點半時，三個孩子都睡著了，我的太太也睡了。我開一罐啤酒，坐在陽台上，盯著打光的游泳池，看著湛藍的池水。馬利一如往常，忠實坐在我的身邊，而我抓抓牠的耳朵，這時我突然想到牠也差不多到了相同的轉捩點。我們在六年前帶牠回家，以狗的壽命來算，牠已經約四十出頭。牠不知不覺間就到了四十歲，但行為仍像小狗一樣。除了頑強的耳部發炎需要傑伊醫生不斷診治外，牠很健康，完全沒有表現任何成長或是衰弱的改變。我從來沒想過馬利會是學習的模範，但是坐在那裡喝啤酒時，我想到

的部分。

或許牠知道如何過個好生活的秘訣。從不慢下來，從不回頭看，用青春期的活力與精力活過每一天，永遠好奇，永遠愛玩。若你認為你還是隻小狗，那麼也許你就真的還能當隻小狗，不管實際年齡如何。這是個挺不錯的人生哲學，但我會跳過破壞沙發和洗衣間的部分。

我把啤酒罐靠著牠的臉，對犬類敬酒，說：『大傢伙，今晚就只有你和我。敬四十歲，敬跟大狗跑跳一輩子。』然後牠也蜷起身子，睡著了。

幾天後，我還在為我寂寞的生日哀悼時，幫我改掉馬利撲人壞習慣的老同事吉姆・托賓突然打電話來，問我第二天星期六想不想去喝杯酒。大約在我們搬到博卡拉頓時，吉姆離開報社去讀法律，我們已經好幾個月沒聯絡了。『當然好啊！』我說，但非常不解他的用意。吉姆六點來接我，帶我去一家英國酒館暢飲啤酒，聊聊彼此的近況。在我們重溫舊夢時，酒保大喊：『這裡有位約翰・葛羅根嗎？約翰・葛羅根的電話。』

是珍妮打來的，她聽起來很煩躁、焦慮。『寶寶在哭，兒子在搗亂，我剛剛弄破了隱形眼鏡！』她在電話裡哀嚎。『你可以現在回來嗎？』

『冷靜點，』我說。『等一等，我立刻回來。』我掛掉電話，酒保對我點點頭，表示對我這位可憐的『妻管嚴』的同情，然後說：『兄弟，我向你致上最深的同情。』

『來吧，』吉姆說。『我載你回家。』

我們開進我住的街道時，街上的兩邊都停滿車。『有人在開派對。』我說。

『看來是喔。』吉姆回答。

『真是的！』開到我家門前時，我說。『你看看！竟然有人把車停在我的車道上，好大的膽子。』

我們把車停在車道外，堵住侵入者，接著我邀請吉姆進來。我還在為停在車道上的白目傢伙發火時，大門打開了，珍妮抱著可琳站在門口。她看起來一點也不煩躁，事實上，她臉上還掛著大大的微笑，在她身後站著一位穿著蘇格蘭短裙的風笛演奏者。**老天爺！到底發生了什麼事？**我的視線越過風笛演奏者，看到有人把游泳池畔的兒童柵欄拿開，許多蠟燭漂浮在水上。陽台上擠滿我的朋友、鄰居和同事。我的腦袋還在想著原來街上的車子都是家裡這些客人的車時，他們一同大喊：『老頭子，生日快樂！』

我太太原來沒有忘記。

等我終於把張開的嘴巴闔起來後，我把珍妮攬進懷裡，吻她的臉，低聲說：『我晚點會報復回來。』

有個傢伙打開了洗衣間的門，正在翻找垃圾桶，馬利從裡頭蹦出來，牠處在狂歡的狀態，衝過人群，偷走碟子上的香草乳酪開胃菜，用狗鼻掀起幾位女士的迷你裙，接著衝往沒有圍住的游泳池。我在牠以招牌的衝刺腹部落水姿勢跳水前，把牠抓回隔離牢

房。『別擔心，』我說。『我會留剩菜給你。』

驚喜派對過後沒多久（這個派對之成功，以致警察還在半夜上門要我們安靜一點），馬利終於為牠對雷電的極端恐懼找到正當理由。星期日下午，天空烏雲密佈，風雨欲來，我在後院挖開一片長方形的草地，準備開闢另一片菜圃。園藝已經成為我熱衷的嗜好，我的技術愈好，就愈想種新的植物。我逐漸改造了全部的後院。當我在工作時，馬利在我身邊緊張地走來走去，牠體內的晴雨表察覺到要下暴風雨了，我也感覺到了，但我想要把事情做完，打算等到真的下雨了才住手。我一邊挖，一邊望著天空，看著不祥的黑色雲層在幾公里外的東邊海上聚集。馬利低聲哀鳴，作勢要我放下鏟子，回去屋裡。『別擔心，』我告訴牠。『還有好幾公里的距離。』

話才出口，我就感覺到一陣從未有過的感受，頸背一陣麻麻的刺痛。天色已經變為詭異的暗綠色，空氣突然死滯，彷彿來自天上的力量將風抓住、凝結。在這時，我聽到那個聲音：電流流動那種滋滋、碰碰、喀喀的聲音，就像你站在高壓電下，有時會聽到的那種聲音。一種呼呼的聲音充滿空氣，接著是一陣完全的寂靜，持續幾秒。在那幾秒間，我知道麻煩大了，但我沒時間反應。下一秒，天空全然白亮，接著一聲爆炸聲撞擊我的耳膜。我從未聽過這樣的聲音，不像雷電，不像煙火，不像炸藥。一股強大的

能量衝擊我的胸口，就像隱形的後衛。我睜開眼睛時，不知已經過了幾秒，我的臉朝下躺在地上，沙子跑進嘴裡，鏟子在三公尺外的地方，大雨拍擊在我身上。馬利也趴下，維持四肢平撲的姿勢，牠看到我抬起頭時，狂亂地搖著尾巴朝我爬過來，腹部仍貼在地上，就像試著從鐵絲網下方穿過的士兵。牠一接近我，就爬到我背上，狗鼻子伸到我的頸部，瘋狂舔我。我望著四周一會兒，想要弄清楚狀況，剛好看到雷電擊中院子角落的電線桿，電流沿著電線跑到屋子，離我大約六公尺的位置。牆上的電表燒成焦黑。

『快！』我大吼。馬利和我站起來，衝過大雨朝後門跑，這時又一陣雷聲大作。我們一直等到安全回到屋內後才停下，我跪在地上，全身濕透，喘著氣，馬利爬到我身上，舔我的臉，輕咬我的耳朵，口水和狗毛撒得到處都是。牠陷入恐懼，不受控制地顫抖，口水從嘴巴滴下。我抱著牠，試著讓牠冷靜。『天啊，好險！』我說，然後發現我自己也在顫抖。牠抬頭用大大的眼睛同情地看我，我發誓牠的眼神幾乎會說話，我相信牠想要說的是：**我一直警告你們這東西會害死人，但是有人聽我的嗎？現在你相信了吧？**

這隻狗說得很有道理，或許牠對雷電的恐懼不是非理性的，或許牠對於遠方傳來的第一聲雷聲的驚慌反應，只是想告訴我們，對於佛羅里達暴烈的暴風雨，全國最可怕的暴風雨，不該這麼掉以輕心。或許牠毀掉牆壁、抓裂門板、咬碎地毯，都是為了建出避雷電的小窩，好讓我們都能躲到裡頭。結果我們是怎麼回報牠的呢？淨是責罵與鎮靜劑。

屋內一片漆黑，冷氣、天花板的風扇、電視和一些電氣用品都壞了。斷路器融成一團，我們會讓電工快樂好幾天，但我和我可靠的夥伴都活著。珍妮和孩子們安全待在起居室裡，甚至不知道屋子被擊中。我們都在場，每個人都很安全，還有什麼要擔心呢？我把馬利拉到我的大腿上，牠現在四十四公斤，全身緊繃。我對牠保證：我永遠不會忽視牠對於大自然致命力量的恐懼。

20

狗沙灘

身為報紙專欄作家，我總是在找任何可以發揮的新奇有趣題材。我每週寫三篇專欄，代表這個工作的一大挑戰是想出源源不絕的新鮮題材。每天早上，我都要讀完四份南佛羅里達的日報，圈起和剪下任何可能值得探索的話題，接著，我要用自己的觀點和角度來切入。我的第一篇專欄文章擷取自頭條：滿載八名青少年的車子超速衝下沼澤地國家公園邊緣的水道，只有十六歲的女駕駛、她的雙胞胎妹妹以及另一個女生逃出沉沒的車子。這是一件大新聞，我想要評論，但要怎樣寫才能稱上是我自己的新角度？我到那個偏僻的車禍地點，希望能找到一點靈感，還沒下車，我就找到了。在車禍中喪生的五名青少年的同學，用噴漆將悼詞噴在路面上。柏油路的兩端都噴滿文字，長達將近一公里，流露出的情感相當令人震撼。我拿著筆記本，抄下路上的文字。有句留言寫：『浪擲的青春』，旁邊漆上一個箭頭，指向路旁的水道。接著，在集體宣洩感情的文字中，我找到了我要的東西：年輕駕駛潔蜜・巴道的公開致歉。她用跟小孩子一樣的大大圓圓的字體，寫了：『我真希望我能代替你們，對不起。』我找到題材了。

並非所有主題都那麼灰暗，有位退休的老太太收到遷離通知，因為她肥胖的小狗已經超過公寓對寵物的限重規定，我便登門造訪，想親自瞧瞧那隻犯法的重量級狗。還有位神智不清的老人在停車時，撞進一家店裡，幸好無人受傷，我追蹤這條事故，訪談目擊者。這個工作今天帶我到移民營，明天帶我到百萬富翁的豪宅，後天到貧民區的街角。我喜歡這種多樣的變化，我熱愛我遇到的人，而且我最愛的是，我的自由幾乎是無限的，我能夠在任何時間、去任何地方，探查任何我有興趣的主題。

我的老闆不知道的是，我追新聞的閒遊其實另有意圖：利用我的專欄記者職位，寡廉鮮恥地儘可能製造明顯是『工作的假日』。我的座右銘是『專欄記者開心，讀者也會開心』。如果你可以坐在西嶼的戶外酒吧暢飲雞尾酒，為什麼非得參加麻痺人心的稅率調整聽證會，才能找到專欄題材？總有人得負責報導瑪格麗塔鎮⑮弄丟的鹽罐這種吃力不討好的工作，不如就由我來做。我成天找藉口去外頭閒晃一整天，最偏好穿著短褲和T恤，嘗試各種休閒娛樂活動，因為我告訴自己，大眾需要有人對此做深入研究。每個

⑮〈瑪格麗塔鎮〉（Margaritaville）是吉米・布菲（Jimmy Buffett）的暢銷單曲，描寫他在西嶼慵懶、暢飲瑪格麗塔的生活。瑪格麗塔雞尾酒需要將鹽巴抹在杯緣。

職業都有專門的工具，我的是一本筆記本、好幾枝筆和一條海灘巾。既然經常會用到，我開始把防晒油和泳衣放在車裡。

有一天，我在沼澤地國家公園坐了整天的汽船，另一天沿著歐奇巧碧湖畔散步。我曾在風景優美的A1A公路騎了一天的單車，欣賞沿途的大西洋景致，好以我的第一手觀點，痛苦陳述自己是如何與恍惚的藍頭瀨魚和分心的遊客分享了人行道。我花了一天在拉哥嶼瀕臨絕種的珊瑚礁上方浮潛；又有一天跟一位被搶了兩次的受害者跑去射擊場，射完好幾輪彈匣，這位受害者發誓他再也不要被欺負。我在一艘漁船上待了一天，漫遊海面，另一天跟一團老搖滾樂手窩在一起。有一天，我乾脆爬到樹上坐了幾個小時，享受獨處。有個開發商計畫把我所在的這片樹林剷平，興建高級住宅，我想至少我該為水泥叢林的最後一片綠林隆重的送行。我最大膽的詭計是說服編輯送我到巴哈馬，在第一線迎接蠢蠢欲動、奔向南佛羅里達的颶風。那個颶風最後轉往海上，沒造成任何傷害，而我在豪華酒店的海灘上待了三天，在藍天白雲下啜飲鳳椰汁。

因為抱持著這種新聞調查的態度，我想到帶馬利去海灘一天的點子。在南佛羅里達遊客如織的海岸線上，許多城鎮都禁止寵物進入沙灘，而且這種禁令也是有道理的。戲水的遊客絕不想看到濕答答、沾滿沙子的狗在沙灘上大便、尿尿，還在他們做日光浴時，把沙子和海水潑到他們身上。幾乎每塊沙灘都豎起『寵物禁入』的告示牌。

但還有一塊僅剩的沙灘，沒有告示牌，沒有限制，沒有禁止四條腿的戲水者。知道這塊小沙灘的人不太多，它位於西棕櫚灘和博卡拉頓之間，屬於棕櫚灘郡的未併入領土。這塊沙灘約幾百公尺長，要走到小路盡頭，攀過荒草蔓生的沙丘後才能看到。這裡沒有停車位、沒有廁所、沒有救生員，只有一塊未管制的白沙淨土與無垠的大海接壤。這個地方經過狗主人多年來的口耳相傳，已是南佛羅里達知名的最後天堂，狗狗能盡興地玩浪，不用擔心受罰。這個地方沒有正式命名，但大家私底下都稱為『狗沙灘』。

狗沙灘有一套約定俗成的規範，這套規範是多年來慢慢形成的，常造訪此地的狗主人對此都有默契，用同儕壓力和心照不宣的道德觀執法。狗主人必須自律，不然其他人會用憤怒的瞪視懲罰犯規者，若有必要，也會使用幾個精選的字眼。規則很簡單：除了有攻擊性的狗要戴狗鏈外，其他狗都能自由跑；狗主人必須隨身攜帶塑膠袋，清理愛犬的糞便；所有垃圾，包括裝袋的狗大便，都要帶走；每位狗主都要自行攜帶飲用水；在水裡大小便絕對禁止，因此狗主必須在到達沙灘時，先沿著沙丘遛狗，遠離海岸，等到狗狗排泄後，清理完畢，才能安全走向水邊。

我聽說過狗沙灘，但從沒去過，現在我有藉口了。在海岸的大樓建起、海灘計時停車位出現和房地產價格狂飆前，這塊就要快速消逝的老佛羅里達遺跡早已被人遺忘。現在它再度登上新聞，一位支持土地開發的官員開始將矛頭指向這塊沒有管理的海灘，質

疑為什麼其他海灘的規則沒有在這裡施行。她清楚表達她的看法：禁止毛茸茸的家畜進入，改善公共設施，將這塊珍貴的資源開放給大眾。

我立即鎖定這個故事，因為它代表在上班時間去海灘玩一天的完美理由。在一個完美的六月早上，我把領帶和公事包換成泳裝和拖鞋，帶著馬利開過沿岸水道。我把家中能找到的所有浴巾拿到車上——這只是為了去海灘的路上用的。一如往常，馬利的舌頭垂出嘴外，口水四濺。我覺得我像是帶著老忠實噴泉⑯在兜風，唯一讓我遺憾的是擋風玻璃雨刷沒有裝在車內。

我遵守狗沙灘守則，將車停在幾條街外不會被開罰單的地方，接著走上一大段路，馬利走在前頭，穿越充滿六〇年代風格平房的寂靜社區。走到半路時，有個粗啞的聲音叫道：『喂，牽狗的！』我僵住，以為自己被氣憤的社區居民逮到，要我別把該死的狗帶到沙灘上，但是叫住我的人是另一位狗主，他牽著自己的大狗，遞給我一份請願書，要我簽署，請求郡政府官員保留狗沙灘。我們站在原地，聊了一會兒，但看著馬利與另一隻狗互繞圈子的模樣，我知道沒過幾秒鐘，牠們可能會（a）撲向對方，展開生死格鬥，或是（b）建立新家庭。我把馬利拉開，繼續往前走。我們才剛走到通往沙灘的小徑時，馬利就蹲在草叢裡，清空腸道。太棒了，至少省了一項社交禮儀。我把證據包好，然後說：『去海灘！』

我們爬上沙丘頂部時，出乎意料，看到幾個人牽著扣得緊緊的狗在淺水灘散步。這是怎麼回事？我本以為會看到狗狗毫無拘束地自由奔跑，形成和諧一致的美景。『有個警察才剛過來，』一位悶悶不樂的狗主向我解釋。『他說從現在開始，他們要執行棕櫚郡的狗鏈條例，如果我們把狗鬆開，會被罰款。』看來我來得太晚，沒辦法盡情享受狗沙灘的樂趣。警察無疑是在政治關係良好的反狗沙灘陣營指使下，開始嚴格執法。我乖乖守規矩，帶著馬利跟其他狗主沿著淺水灘散步，覺得自己比較像在南佛羅里達的最後一塊未管制沙灘牢裡放風。

我把馬利牽到我放海灘巾的地方，正拿著我揹過來的水壺替馬利倒水，這時候，有位打赤膊的刺青男子從沙丘走過來，他穿著牛仔短褲和工作靴，一條健壯、外表兇猛的鬥牛犬，戴著堅固的狗鏈，跟在他身旁。鬥牛犬以其攻擊性聞名，在這個時候的南佛羅里達更是惡名昭彰。牠們是黑幫、歹徒和惡棍最偏好的品種，通常被訓練為兇惡的護衛犬。報紙時常報導鬥牛犬未經挑釁即攻擊人或動物的事件，有些甚至致死。那位狗主必定注意到我退了一步，因為他大叫：『別擔心，殺手很友善的，牠甚至不會跟別的狗打

⑯老忠實噴泉（Old Faithful）：美國黃石公園著名的間歇噴泉，會定時噴出一定的水量。

架。』我才鬆了一口氣，他又加上一句話，顯然非常自豪。『但你真該看看牠把野豬開腸剖肚的樣子！我跟你講，牠可以在十五秒內制服野豬，把內臟咬出來。』

馬利和『屠豬鬥牛犬』殺手都被鍊著，彼此環繞，用力地嗅對方。馬利一生中從未打過架，但體型比多數狗大得多，所以牠從未遇到挑釁威脅。即使有狗試圖挑起戰火，牠也會忽視。牠只是撲過去，就定玩耍的姿勢，屁股抬高，搖搖尾巴，帶著笑臉。但牠從未遭遇受過訓練的殺手犬、野地裡的狩獵者。我想像殺手毫無預警地撲向馬利的喉嚨，緊咬不放，但殺手的主人卻不擔心。『除非你是野豬，不然牠只會把你舔到死。』他說。

我告訴他警察才剛來過，而且警告要對那些違反狗鏈條例的狗主開單。『我想他們要開始掃蕩了。』我說。

『屁啦！』他大吼，吐口水到沙裡。『我帶我的狗來這個沙灘已經好幾年了，在狗沙灘不用鍊狗啦，聽他們在放屁啦！』說完，他解開狗鏈，殺手衝向沙灘，跑進水裡。馬利站起來，跳上跳下。牠看著殺手，再抬頭看著我，然後往殺手的方向看，又回頭看我，一邊不耐煩地踏著沙，低聲發出哀求聲。如果牠會說話，我知道牠一定會懇求我。我看看沙丘，沒有見到警察。我又看著馬利。**拜託啦！拜託啦！求求你啦！我會乖乖的。我保證。**

『放牠走吧，』殺手的主人說。『狗不應該整天被綁住。』

『好吧，管他的。』我說，把狗鏈解開。馬利立刻往海邊衝，在牠躍出去的那一刻，把沙子踢得我們全身都是。牠衝入海裡的那一瞬間，剛好有海浪捲來，把牠捲入水裡。一秒鐘後，牠的頭浮出水面，一站好，牠就飛撲『屠豬鬥牛犬』殺手，雙雙倒進水裡，一同在海浪下翻滾。我止住呼吸，擔心馬利玩過頭而激怒殺手，激起牠屠宰拉布拉多的殺意。但牠們再浮出水面時，都在搖尾巴，帶著開心的笑臉。殺手撲向馬利的背，馬利也撲回去，牠們嬉鬧地作勢咬對方的喉嚨，在水邊來來回回地追逐，踢起一陣陣水花。牠們飛縱、跳躍、扭打、互撲。我想我從來沒有，甚至在那之後也從未看過這樣純粹的喜悅。

其他狗主也紛紛仿效，海灘上總數約十二隻的狗，沒多久都自由奔跑。所有狗狗都處得很好，主人也都遵守規則。這就是狗海灘該有的風貌，這才是真正的佛羅里達，未經玷汙，沒有約束，就像佛羅里達過去逐漸遭淡忘的時光與場景，不受開發的影響。

只有一個小問題。早晨的時間一分一秒過去，馬利不斷舔海水。我端著水盆跟在牠後頭，但牠太興奮，根本無心喝水。好幾次，我把牠拉到水盆邊，把牠的鼻子往下壓，但牠立刻躲開，彷彿盆子裡裝的是醋，牠只想跑回殺手和其他狗身邊，與新交的朋友玩。

在淺水區，牠玩一玩之後，又舔了更多的鹹水。『不要喝啦，笨狗！』我大吼。

『你會……』我還沒說完，事情就發生了。牠的雙眼頓時呆滯，肚子發出可怕的翻騰聲。牠高高豎起背，閉住嘴巴幾次，像是要清出胃裡的東西，同時肩膀聳起，腹部收縮。我急忙把話說完：『……吐出來。』

話才剛出口，馬利就讓預言成真，犯下狗沙灘的惡行。**嘔嘔嘔嘔嘔！**

我衝過去，想把牠從海裡拉出來，但為時已晚。淅哩嘩啦，**嘔嘔嘔嘔嘔嘔！**我看到昨晚吃的狗飼料在水面漂浮，竟跟還沒入口的樣子差不了多少。除了狗食外，牠從孩子的餐盤偷來的玉米片也還沒消化，一起漂起來。另外還有牛奶瓶蓋跟受重創的玩具兵頭部。全部清空時間不到三秒，胃一清空，牠就高興地抬起頭來，顯然已經復原，完全沒有後遺症。牠彷彿在說：**現在我已經沒事了，誰要來滑水？**我慌忙四處張望，但似乎沒人看到。其他狗主都在沙灘另一側看著自己的狗，不遠的地方有位媽媽，正專心地幫小嬰兒堆沙堡，有幾位做日光浴的人零星散佈，平躺在沙灘上，雙眼閉上。我心想：**謝天謝地！**我走入馬利的嘔吐區，雙腳不斷拌水，盡量讓證據漂開。**如果有人發現，不知會多丟臉？**儘管如此，我告訴自己，雖然嚴格來說，馬利已違反狗沙灘規範的第一條，但實際上並未製造任何麻煩。畢竟這只是沒消化的食物，魚群能夠開心享用大餐，不是嗎？我甚至還撿起牛奶瓶蓋和玩具兵的頭，以免留下垃圾。

我抓住馬利的狗鼻，強迫牠正視著我，厲聲說：『給我好好聽著，不准再喝海水，

哪有狗會笨成這樣，不知道不可以喝海水？』我本想把牠拖回去，提早結束狗沙灘之行，但現在似乎沒事了，牠的胃裡不可能還有東西。傷害已經造成，而我們僥倖逃過，沒人發現。我放開馬利，牠立刻奔向海邊去找殺手。

但我萬萬沒想到的是：馬利的胃或許清空了，但腸子還沒有。太陽光反射在水面上，閃閃發亮，我瞇眼看著馬利和其他狗嬉戲。在我看著牠時，馬利突然不玩了，開始在淺水區不斷轉圈。我很熟悉轉圈動作，這是牠每天早上在後院準備要大便時會做的動作。這是牠的儀式，一副牠不能隨隨便便就丟下牠贈與世界的禮物似的。有時候，牠可以轉個一分鐘以上，尋找泥地上最完美的位置。現在牠在狗沙灘的淺水區轉圈，在沒有狗敢玷汙的禁區探勘。這一次，牠有觀眾了，殺手的主人和其他狗主離牠只有一、兩公尺遠，堆沙堡的媽媽和女兒轉頭看著大海，有對情侶走近，手牽手沿著水邊散步。『不要，』我低聲說。『天啊，千萬不要！』

『喂，』有人大喊。『把你的狗帶走！』

『制止牠！』另一個人叫。

驚呼聲此起彼落，做日光浴的遊客也坐起來瞧到底發生了什麼事。

我全速衝刺，想在事情無法挽救前抓住牠。如果我能在牠蹲下但還沒用力前，把牠拉起來，或許能夠阻止這場可怕的羞辱，至少我還會有足夠時間安全護送牠到沙丘上。

在我衝向牠時，我經驗到一種只能稱做是靈魂出竅的感覺。雖然我還在跑，但我卻是從上往下看，場景以一秒一格的速度慢慢播放。每一步都似乎靜止不動，每次踏上沙灘，都發出沉重的腳步聲。我的雙手在半空中狂揮，表情猙獰扭曲。我在奔跑時，周遭的反應都化成一幕幕的慢動作：一位做日光浴的年輕女子，一隻手調整稍微從胸部滑下的比基尼，另一隻手蓋住嘴巴。蓋沙堡的媽媽抱起小孩，從水邊跑開。狗主一臉作噁的表情，指著馬利。殺手的主人大吼，粗獷的脖子脹得通紅。馬利已經停止繞圈圈，整個身子蹲下，抬頭看著天空，彷彿在祈禱。我聽到我自己的尖叫聲蓋過所有嘈雜聲，用盡全力地嘶啞淒厲高喊：『不行——————！』

我就快到了，離牠不到一公尺。『馬利，不行！』我尖叫。『不行，馬利，不行！不行！不行！不行！』一點也沒用。我正要抓住牠時，牠噴出稀糞。每個人都往後跳，逃到高處。狗主人抓住狗，晒日光浴的人撈起毯子。然後，一切都結束了。馬利小跑步離開淺水區，跑到沙灘上，奮力甩掉身上的水，接著轉頭看我，開心地喘氣。我從口袋抽出一個塑膠袋，茫然舉到空中。但我立刻知道這一點用也沒有，波浪已經拍過來，把馬利的傑作捲起來，推到沙灘上。

殺手的主人說：『老兄，』他的語氣讓我體會到野豬在殺手最後致命一撲時的感受。『這樣不太酷喔。』

不，這一點也不酷。馬利和我觸犯了狗沙灘的神聖規範，我們弄髒了海水，而且不只一次而是兩次，毀掉每個人愉快的早晨出遊。現在該是迅速逃離現場的時候。

『對不起，』我喃喃地對殺手的主人說，一邊把馬利的狗鏈扣上。『牠喝了太多海水。』

走回車子時，我拿了一條毛巾，用力擦掉牠身上的水和沙。我擦得愈起勁，牠愈用力甩，沒多久我全身就蓋滿了沙，全身濕透、沾滿狗毛。我很想對牠抓狂，想要勒死牠，但現在為時已晚，而且，誰喝了幾公升海水不會吐呢？正如牠過去洋洋灑灑的罪行，這一次牠也不是出於惡意或預先謀畫的。牠也沒有不遵守指令，或是為了羞辱我而故意搗蛋。牠只是要拉肚子，牠就拉了。我知道牠只受衰竭的心智所害，牠是全海灘上唯一呆到會狂灌海水的狗，這隻狗天生有問題，我怎能拿這點來處罰牠？

『你用不著這麼得意吧?!』帶牠進後座時，我這麼說。但牠真的很愉快，就算我買給牠一座加勒比海小島，牠也沒那麼開心。牠不知道的是，這是牠最後一次接近任何鹹水。牠的海灘逍遙日（或更精確的說，是逍遙『時數』）已經成為歷史。在開車回去的路上，我說：『喂，鹹水狗，你麻煩大了。如果狗沙灘不准狗進入，我們現在知道是為什麼了。』這件事過了好幾年才發生，但最後還是成真了。

21

往北飛行

可琳滿兩歲後不久，我無意間做了一連串改變命運的決定，帶領我們離開佛羅里達。我只是按了滑鼠一下而已。那天我提早完成專欄文章，等著編輯過來，既然有半小時的空檔，我一時興起，決定看看一個雜誌的網站。我在買了西棕櫚灘的屋子不久後，就開始訂閱這本雜誌——《有機園藝》，它於一九四二年創刊，創辦人是特立獨行的羅戴爾，它逐漸成為一九六〇和七〇年代盛行的回歸大地運動的聖經。

羅戴爾本來在紐約經商，專門銷售電動開關，在這段期間，他的健康每下愈況，但他不求助現代醫學，而是從紐約市搬到位在迷你的艾茂斯市外的賓州小農鎮，開始玩泥巴。他非常不信任科技，相信橫掃美國的現代農耕和園藝技術並非美國農業的救星。幾乎所有現代技術都依賴化學殺蟲劑和肥料，而羅戴爾的理論認為化學物質會毒化土壤和其中的寄生物。他開始實驗模仿自然的農耕技術，在自己的農場用腐壞的植物堆起巨大的堆肥，等到堆肥變為肥沃的黑色腐殖質時，再用於施肥，並做為自然的栽培土。他用厚厚的稻草覆蓋農園的土壤，控制雜草和保留濕氣。他栽種苜蓿和紫花苜蓿，再把這些

植物劑到土壤下，增加土壤的養分。他不噴灑殺蟲劑，而是放出數千隻瓢蟲和其他益蟲去吃掉害蟲。他是有點怪異，但他證實了自己的理論。他的農園欣欣向榮，健康日益好轉，並創辦雜誌，宣傳他的大捷。

羅戴爾創立的羅戴爾出版社在兒子羅勃經營下，成長為價值數百萬美金的公司。

我開始閱讀《有機園藝》時，羅戴爾早已過世，他的兒子羅勃也是。這本雜誌的撰寫或編輯品質都不太好，讓人覺得這本雜誌是由業餘的羅戴爾理念信仰者所編成的。他們是專業的園丁，但未受過專業的新聞編輯訓練，後來我發現事實確實如此。不管雜誌品質如何，我愈來愈相信有機理念，特別是在珍妮流產後，我們懷疑我們使用的殺蟲劑難辭其咎。可琳出生時，我們已在郊區的化學肥料、除草劑、殺蟲劑沙漠裡，開拓出一片小小的有機綠洲。我投入愈來愈多心力在園藝上，路人時常停下來欣賞生氣蓬勃的前院，他們幾乎都會問一個相同的問題：『你撒了什麼讓花園這麼美麗？』我回答：『什麼也沒撒。』他們總是一臉尷尬，彷彿他們在井然有序、整齊劃一、循規蹈矩的博卡拉頓，撞見一件見不得人的行為。

那天下午在辦公室裡，我點下螢幕上的『有機園藝』網址（organicgardening.com），最後我的滑鼠移到『工作機會』的按鍵，點下去。我至今仍不確定為什麼我會那樣做，我喜愛專欄作家的工作，喜歡每天和讀者的互動，我愛好能自由選擇主題，可

以嚴肅也可以詼諧。我喜歡待在新聞室，以及聚集在此的機智、聰慧、神經質又充滿理想的員工。我喜歡參與每日頭條的編輯。我不想離開報社，跑到荒僻城鎮，加入步調緩慢的出版社，但我還是開始瀏覽羅戴爾出版社徵求的職位，其實只是因為無聊好奇，然而看到一半時，我停了下來，羅戴爾出版社的旗艦雜誌《有機園藝》徵求總編輯。我的心跳停了一拍，我常常夢想若這份雜誌有一位好記者加入，會有多大的改變，現在我的機會來了。這很瘋狂，也很荒謬，編輯花椰菜和堆肥的工作？我幹嘛去做這種事？

那天晚上我告訴珍妮這份工作，本來預期她會說我是瘋了才會考慮這份工作。但出乎我的意料，她鼓勵我送出履歷。一想到能離開南佛羅里達的酷熱、擁擠和犯罪問題，擁抱簡樸的鄉村生活，她就很心動。她懷念秋天的落葉和春天的水仙花，也懷念屋簷的垂冰和蘋果汁。儘管聽起來很荒唐，但她希望我們的孩子、我們的狗能體驗冬季大風雪的奇景。她赤足搓著馬利的毛，說：『馬利從來沒有追過雪球。』

『這可真是換工作的好理由。』我說。

『你可以寄出履歷，滿足一下好奇心。』她說。『看看怎樣，如果他們想雇用你，你還是可以拒絕。』

我得承認我也和她一樣夢想搬回北方，即使在南佛羅里達過了愉快的十二年，我仍是個土生土長的北方人，總無法忘懷三件事：玩雪橇、季節變化和開闊的平原。即使我

慢慢愛上佛羅里達的溫和冬季、辛辣食物和熱情暴躁的居民，我仍然夢想有天能回歸我自己的天堂——不是博卡拉頓昂貴如郵票般大的『小』土地，而是一塊真正的土地，能夠挖土、砍柴，在樹林裡漫步，我的狗跟在身旁。

我送出履歷，告訴自己這是寄好玩的。兩週後，我的電話響了，是羅戴爾的孫女瑪麗亞・羅戴爾打來的。我的履歷表署名寄給『人力資源部門』，因此我很訝異公司的經營人會直接和我聯絡，我還請她再說一次她的姓氏。瑪麗亞深愛她祖父創辦的雜誌，亟欲重建它往日的榮光。她堅信她要找的是專業記者，不是再一個熱誠的有機園丁，而且她想要報導更具挑戰性和更重要的話題，像是環保、基因工程、工廠化畜牧和蔚為流行的有機運動。

我去面試時，一心打算盡量推託，但離開機場，開上蜿蜒的雙向鄉村道路時，我立刻著迷了。每次轉彎看到的景色都能登上風景明信片：這裡一間石磚農屋，那裡一座覆蓋橋。冷冽的溪水汩汩流下山丘，犁過的農地連至天際，恍如上帝的金袍。時值春天，理海谷的每株樹都開滿鮮豔的花朵，讓我更為軟化。我把車停在一支孤零零的停止標誌前，下了車，站在人行道上，環顧四周，在我的視線內，只有樹林和草地，看不到車、看不到人、看不到任何建築。我找到公用電話，打給珍妮。『妳絕對不會相信這個地方有多美。』我說。

兩個月後，搬家工人將我們在博卡拉頓的東西全部搬進超大貨車裡，一台拖吊車拖走我們的轎車和廂型車。我們把房子的鑰匙交給新主人，在佛羅里達的最後一夜，我們睡在鄰居家的地板上，馬利趴在我們中間。『室內露營！』派崔克開心地說。

第二天，我一大早醒來，牽著馬利散步，這是牠在佛羅里達的最後一次散步。我們在街上走時，牠用力嗅、賣力扯、大力跳，不時停下來抬起腳在每株樹叢和信箱桿上尿尿。牠無比開心，完全不知道我將要劇烈改變牠的生活。我已經買了一個堅固的塑膠籠子，帶牠上飛機，而且我聽從傑伊醫生的建議，在散步完後扳開牠的嘴巴，把雙倍的鎮靜劑劑量推下牠的喉嚨。鄰居送我們到棕櫚灘國際機場時，馬利已經雙眼通紅，異常放鬆，我們就算把牠綁在火箭上，牠也不會介意。

葛羅根家族在機場構成一幅相當有趣的景觀：兩個極度興奮的小男孩繞著圈子互追，嬰兒車裡躺著一個飢餓的小寶寶，還有筋疲力盡的雙親與一隻不勝藥力的狗。我們的私家動物園讓我們的陣容更壯大：兩隻青蛙、三隻金魚、一隻寄居蟹、一隻名叫懶蟲的蝸牛和一盒用來餵青蛙的活蟋蟀。在櫃台排隊時，我把籠子組裝好，那是我能找到的最大尺寸，但輪到我們時，地勤人員看一下馬利，看一下籠子，再回頭看馬利，然後說：『我們不能讓那隻狗關在那個籠子裡登機，牠太大了。』

『寵物店說這是「大狗」尺寸，』我回答。

『聯邦航空總署規定狗必須能在籠中站起，而且能夠轉一圈。』她解釋，接著語帶懷疑地說：『你可以試試看。』

我打開籠門，叫馬利過來，但牠不打算自動自發走進行動牢房裡。我又推又戳，又哄又騙，牠就是不肯動。當我需要狗餅乾時，為什麼就是剛好沒有？我翻翻口袋看有沒有能夠賄賂牠的東西，終於找出一盒薄荷糖。這個東西的效果一樣好。我拿出一顆糖，擺在牠鼻子前。『馬利，想要來顆薄荷糖嗎？進去吃吧！』我把糖丟進籠裡，不出所料，牠上鉤了，快樂地跑進籠裡。

地勤人員是對的，籠子不太合。牠得縮起身子，頭才不會撞到頂部，牠的鼻子抵住背板，屁股突出籠門。我壓住牠的尾巴，把牠的屁股推進去，關上籠門，說：『我說得沒錯吧？』我暗暗祈禱她會認為這是大小適中。

『牠還要能轉身。』她說。

『馬利，轉過來，』我做出手勢，吹了一聲口哨。『來吧，轉過來。』牠回頭看我一眼，雙眼愈來愈呆滯，頭部摩擦籠頂，彷彿是希望我能教牠怎麼完成這個不可能的任務。

如果牠不能轉身，航空公司就不會讓牠登機。我看看手錶，時間只剩十二分鐘，還

要通過安檢、衝到登機門去登機。『快一點，馬利！』我焦急地說。『快啊！』我彈彈手指，搖搖金屬門，做出啾啾的聲音。『快啦，』我哀求。『轉過來。』我正打算要跪下來哀求時，聽到碰撞聲，派崔克的聲音幾乎同時響起。

『慘了！』他說。

『青蛙跑出去了！』珍妮尖叫，她立即衝去抓青蛙。

『蛙蛙！呱呱！回來！』兒子們一起大喊。

我的太太現在已經趴下來，在機場到處爬，兩隻青蛙很機靈，總是離她一步遠。路人紛紛停下來瞧著眼前的鬧劇。遠遠看，你根本看不到青蛙，只有一個脖子上掛著尿布袋的瘋狂女子到處爬，彷彿她早上喝了太多酒。從他們的表情，我知道他們預期她隨時會開始嚎叫。

『等我一下。』我儘可能冷靜地對地勤人員說，然後加入珍妮，一同趴在地上。

在盡職地娛樂早晨的搭機旅客後，我們在蛙蛙和呱呱跳出自動門，離自由只有一躍之遠時抓住牠們。走回來時，我聽到狗籠發出轟隆的聲響。整個狗籠猛力搖晃，我探頭往裡看，看到馬利還是想辦法轉身了。『看吧？』我對地勤人員說。『牠可以轉身，沒有問題。』

『好吧，』她不悅地說。『但你是遊走在法律邊緣。』

兩個工人把馬利的狗籠抬到推車上把牠推走，我們則全力衝往飛機，在空服人員正要拉上艙門前趕到登機門。我確實有想過，萬一我們沒有趕上飛機，馬利將會獨自飛到賓州，那必定會引起恐怖的大混亂，我連想都不敢想。『等等！我們到了！』我大喊，我推著可琳的嬰兒車，珍妮和兒子跟在後面。

我們坐好後，我終於能夠喘口氣。馬利已經安頓好，青蛙也抓到了，我們趕上了飛機，下一站就是賓州艾倫鎮，現在我能好好休息了。我看到窗戶外有輛平台車被運上飛機，上面有個狗籠。『你們看！』我對孩子們說。『馬利在那裡。』他們對著窗外揮手，大叫：『哈囉，扭扭！』

引擎發動，空服員講解安全流程時，我拿出一本雜誌。這時候，我注意到坐在前排的珍妮突然僵住，然後我也聽到了。來自我們的腳下，從飛機的深處傳來一種聲音，雖然地板吸掉一些音量，但完全無須懷疑，可憐兮兮的哀鳴聲，原始的呼喚，先低沉再慢慢高揚。**喔，老天爺，牠在底下嚎**。注意，拉布拉多拾獵犬不會嚎。米格魯會嚎，狼會嚎，拉布拉多不會，至少不太知道竅門。馬利試著嚎過兩次，都是想回應警察的鳴笛，牠抬起頭，嘴巴做成O的形狀，然後發出我聽過最可笑的聲音，牠比較像是在漱口，一點也不像是在回應野性的呼喚。但是現在，毫無疑問，牠真的在嚎。

機上乘客放下報紙和小說，抬頭張望。發放枕頭的空服員也停下來，疑惑地歪著

頭。在我們的走道另一邊的女子，看著丈夫說：『你有聽到嗎？我想是狗叫。』珍妮直視前方，我死盯著手中的雜誌。如果有人問起，我們會矢口否認跟馬利有任何關連。

『扭扭心情不好。』派崔克說。

不，**兒子**，我想要糾正他，**有隻我們從未見過，從不認識的陌生狗心情不好**。但我只是高舉雜誌蓋住我的臉，聽從永垂不朽的尼克森名言：**嚴詞否認**。飛機在跑道上滑行，引擎發出尖利的噪音蓋住了馬利的哀歌。我想像牠孤零零待在下面，四周一片漆黑，恐懼、不知所措、神智不清，甚至沒辦法站起來。我想著震耳欲聾的引擎聲，對於馬利扭曲的心智來說，可能是另一次隨機的雷電攻擊，隨時要做掉牠。可憐的傢伙，我不打算承認牠是我的狗，但我知道整段航程我會不斷擔心牠。

飛機還沒起飛，我又聽到一次碰撞聲，這一次換康諾說：『慘了。』我往下看，然後再死盯著雜誌。**嚴詞否認**。幾秒鐘後，我偷偷看著四周，確定沒人注意我們，然後往前傾身，低聲對珍妮說：『不要低頭看，但是蟋蟀逃出去了。』

22 鉛筆國度

我們寬闊的房子建在八十公畝的土地上，位於一座陡峭山丘上，或者該稱做一座小山，當地人似乎對此還有爭議。我們的土地上有片草地，能夠在裡面摘野莓，有片森林能讓我砍到高興為止，還有一條由地下泉水形成的小溪，孩子和馬利很快在那兒發現他們能把自己弄得極度泥濘。屋內有壁爐，屋外有無限的土地供我栽種植物，另一座山丘上矗立著一座白塔教堂，秋天落葉飄零時，從廚房望出去就能看到。

我們的新家甚至還附贈一位搭配這幅鄉間風情畫的鄰居。他有橘紅色的鬍子，體形跟熊一樣魁梧，住在一七九〇年代風格的石造農莊裡。每到星期日，他喜歡坐在後門廊，拿著來福槍朝樹林練射擊，只是為了消遣，但總讓馬利恐慌不安。我們搬進新家的第一天，他過來打招呼，送我們一罐自製的野櫻桃酒和一籃黑莓，我從沒看過那麼大的黑莓。他說他叫『挖土機』，從他的綽號推斷，我們知道挖土機靠挖土維生。他說，如果我們需要挖洞或是想要移土，只要大喊一聲，他就會開著重機具過來。『如果你的車撞上一頭鹿，儘管找我，』他說，對我們眨眨眼。『我們會宰了牠，把肉分一分，森林

管理員根本不會曉得。』不用懷疑，我們已經離博卡很遠了。

我們的田園牧歌生活只少了一樣東西。我們剛開進新房子的車道不久，康諾抬頭看我，大顆的淚珠滑下臉頰，高聲說：『我以為筆州會有鉛筆的。』⑰對我們七歲和五歲的兒子來說，這幾乎構成毀約條件。一聽到我們要去的州的州名，他們都滿心期待，來這裡時會看到黃色的鮮豔書寫工具掛在樹上和樹叢間，就像野莓一樣能夠摘下來。結果事實並非如此，讓他們心碎。

雖然我們的土地缺乏學校文具，但有臭鼬、負鼠、土撥鼠，足以補足這個缺憾，還有長滿樹林一角的毒葛，纏繞在樹幹上，光看就讓我覺得全身發癢。有天早上我在煮咖啡時，轉頭看著廚房窗外，看到一頭扁角鹿瞪著我。另一天早上，一個野火雞家族搖搖晃晃穿過後院。有個星期六，馬利和我出門，我們穿過樹林，走下山坡，遇到一位在設陷阱的水貂獵人。水貂獵人！就在我家後院附近耶！博卡洪塔斯族類不知會願意花多少錢獲得這條情報。

鄉居生活很安靜、很迷人——也有點寂寞。賓州的荷蘭裔居民對外人雖然溫和有禮，卻也很提防，而我們絕對是他們眼中的『外人』。在經歷南佛羅里達的洶湧人潮與長串人龍後，這種與世隔絕的生活應該會讓我欣喜若狂才對。但相反的，至少在最初幾個月，我卻很鬱悶地想著當初為什麼要搬來一個幾乎沒什麼人想住的地方。

相較之下，馬利毫不遺憾。除了挖土機的開槍聲之外，鄉村的新生活非常合牠的意。對於一隻精力遠多於腦力的狗來說，現在的生活哪有什麼缺點？牠能在草地上奔馳，衝過灌木叢，劃破溪水。牠的畢生使命就是抓到兔子。我們的後院有無數隻兔子，顯然認為我的菜園是牠們的私人沙拉吧。如果看到一隻兔子在大嚼萵苣，馬利會立刻拔腿衝下山丘，展開追逐，牠的雙耳往後飛，腳掌飛踏，吼叫聲直衝天際。牠的掩飾技巧大概跟樂隊差不多，從來沒辦法接近獵物，兔子早就一溜煙跑進樹林裡躲起來。但如牠一貫的天性，牠永遠保持樂觀，總是相信成功就在不遠處。牠調頭回家，尾巴猛搖，毫不洩氣，五分鐘後又重複相同舉止。還好，牠偷襲臭鼬時，技巧一樣如此不高明。

秋天來臨時，牠發明了新的惡作劇：攻擊落葉堆。在佛羅里達，樹木不會在秋天落葉，馬利非常肯定從天空飄落下來的葉子，是上天賜給牠的禮物。我把橘色和黃色的落葉積成巨大的落葉堆時，馬利會坐在那裡很有耐心地看著，等待最佳時機出擊。只有在我堆出巨無霸落葉堆時，牠才會俯身，擺出進擊姿態。每前進幾步，牠便停下來，舉起前腳，聞著空氣，就像非洲大草原的獅子在跟蹤渾然不覺的瞪羚。接著在我把草耙放到

⑰賓州（Pensylvania）的英文發音近似於『筆州』（Pencilvania）。

一邊，欣賞我的成果時，牠就會往前撲，衝過草地，不斷飛躍，跑到最後一、兩公尺時直接跳到半空，在落葉堆正中央重重著地，腹部朝下，牠會躺在上面咆哮、翻滾、揮舞腳掌、搔癢和亂咬，而且出於神秘難解的理由，牠還會全神貫注地追自己的尾巴，要等到我漂亮的落葉堆散落草地後，牠才會罷手。接著牠會坐起來，欣賞牠的成果，殘破的葉子黏在牠的毛上。接著牠會用心滿意足的表情看著我，好像牠的貢獻是集中落葉時不可或缺的一道程序。

我們在賓州度過的第一個聖誕節應該是銀白色的才對。珍妮和我必須遊說派崔克和康諾，讓他們相信離開佛羅里達的家和朋友是最好的選擇，其中一個大賣點是雪景，還不是普通的雪景，而是厚厚的、蓬鬆的，會出現在明信片上的那種。大片的雪花從天空靜靜落下，堆成雪丘，質地正適合堆雪人。聖誕節的雪是其中最棒的體驗，堪稱為北國冬季的聖杯。我們恣意揮灑，描繪出如同柯里爾與艾伍茲的版畫情景⑱——在聖誕節早晨醒來，看到窗外白得發亮的景色，純淨無瑕，只有聖誕老人停在我們家門前的雪橇留下的一條軌跡。

在大日子來臨的前一個禮拜，三個小孩一起坐在窗前好幾個小時，眼睛緊盯著灰色的天際，彷彿他們能用意志力撥開天空，卸掉雲層的負荷。『快下雪吧！』他們三個唱

著。他們從未看過雪，珍妮和我這十年多來也沒看過。我們想要雪，但是那些雲就是不肯屈服。聖誕節的前幾天，我們全家坐進廂型車裡，開到幾百公尺外的農莊，砍了一株雲杉樹，享受免費搭乘裝著乾草的敞篷拖拉車兜風，在營火前暢飲熱騰騰的蘋果汁。這是我們住在佛羅里達時很懷念的典型北方假日，但少了一樣東西。該死的雪在哪裡？珍妮和我漸漸後悔之前天花亂墜地吹捧第一次降雪。我們把剛砍下的雲杉拖回家，樹針的芬芳散佈車內，孩子們抱怨他們又被騙了，先是沒有鉛筆，現在又沒雪，老爸老媽到底還撒了什麼謊？

聖誕節早上，雲杉樹下冒出全新的平底雪橇與足夠去南極探險的雪地裝備，但是窗外的景色仍然是光禿禿的樹幹、休眠的草地和棕色的玉米田。我在火爐裡生起旺盛的火，告訴孩子有耐心一點，雪會在該下時下。

新年到了，還是沒下雪。似乎連馬利都焦慮起來，看著窗戶，低聲哀叫，彷彿牠也拿到我們開的支票。孩子在假期結束後回到學校上課，但仍然毫無動靜。吃早餐時，他

⑱柯里爾（Nathaniel Currier，一八一三—一八八八）與艾伍茲（James Merritt Ives，一八二四—一八九五）：十九世紀後期兩位著名的美國版畫家。

們不滿地看著我，爸爸背叛了他們。我開始編織可笑的藉口，像是：『或許其他地方的小孩子比我們更需要雪。』

『是喔，最好是。』派崔克說。

新年過後的第三週，白雪終於將我從內咎的煉獄拯救出來。雪花在每個人都睡著時飄下，派崔克是第一個發現的，他在清晨衝進我們房間，拉開百葉窗。『你們看！你們看！』他尖叫。『下雪了！』珍妮和我從床上坐起來，好好觀賞洗清我倆冤屈的證據。白色的毯子覆蓋山丘、玉米田、松樹和屋頂，連綿不絕。『當然會下雪，』我冷淡地說。『我就說了嘛。』

積雪約有三十幾公分，雪花還不斷飄落。沒多久康諾和可琳也從走廊晃過來，嘴巴吸著大拇指，拖著毯子。馬利也醒來了，開始伸懶腰，尾巴掃到各式各樣的東西，牠也感覺到大家的興奮。我轉頭對珍妮說：『我猜睡回籠覺是不可能的。』她也有同感，我轉頭對孩子大喊：『小兔崽子，快去把衣服穿好吧！』

接下來的半小時，我們跟拉鍊、綁腿、扣子、帽子和手套奮戰。等我們著裝完畢，孩子們看起來像小木乃伊，廚房看起來像冬季奧運的休息區，而蠢蛋滑冰坡競賽的大型犬組參賽者為……狗狗馬利！我才剛打開前門，還沒走出去，馬利就已經衝射出去，撞倒包得緊緊的可琳。牠的腳掌碰到白色物體的那一瞬間——啊，好濕！啊，好冷！——

牠改變主意，想要來個急轉彎。任何曾在雪地開過車的人都知道，突然煞車再加上急轉彎絕對不是個好主意。

馬利迅速滑出去，臀部轉到牠的眼前，側面倒下，但牠立刻站起來，結果又滾下前門的階梯，頭向下栽入雪堆裡。過了一秒，牠把頭抽出來，看起來像是撒了糖霜的超大甜甜圈。除了黑色的鼻頭和兩粒棕色眼珠之外，牠全身覆滿白粉，成了喜馬拉雅山雪狗。這個怪異的東西讓馬利一頭霧水，牠把鼻子深深插進裡頭，打了一個超大的噴嚏。牠咬了幾口雪，接著在雪上擦臉。然後，彷彿天上有隻無形的手伸下來給牠打了超大劑腎上腺素，牠突然暴衝出去，繞著院子跑，不時飛身前撲，每跑幾公尺就失足，不時翻滾或是俯衝，雪花幾乎跟偷襲鄰居的垃圾一樣好玩。

看著馬利在雪中的行徑，我慢慢能瞭解牠扭曲的心智。牠的路徑充滿了突然的急轉和迴轉，還有不規則的圈圈與八字形，以及三圈高難度跳躍，彷彿有一組只有牠能理解的奇特運算模式在帶領牠。沒多久，孩子們都仿效牠在雪上旋轉、打滾和嬉鬧，雪花塞滿外衣的每個縫隙和縐褶。珍妮走出來，拿著奶油吐司和幾杯熱可可，宣佈：學校停課。我知道在短時間內，我小小的二輪驅動日產車絕對無法開出車道，更別提在未剷過雪的山區道路上上下下，於是我也自行宣佈今天放大雪假。

秋天時，我曾經在後院建了一個石頭圈，好在家裡升營火。我把圈子裡的雪清乾

淨，火苗很快地劈里啪啦升起來。孩子們嘻嘻哈哈地尖叫，乘著平底雪橇從山坡上滑下來，滑過營火，往樹林邊前進，馬利追在他們後面。我看著珍妮，問她：『如果有人在一年前跟妳說，妳的孩子會從後門滑著雪橇出來，妳會相信嗎？』

『門兒都沒有！』她說，接著突然丟出一顆雪球，擊中我的胸膛。雪花落在她的髮絲上，她的臉頰漾出紅暈，呼出的白氣飄到頭上。

『過來這裡，給我親一個。』我說。

過了一會兒，孩子們圍在火邊取暖，我決定要試乘平底雪橇，自青少年之後，我就再沒嘗試過了。

『一起來嗎？』我問珍妮。

『抱歉，滑雪金牌，你自己坐吧。』她說。

我把雪橇放在山頂，然後往後靠，腳套進腳環裡。我上下搖晃，讓雪橇滑動。馬利沒什麼機會俯視我，看我坐得這麼低，等於是在邀請牠加入。牠繞到我身邊，聞我的臉。『你想幹嘛？』我問，而這句話觸發了牠。牠爬上來跨在我身上，壓著我的胸膛。『給我下來，你這隻笨狗！』我尖叫。但為時已晚，我們已經往下傾，速度不斷加快。

『一路順風！』珍妮在我們身後大吼。

我們開始下衝，一路上雪花紛飛，在斜坡飛馳時，馬利黏在我身上，飢渴地舔遍我

的臉。我倆的重量加總造成的動力比孩子多上許多，現在已經超過剛剛他們減速的點。『馬利，抓好！』我尖叫。『我們要衝進樹林裡了。』

我們衝過一棵大胡桃樹，從兩棵野櫻桃樹間穿過，在衝過灌木叢區時，奇蹟似地躲過所有堅固的障礙物，灌木刺刮著我們的身體。我突然想到，前方不遠處就是河岸，再過一、兩公尺處就是還沒結冰的小溪。我試著把腿拉出來，想要用腳煞車，但我的腳卡住了。河岸非常陡峭，幾乎是垂直的，我們一定會飛過去。我只有時間抱住馬利，緊緊閉上雙眼，尖叫：『啊啊啊啊啊！』

平底雪橇射出河岸，垂了下來，往下掉。我覺得我像在經典的卡通鏡頭裡，先定格在半空中，才悽慘地掉到深淵裡。只是，在這部卡通中，我跟一隻狂流口水的狗綁在一起，我們緊抱著彼此，落在積雪的河岸上，輕輕地砰了一聲，我們身體一半垂在雪橇外，滑到溪水邊。我睜開雙眼檢查身體的狀況，我可以扭動腳趾和手指、能夠轉動脖子，每根骨頭都很完好。馬利站起來在我旁邊跳來跳去，想要再玩一次。我站起來，唉了一聲，再把身上的沙土拍乾淨，說：『在我這把年紀，這個太刺激了。』過了幾個月，我們愈來愈發現，對馬利來說也是如此。

在賓州度過的第一個冬天接近尾聲時，我逐漸注意到馬利的中年期在不知不覺中已

經結束，到達退休的年紀。那年十二月，牠滿九歲，精力慢慢下滑。牠還是會在腎上腺素激起時突然爆發，就像牠在第一次降雪時的樣子，但是維持的時間愈來愈短暫，愈來愈不頻繁。牠一天多半都在睡覺，散步時，牠比我還早疲累，這是馬利有生以來第一次。暮冬的一日，溫度高於零度，早春的融雪氣息洋溢，我帶牠走下山丘，再爬上另一座比我們那座還陡峭的山丘，白色教堂就位在山頂，旁邊是葬滿南北戰爭老兵的舊公墓。我常常走這條路線，即使坡度很陡峭，我們爬完後總會氣喘吁吁，但馬利在秋天時還能輕鬆走完。然而這一次，牠落在後面，我必須鼓勵牠跟上來，為牠加油打氣，但就像看著電力即將耗盡的玩具慢慢停下來，馬利就是沒有足夠力氣攻頂。我停下來休息，再繼續往前走，這種事從來沒發生過。『你可不會輸給我吧？』我問，戴著手套的雙手摸摸牠的臉。牠抬頭看我，雙眼明亮，鼻頭濕潤，對於牠衰竭的力氣絲毫不以為意。牠的表情疲憊卻又滿足，彷彿在涼爽的晚冬與主人一同坐在鄉間道路旁，是一生中最大的享受。『如果你以為我會抱你走，你就錯了，』我說，『想都別想。』

陽光灑在牠身上時，我才注意到牠黃褐色的臉已經白了不少，因為牠的毛色很淺，不太容易注意到，但確實是如此。牠的口鼻和額頭一大部分已從暗黃轉為淺黃。我們一直沒有意識到，我們永遠的幼犬，已經成了老狗。

這不代表牠現在比較守規矩，馬利還是調皮搗蛋，但動作比較溫和。牠還是會偷孩

子餐盤裡的食物，還是會用鼻子把廚房垃圾桶的蓋子頂開，翻找裡面的東西。牠還是會扯狗鏈，還是會吞下各種家用品，還是會舔浴缸水龍頭流出的水，把水滴得到處都是。在天色陰暗、雷聲作響時，牠還是會驚慌，如果是獨自在家，也會獸性大發。有天我們回家時，發現馬利激動不安，康諾的床墊被撕扯開，露出彈簧。

長年以來，我們對於牠造成的損失已培養出達觀的態度。在我們搬離雷陣雨氣候的佛羅里達後，這種災難已經愈來愈少。在狗的一生中，總是會有幾面牆壁遭殃，總是會有幾張椅墊開口笑，總是會有毯子被扯爛。如同人類的任何關係，與狗的關係也會有代價。我們慢慢調適接受，相較於牠帶給我們的歡樂、愉悅、保護和陪伴，這一切都很值得。我們花在這隻狗身上的錢，加上牠摧毀的東西，足以買艘小遊艇，但是，有什麼遊艇會每天在門口迎接你回家？它們又哪能爬上你的膝蓋，或是舔著你的臉，與你共乘雪橇衝下山坡？

馬利在我們家的一席之地是牠掙來的，牠就像舉止滑稽，受全家喜愛的小叔叔。牠永遠無法成為靈犬萊西、狗偵探班吉，或是忠犬老黃狗，也沒辦法參加西敏寺狗展，或甚至是鄉下的狗展，這些我們都知道，我們接受牠的本性，更愛牠的單純。

『你這老頭子！』那一天，我在路邊對牠說，抓抓牠的脖子。到我們的目的地舊公墓還要再爬一個山丘，但正如我漸漸體會出的人生哲理：過程比目的地重要。我蹲下

來，雙手梳過牠的兩側，說：『我們先坐一下。』等牠休息夠了，我們回頭，走下山丘，朝回家的方向前進。

23 家禽遊行

那年春天，我們決定要試試養家禽或家畜。我們現在擁有八十公畝的土地，所以跟幾隻動物一起分享土地似乎再正常也不過，而且我是《有機園藝》的編輯，這個雜誌長期以來一直很鼓勵動物（以及牠們的糞肥）加入欣欣向榮、生態平衡的菜園。『養隻乳牛也不錯。』珍妮提議。

『養牛？』我反問。『妳瘋了嗎？我們連農舍都沒有，要怎麼養牛？妳要養在哪裡？車庫裡嗎？』

『那養綿羊呢？』她說。『綿羊很可愛呀！』我用經過長期訓練的『別異想天開』眼神，瞪她一眼。

『山羊呢？山羊很棒呢！』

最後，我們決定飼養家禽，對於不碰化學藥劑和肥料的園丁來說，養雞有很多好處。牠們不會太花錢，也不需要太多照顧，只要一個小欄舍，每天早上幾杯碎玉米粒，就很滿足了。牠們不只提供新鮮雞蛋，而且放牠們出來閒晃時，牠們會整天辛勤地查遍

每吋土地，啄起蟲子和幼蛆，吃掉壁虱，雞爪刮過土壤，就像效能強大的旋轉碎土機，而且行經之處，還會留下營養豐富的雞糞肥沃土壤。太陽西下時，牠們就會回到自己的雞舍。這麼好，去哪兒找？雞是有機園丁最好的朋友，養雞當然是最好的選擇，而且正如珍妮指出的，牠們的『可愛指數』也及格。

就這麼決定。珍妮跟一位學生家長很友好，她家是農場，她一口允諾下一批雞仔孵出時，會拿幾隻送我們。我把我們的打算告訴挖土機，他也同意養幾隻母雞是個好主意。挖土機自己有個大雞舍，他養了一群雞，取蛋也取肉。

『有件事一定要注意，』他肥厚的手插在胸前，說，『無論如何，絕對不能讓孩子給牠們取名字。一取名字，牠們就不是家禽，而是寵物。』

『沒錯。』我說。我知道，養雞絕對不能投入個人感情。母雞可以活十五年以上，但只有最初幾年能夠孵蛋，等牠們停止孵蛋，就是燉雞湯的時候，飼養家禽就是如此。

挖土機用力盯著我，彷彿已經預測到我會遭遇的阻力，又再說一次：『只要命名，就沒完沒了。』

『當然，』我同意。『絕不命名。』

第二天晚上，我下班回家，把車停進車道，三個孩子從家裡衝出來歡迎我，每個人都抱著一隻剛出生的小雞。珍妮跟在他們後面，自己也抱著一隻。她的朋友唐娜在下午

時把小雞送過來。牠們都還不滿一天大，歪著頭看我，彷彿在問：『你是我媽咪嗎？』

派崔克第一個宣佈消息。『我要叫牠羽毛！』他喊。

『我的叫小小。』康諾說。

『我企芙芙。』可琳跟著說。

我用疑惑的眼光看著珍妮。

『飛飛，』珍妮說。『她的小雞叫飛飛。』

『珍妮，』我質疑。『妳忘了挖土機是怎麼說的嗎？這些是農場家禽，不是寵物。』

『喔，得了吧，農夫約翰，』她說。『你和我一樣清楚，你不可能傷害任何一隻小雞，你看看牠們多可愛！』

『珍妮！』我氣急敗壞地說。

『喔，差點忘了，』她舉起手中的雞，『這是雪莉。』

羽毛、小小、飛飛和雪莉住在廚房流理台上的箱子裡，一顆電燈泡掛在上面，讓牠們取暖。牠們吃，牠們拉，又再吃，並以驚人的速度成長。這些小雞來我們家幾週後，有天破曉前，我被一個聲響吵醒。我坐起來仔細聆聽，樓下傳來像咳嗽的虛弱聲音，有點低沉沙啞，比較像是結核病患的咳嗽，不太像在宣示領土。聲音又傳來一次：**咕咕咯咯叩！**幾秒鐘後，傳來了答覆，同樣像咳嗽，但很清楚：**庫庫嘎嘎叩！**

我搖搖珍妮，等她睜開眼睛時，我問她：『唐娜帶小雞過來時，妳有問過她，有沒有檢查是不是母雞嗎？』

『可以這樣做嗎？』她問，然後翻過身，又睡著了。

這叫公母鑑別。經驗老到的農夫能夠在檢查過雛雞後確認性別，正確率約百分之八十。在農畜中心，鑑定過公母的雛雞價錢較高，買性別不明的『無鑑別』雛雞比較便宜。你可以賭賭看，如果是公雞，在長大後就宰來吃，如果是母雞就養來生蛋。當然，選擇在無鑑別上下注，前提是你要有膽子宰雞，把拿到的多餘公雞除去。養過雞的人都知道，一窩裡有兩隻公雞就太多了。

結果，唐娜沒有想過要鑑別四隻小雞的性別，其中三隻『下蛋的母雞』是公雞。廚房流理台上的雞群等於是美國的少年鎮[19]。但公雞的問題是，牠們沒辦法屈居於其他公雞之下。你以為只要公母的數目相當，牠們就會自行配對，找到心靈伴侶，過著幸福美滿的日子，那你就大錯特錯。公雞會不斷打鬥，血腥殘殺，決定誰是雞窩的老大，勝者全拿。

隨著牠們慢慢長大，三隻公雞開始張翅、啄咬，而且因為我還在趕工完成牠們的雞舍，所以牠們仍住在廚房。公雞受腎上腺素激發的啼叫聲簡直像要把喉嚨叫破，非常讓人受不了。我們唯一的母雞雪莉可憐兮兮的，負荷過重，她得到的關愛，比天下第一豪

放女想要的還要多太多。

我本以為公雞無時無刻的咕咕叫會讓馬利瘋掉。在牠年輕時，院子裡一隻小鳥清脆的叫聲，就可以讓牠在窗戶間衝來衝去，狂吼亂叫，跳上跳下的。但三隻公雞在狗盆的附近啼叫，好像對牠毫無影響，甚至牠似乎不知道牠們的存在。公雞的叫聲愈來愈大，清晨五點開始，從廚房傳到屋子各角落。**咕咕咯咯叩！**在一片吵鬧聲中，馬利還是繼續呼呼大睡。這時我開始懷疑，或許牠不是不在意雞叫，而是牠聽不到。有天下午，牠在廚房午睡時，我走到牠後面說：『馬利？』沒有反應。我再放大音量，『馬利！』沒有反應。我用力拍手，大吼：『**馬利！**』牠抬起頭，茫然看著四周，耳朵豎起來，想要解讀牠的雷達偵測到的訊息。我又重複一次，用力拍手和大吼牠的名字。這一次，牠的頭多轉了一點，眼角餘光瞄到我站在牠身邊。**喔，是你啊！**牠跳起來，搖著尾巴，很開心（而且顯然很驚訝）看到我。牠靠著我的大腿歡迎我，畏怯地看了我一眼，彷彿在問：**你幹嘛偷偷摸摸嚇我啊？**我的狗看來是聾了。

這解釋了一切。最近幾個月，馬利似乎對我不理不睬，跟以前完全不同。我叫牠過

⑲少年鎮（Boys Town）：美國內布拉斯加州的小城鎮，專門收容無家可歸的少年，因而得名。

來，牠連看都不看我一眼。晚上睡覺前，我會帶牠出去，牠會在院子裡不斷地嗅，不理我叫牠回來的口哨聲和呼喚聲。在起居室睡在我的腳邊時，有人按電鈴，牠眼睛連睜也沒睜。

馬利的耳朵在牠小時候就問題不斷，跟許多拉布拉多犬一樣，牠的耳朵容易發炎。我們花了不少錢在抗生素、藥膏、清潔液、滴劑和看診上，為了治療牠的耳炎，甚至還做了耳道縮短手術。在我們養了無法忽略牠們存在的公雞前，我從未想過長年的耳炎問題在我們的狗身上已留下後遺症，現在牠逐漸進入寧靜的世界，所有聲音都被掩蓋住，成了遠方的私語。

牠其實也不介意。馬利的退休生活很愜意，重聽似乎也不會妨礙牠悠閒的鄉村生活。真要說的話，耳聾對牠來說是件好事，牠現在終於有了醫生證明，准許牠違抗所有指令。畢竟如果聽不到，要怎麼服從指令？即使我總是一口咬定牠是隻大笨狗，但我發誓牠知道要怎麼利用耳聾的好處。把一塊牛排丟到狗盆裡，牠還是會從另一個房間小跑步過來——牠還是有辦法聽到肉塊落在金屬上那種厚重滿足的掉落聲。但如果牠想要去別的地方，你要牠過來，牠會快活地愈走愈遠，甚至不會像以前一樣，至少回頭內疚地看你一眼。

『我認為那隻狗在唬弄我們。』我告訴珍妮。她也覺得牠的重聽問題好像有選擇

性，但每次我們測試時，偷偷走到牠身邊用力拍手，大喊牠的名字，牠都毫無反應，而每次我們丟食物到狗盆裡時，牠就會衝過來。似乎除了最正中牠下懷的聲音——或是更精確地說，除了最正中牠『胃』懷的晚餐聲音之外——其他聲音牠都聽不到。

馬利從小以來都無法填飽肚子，我們不只每天給牠好幾大匙的狗食——足夠讓一個吉娃娃家族飽食一週的食量——也開始放手替牠加餐飯，給牠吃剩菜，違反我們讀過的養狗指南建議。我們知道剩菜會讓狗挑食，只吃人的食物，不吃狗食。（想想要在吃剩一半的漢堡和乾狗糧間做選擇，我們能責怪牠們嗎？）剩菜會造成犬類肥胖問題，特別是容易發胖的拉布拉多，尤其是在步入中老年後。有些拉布拉多，特別是英國種的，成年後長得圓滾滾的，彷彿有人用打氣機給牠們充氣，好在梅西百貨⑳的感恩節遊行上飄過第五大道。

但我們的狗不是如此，馬利雖然有很多問題，但肥胖不包括在內。不管牠吃進多少卡路里，牠總是會燒掉更多。那些壓抑不住的蓬勃活力需要耗掉龐大的能量。牠就像是高壓電廠，快速將攝取的每公克能量轉化成純粹的原動力。馬利的體格相當耀眼，是那

⑳梅西百貨（Macy）：紐約市最老牌的百貨公司，其一年一度舉辦的感恩節大遊行是紐約市的年度盛事。

種遛狗人會停下來稱讚的耀眼。以拉布拉多來說，牠的體型很巨大，一般品種的公犬約三十到三十六公斤，但牠還要大上許多。即使牠漸趨老邁，牠身上的肉絕大部分仍是肌肉——四十四公斤有稜有角的肌肉，連一公克的肥肉也沒有。牠的胸腔約一個小啤酒桶大，但肋骨在皮毛下伸展，中間沒有肥肉墊著。我們不擔心肥胖，而是相反的問題。在我們離開佛羅里達前，去傑伊醫生的診所看診時，珍妮和我多次提到相同的困擾：我們餵給牠超大量食物，但牠還是比大多數拉布拉多瘦，而且永遠一副餓壞的樣子，甚至在吞完一大桶像給馱馬吃的乾狗糧後，牠又餓了。我們應該慢慢減少牠的食量嗎？傑伊醫生的反應都一樣：伸手觸摸馬利光滑的腹部兩側，馬利立即在擁擠的檢驗室亂跑，享受拉布拉多脫逃犬的逍遙之旅。他告訴我們，從體型來看，馬利的狀況很完美。『只要繼續照原來的分量餵就好。』傑伊醫生會這麼說，然後，馬利會衝入他的兩腿間，或是奪走診療台上的棉花球，這時傑伊醫生會補上一句：『我想我不需要告訴你，像馬利這麼好動也會燒掉不少熱量的。』

每天晚上我們吃完晚餐，要餵馬利時，我會把牠的狗盆裝滿飼料，接著看看有什麼好吃的剩菜，隨意拋進一些。有三個小孩上餐桌，吃剩的食物自然很豐富——麵包屑、牛排邊、油汁、雞皮、肉汁、米、紅蘿蔔、黑棗泥、三明治、擺了三天的義大利麵——全都丟進了狗盆。我們的寵物或許行為像宮廷小丑，但牠用的膳食豪華得就像王公貴

族。我們不給牠吃的食物只有那些我們知道對狗不健康的，像是乳製品、甜食、馬鈴薯和巧克力。我受不了那些特地買人吃的食物給寵物吃的人，但給馬利的飼料加入反正都要扔掉的剩菜，讓我覺得自己很節儉——不浪費、無欲求——也很慈悲，我只是幫從不挑嘴的馬利脫離無止無盡的狗食地獄。

馬利如果不是在扮演家庭垃圾處理機的角色，就是在食物不小心掉到地上時，擔任緊急處理員。對於我們的狗來說，沒有什麼清不乾淨的碎屑。如果有個孩子翻倒一盤肉丸義大利麵，我們只需要吹口哨，在旁邊等著，看著我們可靠的『乾濕兩用吸塵器』將每根麵條吸乾淨，把地板舔得閃閃發亮。滑落的豆子、掉下的芹菜、滾開的通心粉、濺出的蘋果醬，不管是什麼都行，只要掉到地上，它就成為歷史。我們的朋友甚至難以相信，牠還會猛嚼沙拉的菜葉。

食物也不一定要掉到地上才會落進馬利的胃裡。牠是個技巧高超的無恥小偷，大多是偷襲毫無防備的孩子，而且總是會先確定珍妮和我沒有在注意。對牠來說，生日派對是大豐收的時候，牠會在一群五歲小孩間巡遊，無恥地從小手裡搶走熱狗。有次生日派對，我們估計牠大概拿了三分之二的生日蛋糕，趁孩子們把紙盤擺在大腿上時，一個接一個叼走。

不管牠吃下多少食物，透過合法或非法管道，牠就是不滿足。等牠聾了，我們其實

沒有很訝異牠唯一能聽到的聲音是：甜美的、柔軟的食物掉落聲。

有天我下班回家，發現屋子空盪盪的。珍妮和孩子都出去了，我叫馬利，但沒有回應。我去樓上找牠，沒人在家時，馬利有時會到樓上睡覺，但牠不見蹤影。我換好衣服，走到樓下，發現牠正在廚房裡做壞事。牠背對著我站起來，前腳和胸口靠在廚房的桌子上，正在吞剩下的烤乳酪三明治。我一開始的反應是大聲責備牠，但我改變主意，決定走過去，試試看要走得多近，牠才知道被逮到了。我躡手躡腳地到牠身後，走到手能碰到的距離。牠在嚼麵包時，不斷朝車庫門的方向看，因為牠知道珍妮和孩子隨時會回來。門一打開，牠就會躲到桌子下，躺在地上假裝睡著。顯然牠沒想到，爸爸也可能會回來，而且還有可能偷偷從前門進來。

『嘿，馬利？』我用正常的音量問。『你在做什麼？』牠仍繼續吃三明治，完全沒察覺我的存在。牠的尾巴只有稍稍搖晃，代表牠以為沒人在家，牠能夠大吃一頓，沒人會發現。顯然牠覺得很得意。

我用力咳嗽，清清喉嚨，但牠還是沒聽到。我做出啾啾的親吻聲，還是沒反應。牠清空三明治，用鼻子把盤子推開，接著往前伸，準備吃另一個盤子留下的麵包屑。『你真的是一隻很壞的狗耶！』看著牠大嚼，我說。我彈了手指頭兩次，牠張開的嘴巴突然僵住，瞪著後門看。**那是什麼？剛剛那是車門關起來的聲音嗎？**過了一會兒，牠說服自

己，不管那是什麼都無關緊要，又繼續偷吃。

這次我伸手敲敲牠的臀部，這個動作簡直像點燃炸藥，這隻老狗嚇得幾乎要跳出自己的厚毛，牠倏地往後跳開，遠離桌子，然後牠看到我，立刻趴到地上，翻過身露出肚子，向我臣服。『抓到你了！』我告訴牠。『你這個現行犯。』但我沒心情責備牠。牠這麼老，又聾了，已經無法洗心革面，我不打算改變牠。偷偷逮住牠確實很好玩，我在牠嚇一跳時大笑出來。現在牠躺在我腳邊乞求原諒時，我只覺得有點悲哀，我猜我一直暗自希望牠真的在裝聾。

雞舍終於建好，我用三夾板搭好牆和屋頂，再加上像吊橋的板子，晚上可以拉起來擋住掠食者。唐娜好心地收回兩隻公雞，換給我們兩隻母雞。我們現在有三隻母雞，與一隻睪丸素分泌旺盛的公雞。這隻公雞醒來只做三件事：追求性愛，享受性愛，咕咕叫炫耀剛享受的性愛。珍妮評論，如果男人可以隨心所欲，不受社會拘束，放縱自己的原始本能，八成就是像公雞這樣。我沒辦法反駁，我得承認，我有點羨慕這隻幸運的傢伙。

我們每天早上讓雞在院子裡散步。馬利英姿煥發地追逐牠們幾次，牠全力衝刺，吼了幾聲，但跑了十幾步後就失去興致，停了下來，彷彿牠體內深處的基因編碼不斷送給牠訊息：『你是拾獵犬，牠們是鳥，你不覺得該追牠們嗎？』但牠就是沒有那個心。雞

很快就學到這隻龐大的黃色野獸對牠們沒有任何威脅，頂多有點討厭而已，馬利也學會和這些新來的、有羽毛的入侵者瓜分院子。有一天我在菜園除草時，抬頭看到馬利和四隻雞走在菜圃上，朝我的方向走過來，就像是排好隊。雞隻邊走邊啄，馬利邊走邊嗅，看起來就像老朋友們在星期日結伴出門。『你這樣還算是有尊嚴的獵犬嗎？』我責備牠。馬利抬起腳對著番茄樹撒泡尿，然後衝過去加入新朋友。

24

便便間

人可以從老狗身上學到幾件事。日子一天天過去，馬利的病痛不斷增加，讓我們領會到生命終究是短暫而有限的。珍妮和我尚未邁入中年，孩子還很小，我們還很健康，退休的日子對我們來說還是遙遙無期。我們能輕易否定年歲的緩慢增長，欺騙自己我們可以躲過，但馬利不讓我們活在自欺的假象中，看著牠毛色轉淡、喪失聽力、老態龍鍾，我們不能不面對牠終有一天會死去——我們也一樣。歲月悄悄襲擊我們，但卻以駭人冷酷的速度逮住狗。在短短十二年間，馬利從靜不下來的小狗，經歷了尷尬的青少年期，逐漸長成健壯的成狗，漸漸變為步履蹣跚的老狗。牠以約快於人類七倍的速度老化，換算成人類年齡，牠現在是人類的九十歲，位在下坡曲線。

牠白得發亮的牙齒逐漸磨成棕色的小牙，四根尖利犬齒有三根已經不見，有一根是在有次恐懼症發作時，牠想要啃出通往安全之路時斷掉的。牠永遠帶些可疑異味的口氣，現在散發出太陽烤過的垃圾桶的臭味。牠開始喜歡上一種相當有價值的精緻佳餚，又名雞屎，這對牠的口臭沒有任何幫助。看牠大口吞下那些東西，就像在吃魚子醬一

樣，讓我們覺得噁心至極。

牠的消化系統也不比當年，現在牠跟甲烷工廠一樣常排氣。有些時候我敢發誓，如果我點燃火柴，屋子會立刻爆炸。馬利能夠用無聲的致命毒氣淨空房間，而且牠排出毒氣的次數似乎與上門的晚餐客人數目呈正比。『馬利！又來了！』孩子們會一起放聲尖叫，率先逃走，有時候甚至連牠自己都會被薰走。在牠睡得很沉時，臭味溢進牠的鼻孔，牠會霎時睜開雙眼，額頭皺起來，彷彿在問：『我的老天？這是誰幹的？』接著牠會站起來，默默走去另一個房間。

牠不是在放屁，就是在外面大便，或至少打算要大便。牠對於大便地點的挑剔已經到達強迫症的境界。每次我放牠出去，牠花在尋找完美位置的時間愈來愈久。牠會來來回回走動，繞來繞去，嗅嗅嗅，停下來，抓一抓，繞圈圈，換到下個地點，同時臉上帶著滑稽的笑容。在牠搜尋每吋土地想找能蹲下來的極樂聖地時，我也站在外面，有時候在雨中，有時候在雪中，有時候在深夜，通常打著赤腳，偶爾只穿四角短褲。我從經驗得知，牠不能獨自在外，無人看管，不然牠可能會繞過山丘，去造訪另一條街的狗。

偷偷溜走已成為牠熱愛的活動。如果有機會，而且認為不會有人發現，牠會立即竄出我們的土地。其實也不能叫竄出，應該是邊嗅邊晃地從一叢樹叢走到另一叢，慢慢不

見蹤影。有天深夜我放牠從前門出去，讓牠在睡前做最後一次解放。冰冷的雨水積在地上，地上的泥濘結成薄冰，我走回屋裡，從門口的衣櫃拿一件擋風外套。等我再走回走道才不到一分鐘的時間，就找不到牠。我走到院子裡，大聲吹口哨和拍手，雖然心裡明知牠聽不到，但我很確定鄰居會聽到。在雨中，我在鄰居的院子搜索了二十分鐘，穿著靴子、雨衣和四角短褲，自成一幅時尚奇觀，我暗自祈禱沒有人的門燈亮著。我找得愈久，怒火愈旺。**到底牠死到哪個鬼地方去了？**但是隨著時間一分一秒過去，我的憤怒轉為焦慮。我想到報紙報導的那些從養老院走失的老人，三天後被發現凍死在雪地裡。我回到家，走上樓叫醒珍妮。『馬利不見了，』我說。『我到處都找過了，現在外面在下雨，冷得半死。』她立刻起床，穿上牛仔褲，套上毛衣和靴子。我們共同擴大搜尋的範圍。我能夠聽到她在山丘的另一邊吹口哨和咕咕叫，而我在黑暗中穿過樹林，有幾分希望牠躺在河床上，昏迷不醒。

最後我們兩個終於會合。『有看到嗎？』我問。

我們都被雨淋得濕透，我露出來的小腿凍得發痛。『走吧，』我說。『先回家取暖，我再開車出來找。』我們下了山，走到車道，這時才看到牠站在車棚底下躲雨，很興奮地迎接我們回家。我真想殺了牠，但我只帶牠進屋裡去，用毛巾擦乾牠，廚房裡瀰漫狗毛淋濕的臊味。深夜的遠行讓馬利筋疲力盡，牠呼呼大睡，一直到隔天快中午時才

醒來。

馬利的視力愈來愈差，現在兔子離牠兩、三公尺遠時，就算當著牠的面跑過，牠也不會發現。牠的毛大量掉落，珍妮被迫要每天吸地板——即使如此，她清理的速度還是跟不上牠掉毛的速度。狗毛滲入家中的每個縫隙，依附在每件衣服上，有時候吃飯還能吃到。牠過去也常掉毛，但原本只是小雪輕飄，現在則是猛烈的暴風雪。牠隨便甩一下身體就會揚起一陣落毛的密雲，飄浮到每件物品的表面。有天晚上我在看電視，腳懸在沙發外，漫不經心地用赤腳摸牠的臀部。廣告時間時我低頭看，發現我搓過的地方附近堆著大約像葡萄柚大的毛團。毛球在木質地板上打轉，像是微風吹過平原，飛揚的風滾草一樣。

最令人擔心的是牠的髖關節，現在幾乎不肯再聽牠使喚。關節炎偷偷找上牠，使牠的關節退化和疼痛。我過去還能像馴野馬一樣騎在牠身上。牠以前有辦法一肩抬起餐桌，然後在屋內狂跑亂跳，現在連抬起自己都有困難。牠躺下時，會痛苦地唉唉叫。用力把自己撐起來時，又要再痛苦一次。我原本不知道牠的髖關節退化得多厲害，直到有天我輕拍牠的臀部一下，牠瞬間倒下，彷彿剛剛中了一記鐵砂掌。牠每下愈況，看了令我心酸。

爬樓梯到二樓對牠來說愈來愈困難，但牠不肯獨自睡在一樓，就算我們在樓梯底下

放了一個狗窩，還是一樣。馬利喜歡和人在一起，喜歡躺在人的腳下，喜歡把頭靠在床墊上，在我們睡覺時對我們喘氣，喜歡在我們洗澡時，把頭穿過浴簾喝水，牠不打算戒掉這些習慣。每天晚上我和珍妮走回臥室時，牠會在一樓的樓梯旁哀叫、尖鳴，繞著樓梯走，在鼓起足夠勇氣後，伸出前掌試著走出上樓梯的第一步，在不久之前，上樓梯還很輕鬆的。我會站在樓梯頂部鼓勵牠：『來，馬利，你一定做得到。』過了幾分鐘後，牠會跑到角落去，想要衝刺跑上來，接著牠全速衝上來，前肩扛起大部分的重量。有時候牠會成功，有時候牠會半路沒力，必須跑回下面，重來一次。最悽慘的情況就是牠踏空的時候，牠會很不光彩地滑下階梯，腹部貼著地板。牠太大隻，我抬不動，但我愈來愈常要跟在牠後面，幫助牠，牠用前腳往上跳一階時，我就在後面抬起牠的臀部，往上推。

因為現在爬樓梯對牠來說是件挑戰，我以為牠會減少上下樓梯的次數。但我太高估牠的常識了，即使爬上階梯要費盡千辛萬苦，但是只要我走回樓下，可能是要拿一本書或把燈關掉，牠也會立刻跟上，咚咚咚地走在我後頭；幾秒鐘後，牠又要經歷一次爬樓梯的酷刑。在牠上樓睡覺後，珍妮和我下樓時總要偷偷摸摸的，以免牠想要跟我們下來。我們本以為瞞著牠偷跑下來是件簡單的事，畢竟牠近乎全聾，而且牠睡得愈來愈久、愈來愈沉。但在我們偷跑掉時，牠似乎都能察覺。我在床上讀書，牠在床邊的地板熟睡，鼾聲隆隆。我小心翼翼地拉開被子，慢慢滑到床下，再躡手躡腳地走出房間，回

頭看看，確定我沒有吵醒牠。結果我才在樓下沒幾分鐘，就聽到牠踩在樓梯上的沉重腳步聲，過來找我。牠或許已全聾半瞎，但牠的雷達顯然還很管用。

不只在晚上如此，早上也是一樣。我在廚房的餐桌旁看報紙，馬利窩在我腳旁睡覺，如果我站起來，走到廚房的另一端倒咖啡，就算我還是在牠的視線內，而且會立刻走回原位，牠還是會費盡全力站起來，步履蹣跚地走過來，跟我在一起。牠才在咖啡機旁，舒服地躺在我腳邊，我又要坐回餐桌，牠又會拖著自己，找個好位子躺下。過了幾分鐘，我會走進起居室、打開音響，牠會掙扎著站起來跟著我走，繞來繞去，好不容易找到滿意的地點，發出滿足的嘆息聲，躺在我身邊，我又要走開了。這不是我的專屬待遇，牠也會這樣緊跟著珍妮和孩子。

隨著年歲增長，馬利有些日子的狀況很好，有些日子很糟。牠也會好幾分鐘、壞幾分鐘，間隔極短，有時候很難相信我們看到的是同一條狗。

在二〇〇二年的春天，有個晚上，我帶馬利到院子裡散步一會兒。那天晚上很冷，約攝氏五度，風很大。清涼的空氣振奮我的精神，我開始跑起來，而馬利正好也想要玩，在我身邊奔跑，就像過去一樣。我甚至大聲對牠說：『你看！馬利，你還是有點小狗的精神嘛。』我們一起跑回大門，牠的舌頭垂下來，開心地喘氣，雙眼炯炯有神。

在爬門廊的小斜坡時，馬利嘗試一次跳兩階——但牠要起跳時，後臀卻垮了下去，牠卡在一個尷尬的位置，前腳搭在頂端，腹部躺在階梯上，臀部攤在走道上。牠保持那樣的姿勢抬頭看著我，彷彿很疑惑怎麼會陷入這麼困窘的模樣。我吹口哨，拍我的大腿，牠奮力揮舞前腳想要站起來，但一點用也沒有，牠就是沒辦法把臀部抬起來。『加油，馬利！』我大叫，但牠動不了。最後，我從牠的前胸下抓起牠來，把牠翻過去，讓四隻腳都在地面上。試了幾次後，馬利站了起來，牠往後退，猶疑地看著階梯幾秒鐘，然後全力衝進屋子裡。從那天起，牠昔日自封為爬樓梯冠軍的自信受到重大打擊。現在，每次要爬那兩階短斜坡，牠一定會先停下來，苦惱地看著。

毫無疑問，老化是種折磨，而且是尊嚴掃地的折磨。

馬利讓我警覺到人生的短暫，歡樂稍縱即逝，機會錯過就無法回頭。牠提醒我，人生的黃金時期只有一次，不能重來。不久前，你還遊進海裡，自信今天一定會抓到海鷗，現在你連低頭喝水盆的水都十分困難。如同派崔克・亨利㉑，我只是平凡的世人，

㉑派崔克・亨利（Patrick Henry，一七三六—一七九九）：美國開國元勳，名言是『不自由，毋寧死』。

只有一生好活。有個問題不斷冒出來：我把生命耗在園藝雜誌幹嘛？我的工作並非毫無優點，我很自豪我為這份雜誌帶來的改變，但我極度想念報社。我想念看報紙的人和寫新聞的人。我想念過去參與編輯每日頭條的日子，覺得自己能以微小的力量改變世界。我想念趕截稿期限時激發的腎上腺素，以及第二天早上醒來看到電子信箱擠滿對我的文字的回應時，由內發出的滿足感。我最想念的是說故事。我納悶當初為什麼我會放棄這麼適合我的工作，涉入管理雜誌的兇險波濤。預算拮据、廣告壓力沉重、人事問題，以及沒人能體會的幕後編輯辛酸。

我與一位前同事閒聊時，聽說《費城詢問報》在徵求都會版專欄作家，我毫不遲疑地抓住這個機會。專欄作家的職位很稀少，而且即使在小型報社，如果有空缺幾乎都是由內部調人，這是給資深員工的獎賞，因為他們證明了自己的報導能力。《費城詢問報》的聲譽崇高，贏過十七座普立茲獎，是美國的最佳報社之一。我是《費城詢問報》的崇拜者，現在報社編輯竟想和我見面，我甚至還不用搬家，走賓州高速公路，只要四十五分鐘車程就能到我的新辦公室，還在能忍受的通勤時間內。我不太相信奇蹟，不過這個機會實在太完美了，簡直不像真的，就像上天的旨意。

在二〇〇二年十一月，我換掉園藝服，交換《費城詢問報》的記者證。那天很可能是我最開心的一天，我回到屬於我的地方，重回新聞室崗位，擔任專欄作家。

我到報社工作了才幾個月，就遇到二〇〇三年的第一波大風雪。雪花在星期日晚上飄落，第二天停止時，八十幾公分厚的雪覆滿地面。我們的社區慢慢地挖出連外道路，孩子停課三天，我在家裡寫專欄。我向鄰居借了吹雪機清出車道，並在大門前開了一條狹窄的通道。我知道馬利絕對沒辦法攀過雪牆進去院子裡，更別提出了小徑後必須應付的厚厚積雪，所以我清出一塊牠專用的『便便間』——套用孩子的稱呼。我在大門的走道挖出一小塊地方，讓牠大小便。但我叫牠出來試試新設施時，牠只是站在那塊地上，狐疑地嗅著雪。牠對於哪裡是回應自然呼喚的合適地點有相當獨特的看法，而這個地方顯然不符合牠的標準。牠願意抬起腿尿尿，但這是牠的極限。**在這裡大便？在觀景窗正前方解放？你是認真的嗎？**牠轉身，用力舉起身子，爬上滑溜溜的前廊階梯，回去家裡。

那天晚上吃完晚餐後，我又帶牠出來，這一次馬利可不能再等了，牠一定要排便才行。牠緊張地在挖開的走道上走來走去，走去便便間，又走到車道，聞著雪，挖挖凍結的土壤。不，**這裡不行**。我還沒來得及阻止牠，牠竟然爬上吹雪機堆出的雪牆，翻過去，走過院子，朝著二十幾公尺外的銀白松樹林走去。我不敢相信我的眼睛，那隻有關節炎、滿身病痛的老狗，竟然開始雪地長征。牠每走幾步，臀部就會塌下來，讓牠陷入雪裡，牠趴著休息一會兒，再用力掙扎站起來，往前邁進。牠忍著痛，緩慢穿過深厚的

雪，靠著牠仍很強壯的肩膀將身體往前拉。我站在車道上，想著等牠被困住，不能再前進時，我要怎麼拯救牠。但牠一步步往前拖，終於到達最近的松樹。我頓時領悟這隻狗心裡的盤算，牠是有計畫的。松樹的枝幹密集，擋住大部分的雪，樹下的雪只有幾公分厚。那棵樹就像雨傘一樣，在樹下，馬利能夠自由移動，放鬆地蹲下解放。我不得不承認，那真的挺聰明的。牠習慣性地繞著圈，抓抓地面，想要找出適合獻上每日供品的神殿。然後出乎我意料的，牠放棄了舒適的庇護所，又回到雪地裡，往下一棵松樹前進。第一個地點看起來很完美，但顯然沒辦法通過牠嚴苛的標準。

牠步履維艱地走向第二棵樹，但在繞了許多圈後，又否決了這個地點。因此，牠又朝第三棵樹走，接著是第四棵、第五棵，離車道愈來愈遠。我試著叫牠回來，雖然我知道牠不可能聽到。『馬利，你會被困住的，你這大笨狗！』我大喊。但牠只是一心一意地往前挖，不斷尋尋覓覓。最後，牠走到我們的土地上的最後一棵樹，一棵巨大的針葉樹，密密麻麻的枝幹構成一張大傘，接近孩子等校車的地點。牠發現那裡的凍結土壤正是牠要的，不但隱密，且幾乎沒沾到雪。繞了幾次後，牠老舊、損壞的、嚴重關節炎的臀部搖搖晃晃往下垂。牠終於獲得解放，太讚了！

任務完成後，牠踏上回家的遙遠旅程。當牠掙扎在雪地上前進時，我揮舞手臂，用力拍手鼓勵牠。『加油，往前走！你可以的！』但我看出牠已經累了，可是牠還有一大

段路要走。『不要停下來！』我大喊。離車道十幾公尺的地方，牠還是停下來。牠沒力了，筋疲力盡地躺在雪裡，看起來似乎不是很痛苦，但也沒有很舒服。牠擔心地朝我看了一眼。現在要怎麼辦，主人？我不知道，我可以穿過雪地到牠身旁，然後呢？牠太重了，我沒辦法抬起牠。我站在那裡幾分鐘，又叫又哄，但馬利動也不肯動。

『等等，』我說。『我去穿靴子，再來帶你。』我突然想到我可以把牠抬到平底雪橇上，把牠拉回去。牠一看到我拿雪橇過來，我的麻煩就省了。牠跳起來，充滿活力。我只能揣測，牠還記得我們滑進樹林裡、翻過小溪岸的那件不堪往事，而且希望能再來一次。牠步履維艱，吃力地朝我跑過來，就像困在流沙裡的猛獸。我邁入雪地裡，邊走邊為牠壓出一條小徑，牠一步步前進，我們終於在雪牆那裡滾成一團，一起回到車道。牠用力將雪搖下，尾巴用力拍我的膝蓋，開心地亂跑，既淘氣又得意，牠的氣勢就像剛剛從未探勘過的荒野冒險歸來的探險者：我竟然敢懷疑牠?!

第二天早上，為了牠，我挖出一條通往最邊緣的針葉樹的小徑，那個冬天，馬利把那個空間當作是牠專屬的化妝間。危機已經解除，但是更大的問題仍然存在。牠還能這樣撐多久？老年的痛苦和困窘，何時會取代牠在慵懶好眠的日子裡找到的純粹滿足感？

25 戰勝機率

學校放暑假時，珍妮帶著孩子開車去波士頓的姊姊家玩一週，我留下來工作。在我上班時，沒人在家陪馬利和帶牠去散步。老化讓牠陷入眾多難堪的處境，其中最困擾牠的就是：愈來愈無法控制排泄。儘管馬利有各種不良行為，但牠的如廁習慣總是一百分，這一點是我們能夠大加炫耀的。在牠只有幾個月大時，牠從未在屋子裡大小便，就算獨自在家十小時或十二小時也一樣。我們常開玩笑說，牠的膀胱一定是用鐵做的，腸子一定是石頭做的。

最近幾個月，情況有了變化。牠忍不了幾個小時，如果感到便意或尿意，牠就一定要排出來。如果沒人在家帶牠出去，牠別無選擇，只能在家裡上。這讓牠痛苦得想死，我們只要一踏入家門，就能知道牠在家裡大小便。牠不會興奮地在門口迎接我們，而是站在遠遠的角落，頭幾乎垂到地面，尾巴夾在兩腿間，渾身散發羞愧之意。我們從未因此懲罰牠，我們哪能這麼做呢？牠現在將近十三歲，對拉布拉多來說已經非常高壽。我們知道牠沒辦法忍住，牠似乎也知道我們的想法。我相信如果牠能講話，牠會坦承牠感

到多丟臉，並向我們保證牠真的非常努力地忍住。

珍妮買了一台地毯蒸氣清潔機，我們重新安排作息，確保我們不會同時離家超過兩、三個小時。珍妮會在學校的志工工作結束後，衝回家裡放馬利出來。我會在邀請朋友來家裡吃飯時，在主菜和點心的空檔帶牠去散步。當然，馬利盡其所能地拉長時間，聞遍院子的每吋地，不斷打轉。我們的朋友常嘲笑說，到底誰是葛羅根家真正的老大？

珍妮和孩子出門時，我知道我會在外面待很長時間。我想趁這次機會，下班後在外遊蕩，去附近繞一繞，探索我要描寫的城鎮和社區。加上我的長時間通勤，每天會離家十到十二個小時，馬利絕對不可能撐那麼久，甚至連一半的時間都不可能。我們決定讓牠寄宿。我們一家在暑假旅遊時都會帶牠去當地的一家犬舍寄宿，它還附設一間大型獸醫院，雖然不能提供貼心的個人化服務，但至少有專業的服務水準。每次我們去那裡，檢查的醫生都不同，他們完全不瞭解馬利，只知道病歷表上的資訊，我們連醫生叫什麼名字都不知道。在佛羅里達，我們熱愛的傑伊醫生對馬利的認識幾乎和我們一樣深，到搬家的時候，他已經成為我們家的好朋友。這裡的醫生全都是陌生人——即使稱職，仍然是陌生人，不過馬利似乎不介意。

『扭扭要去狗狗夏令營！』可琳興奮地尖叫，而牠活潑的模樣彷彿真要去夏令營的樣子。我們開玩笑地編排犬舍員工會幫牠設計什麼活動：九點到十點是挖洞時間；十點

十五分到十一點是撕碎枕頭時間；十一點零五分到中午是翻垃圾桶時間。我在星期天晚上載牠到犬舍，留下手機號碼給櫃台人員。馬利寄宿時似乎都無法全然放鬆，即使在傑伊醫生診所的熟悉環境也是如此。我總是有點擔心。每次寄宿回家後，牠似乎變得更削瘦，鼻頭磨破皮，因為牠在籠子裡很焦躁，不斷用鼻子磨籠子的鐵柱。一回家，牠就會倒在角落熟睡好幾個小時，彷彿牠成天睡不著，所有時間都在籠裡走來走去。

星期二早上，我在費城市中心的獨立會堂附近時，我的手機響了。『請問您能和某某醫生說話嗎？』一位犬舍的女性員工說。又是一位我從沒聽過名字的獸醫。幾秒鐘後，醫生接過電話。『馬利的情況很危急。』她說。

我的心跳瞬間加速。『很危急？』

獸醫說馬利的胃脹滿了食物、水和空氣，然後因為膨脹擠壓之故，整個翻轉過來，導致胃裡的東西堵住了。氣體和其他內容物都無法排出，導致胃部腫大，使牠陷入痛苦的生死攸關絕境，稱為『胃扭轉』。她說，這種情況需要進行手術，如果不治療，在幾小時內就會死亡。

她說她已在牠的喉嚨裡插管，釋出大部分聚集在胃部的氣體，腫大的情況已經改善。藉由操控胃管，她已經讓扭轉的胃回到原位，她用的字眼是『把胃翻回來』，牠現在注射了鎮靜劑，正在熟睡中。

『這是件好事，對嗎？』我謹慎地問。

『但這只是暫時的，』醫生說。『我們讓牠脫離險境，但是只要胃翻轉過，幾乎都會再復發。』

『「幾乎都會」的機率有多大？』我問。

『這麼說吧，只有百分之一的機會，牠的胃不會再翻過來。』她說。**百分之一？我的天，我心想，牠進哈佛的機率都比較高。**

『百分之一？只有百分之一？』

『抱歉，』她說。『這是非常嚴重的症狀。』

如果牠的胃再翻過來（而且她是用非常肯定的語氣告訴我），我們只有兩個選擇。一是開刀，她說她會剖開牠的肚子，用縫合線把胃固定在腹腔中，防止再度翻轉。『手術要花兩千美金。』她說。我倒抽一口氣。『而且我要告訴你，這是侵入性非常高的手術，對牠這個年紀的狗來說，很難捱過去。』假如牠能撐過手術，術後的恢復期也非常痛苦漫長。她解釋：有時候，像牠這樣的老狗，沒辦法活過手術造成的創傷。

『如果牠只有四歲或五歲大，我會說一定要開刀，』獸醫說。『但在牠這個年紀，你要好好想想是不是要讓牠接受這些折磨。』

『如果有其他選擇的話，』我說。『另外一個選擇呢？』

『第二個選擇是，』她說，稍微遲疑一下。『讓牠安樂死。』

『喔！』我說。

我一時之間無法消化這些資訊。五分鐘前，我還在走去自由鐘的路上，心想馬利現在應該是被犬舍放出來散步，開心地放鬆。現在，他們要我決定牠的生死。我從來沒聽過她說的這種症狀，後來我才知道，胃脹大是某些犬類的常見疾病，特別是胸腔大的狗，例如馬利。狼吞虎嚥的狗更是高風險族群，馬利也屬於這一類型。有些狗主懷疑在犬舍寄宿的壓力會誘發胃脹大，但之後我與一位獸醫學教授談過，他說他研究發現寄宿壓力和胃脹大兩者間沒有關連。跟我通話的獸醫也承認，馬利在犬舍能接近其他狗，讓牠太過興奮，可能是導致胃翻轉的病因。牠跟平常一樣大口吞下飼料，而且因為跟其他狗相處，讓牠大力喘氣，大量流口水，可能因此吞入太多空氣和口水，使胃部往前後拉長，提高翻轉的風險。『我們能夠先觀察嗎？』我問。『或許不會再發生。』

『我們現在就是這麼做，』她說。『等待和觀察。』她再強調不復發的機率很小，然後補上：『萬一牠的胃又翻過來，我需要你盡速做決定。我們不能讓牠受苦。』

『我需要和我的太太談一談，』我告訴她。『我會再回電。』

珍妮接起手機時，她在一艘擁擠的遊輪上，與孩子一起遊覽波士頓港。我能夠聽到遊輪引擎的噪音和導遊用擴音器說話的聲音。因為收訊不良，我們的對話斷斷續續，聽

不清楚。我們都沒辦法聽清楚對方在說什麼。我大吼，試著告訴她我們面臨的處境。她只能聽到幾個字：馬利……危急……胃部……手術……安樂死。

另一端陷入沉默。『喂？』我說。『妳聽得到嗎？』

『我聽得到。』珍妮說，然後又默不作聲。我們都知道這一天總會來臨，只是沒料到會是今天。不要在她和孩子出遠門，沒辦法和馬利道別的時候，不要在我人在費城，離牠還有九十分鐘的車程時。等到通話結束時，在持續嘶吼、吶喊與痛苦的沉默後，我們同意真的別無選擇。獸醫是對的，馬利各方面都在衰退，讓牠接受會造成重創的手術，只是為了拖延必然的結果，是非常殘忍的行為。我們也不能忽視高昂的手術費用。每天都有遭人遺棄的狗因為無家可歸而被撲殺，更重要的是，還有小孩因為財力不足，無法獲得適當的醫療照護，如果我們把大錢花在生命已近盡頭的老狗，簡直是令人髮指，近乎不道德的行為。假如馬利的時間到了，那就該放手，我們會讓牠離開世界時保持尊嚴，不感到痛苦。我們知道這是正確的決定，但還沒準備好與牠分開。

我回電給獸醫，告訴她我們的決定。『牠的牙齒一顆顆爛掉，牠已經全聾了，髖關節已經惡化到幾乎沒辦法爬上門廊的小斜坡，』我這樣告訴她，彷彿我需要說服她。『牠連蹲下來排泄都很困難。』

現在，我知道這位獸醫是霍普金森醫師，她想讓我安心。『我想牠的時間已經到

了。』她說。

『我想也是。』我回答，但我不希望她沒先通知我，就讓牠安樂死。如果有可能的話，我希望能陪著牠走過最後一段。『而且，』我提醒她。『我還是期待百分之一的奇蹟。』

『我一小時後再打給你。』她說。

一小時後，霍普金森醫師聽起來稍微樂觀一點。馬利繼續撐著，現在前腳打點滴，正在休息。她把機會提高到百分之五。『我不想讓你有太高的期望，』她說。『牠病得很重。』

第二天早上，她聽起來更開朗。『牠晚上過得很平靜。』她說。我在中午回電時，她已經拔掉腳掌上的點滴，餵牠吃肉粥。『牠餓壞了。』她向我報告。下一通電話時，牠已經自己站起來。『好消息，』她說。『我們的一位員工帶牠去外面，牠有大便和尿尿。』我在電話中歡呼，彷彿牠剛贏得狗展冠軍。然後，她又加了一句：『牠一定覺得好多了，牠剛剛用力在我的嘴唇上親了一下。』沒錯，那就是我們的馬利。

『昨天，我覺得這是不可能的，』醫生說，『但我認為你明天就可以帶牠回家了。』隔天晚上下班後，我就接牠回去。牠看起來糟透了——虛弱又枯瘦，雙眼白濁，黏滿眼屎，彷彿牠才剛剛從鬼門關回來。我想從某方面來講，確實如此。在付了八百

美金的帳單後，我的臉色大概看起來也像生病了。我感謝醫生的精湛醫術時，她回答：『所有員工都很愛馬利，每個人都在為牠加油打氣。』

我帶牠走上車子。對著這隻戰勝百分之九十九復發機率的奇蹟狗，我說：『現在要回去屬於你的家。』牠只是哀怨地看著後座，知道要坐進車裡就跟奧林帕斯山一樣高不可攀。牠甚至試都不試。我找來一位犬舍員工，跟我一起小心翼翼地把牠抬進車裡。我載著牠回家，帶著一盒藥物與嚴格的指示。馬利再也不能一口氣吃完一大碗狗食或是舔進無限量的水，再也不准把鼻子浸在水碗裡玩潛水艇遊戲。從現在開始，牠一天只能吃四小碗飼料，飲水量嚴格限制——每次只能倒半杯水。醫生希望能用嚴格控管讓胃部保持穩定，不會再膨脹和扭轉。牠再也不能去大型犬舍寄宿，不能再被不斷吼叫、緊張的狗圍繞，我深信這一點是把牠推向死亡線的原因，霍普金森醫師似乎也這麼認為。

那天晚上，在帶牠進入家裡後，我在起居室鋪了睡袋，躺在牠身邊。牠沒辦法爬樓梯到臥房，我不忍心讓牠獨處，不想讓牠覺得無助。我知道如果牠不在我身邊，牠會很焦慮。『我們要換地方睡了，馬利！』我大聲宣佈，然後躺在牠身旁，從牠的頭摸到尾巴，弄掉背部的一大團毛，揚起一陣毛霧。我清乾淨牠眼周的眼屎，然後搔搔牠的耳朵，直到牠開心地嗚嗚叫為止。珍妮與孩子明天就會到家，她會用少量多餐的方式，餵

食牠漢堡肉拌白米飯，將牠寵壞。馬利等了十三年，總算能夠吃到人類的食物，不是剩菜，而是特地為牠烹調的熱食。孩子們會擁抱牠，完全不曉得他們差點再也看不到牠。

明天家裡就會又吵又鬧，充滿生氣，但今晚，只有我們兩個，馬利與我。與牠一起躺在地板上，臭燻燻的口氣直撲我的臉，讓我忍不住想起十幾年前，我從家庭繁殖場帶牠回來時，共處的第一晚，那時牠還是隻哭著找媽媽的幼犬。我還記得我如何把牠的紙盒拖進臥房，從床邊垂下手來安撫牠，維持這種姿勢，沉沉入睡。十三年後，我們又躺在一塊兒，仍是無法分開。我想到牠的幼年與青春期；想到抓爛的沙發與吃掉的床墊；在沿岸水道的狂奔；打開音響，和牠臉貼著臉跳舞。我想到牠吞下的東西和偷走的支票，以及人犬心靈互通的甜美時刻。大多數時候，我想到的是這麼多年來，牠是多麼忠誠與盡職的伴侶，這段旅程充滿回憶。

『老傢伙，你真的嚇壞我了！』我低聲說。牠在我身旁伸展，鼻子伸到我的手臂下，要我繼續摸牠。『我很高興你回來了。』

我們靠著彼此，躺在地板上入睡，牠的臀部一半在我的睡袋上，我的手臂環繞著牠的背。晚上時，牠吵醒我一次，牠的肩膀晃動，狗掌顫抖，喉嚨深處傳出小狗般的吼叫聲，比較像是咳嗽聲。牠在作夢，我想像：在牠的夢裡，牠又再年輕強壯，奮力狂跑，彷彿沒有明天。

26

借來的時間

馬利從死亡邊緣救回來的幾週後，眼神又重現淘氣的光彩，鼻子再度冷濕，身體多長了一點肉。經過這一切，牠似乎仍沒什麼改變，還是心滿意足地睡過每一天，最喜歡睡在起居室的玻璃門前，享受灑進來的陽光將毛烘得暖呼呼的。實施新的少量多餐政策後，牠永遠都在飢餓狀態，不斷乞討和偷竊食物，無恥程度是有過之而無不及。有天晚上，我抓到牠獨自在廚房裡，用後腳站起，前腳掌抵住流理台，偷吃大圓盤裡的米果。牠怎麼用脆弱的臀部爬上那裡的，我無從得知。只要意志夠強，馬利的身體就會回應，即使是殘疾也能克服。我想要擁抱牠，牠突然展現的精力，讓我歡喜得不得了。

那年夏天的急救，應該會讓我和珍妮從自欺驚醒，面對馬利已垂垂老矣的事實，但我們迅速回到自我安慰的假設：那場危機只是一次偶發事件，牠又能繼續永遠看不到終點的生命旅程。在我們心裡，有一部分想相信牠能夠一直拖下去。縱然病痛纏身，牠還是那隻樂天活潑的狗。每天早上吃完早餐後，牠會輕快地走進起居室，把沙發當作巨型餐巾，鼻子和嘴巴抵著沙發布，沿著邊緣抹過去，座墊也因此翻起來。然後牠會轉身，

從反方向走回來，再擦一次。接著，牠會躺到地上，翻過身，露出肚皮，身體扭來扭去，按摩背部。牠喜歡坐下來，飢渴地舔著地毯，彷彿上面塗滿世界最美味的肉汁。牠的日常活動包括：對著郵差吼叫、看看雞、盯著雞隻餵食器，然後去浴缸的水龍頭旁繞一繞，檢查是否有任何能舔掉的水滴。牠每天總會翻開廚房的垃圾桶蓋幾次，看看有什麼能清理的好東西。每一天，牠都會進入拉布拉多脫逃犬狀態，在屋子裡撞來撞去，尾巴敲擊牆壁和家具，我每天還是要撬開牠的嘴巴，從上顎掏出各種生活雜物——馬鈴薯皮、鬆糕的紙墊、丟棄的衛生紙和牙線。就算牠老了，有些事還是不會改變。

二〇〇三年，九一一事件兩週年將屆時，我開車到賓州的小礦城雪克維爾鎮。兩年前，在那個慘痛的早晨，聯航九三號班機的乘客反制劫機者，墜毀在此鎮的空地上。據信，劫機者要飛向華盛頓特區，撞進白宮或國會山莊，無庸置疑地，衝進駕駛艙的乘客拯救了地面上無數的生命。為了追念這次攻擊事件滿兩週年，我的編輯希望我造訪墜機地點，用最佳的觀點描繪這些乘客的自我犧牲，以及這次事件在美國人心裡留下的影響。

我在墜毀地點待了一整天，在自動形成的追悼處徘徊。致敬的訪客接連不斷，我與他們談話，並訪問記得爆炸威力的當地人。我與一位婦人同坐在一起，她的女兒出車禍喪生，所以她前來墜毀地點，想在群體的哀悼中找到慰藉。我記下擺滿碎石地停車場的紀念品和悼念紙條，但我仍然沒抓到專欄要的角度。我要怎麼談論這個大悲劇，而且不

重複他人已講過的話？我在鎮上吃晚餐，研讀我的筆記。報紙專欄寫作有點像是用磚頭砌塔，每條小資訊、每句話和每個捕捉到的時刻，都是一塊磚頭。你要先堆起足夠強壯的地基，支持你的看法，然後再慢慢搭到塔尖。我的筆記本充滿堅硬的磚頭，但是我找不到能夠砌起它們的水泥，我不知道該怎麼做。

我吃完肉卷和冰茶後，想回旅館試著開始動筆。半路上，我一時興起迴轉，開回鎮外幾公里的墜機地點。我到達時，太陽慢慢沒入山後，最後幾位訪客正要離開。我坐在那裡良久，看著夕陽轉為薄暮，再漸漸轉黑。一陣強風吹下山丘，我拉緊防風外套。在正上方，有面巨大的美國國旗在風中飛舞，它的色彩在最後一線餘暉中看起來幾乎接近燦紅。在那一刻，這個神聖地點散發的情緒才包圍住我，我頓時體會到在這塊荒僻地點的半空發生的事件有多麼偉大。我眺望飛機墜毀的地點，再看著國旗，感到眼淚在雙眼中燒灼。我慢慢數著國旗的長條，那是我有生以來首次認真地數。七條紅的，六條白的。我接下來數星星，在藍色的旗面上共有五十顆。現在，美國國旗對我們的意義更重大，在新世代心目中，它又再次代表勇氣與犧牲的精神。我知道我要寫什麼了。

我把手插進口袋裡，走出停車場，我站在那裡，天色愈來愈暗。站在暗夜中，我百感交集，其中之一是對於美國同胞的驕傲，這些平凡人在危機時刻挺身而出，心知這是他們生命中的最後一刻。另一個感受是謙卑，因為我還活著，沒有受到那天的恐怖行徑

波及，能夠自由過著丈夫、父親和作家的快樂生活。孤寂地站在黑暗中，我幾乎能嘗到生命的有限性，因為有限，所以珍貴，我們都把這些當作理所當然，但生命是脆弱的、危險的、不穩定的，可能會無預警告終。我體會到理所當然的事情，常常並非如此，每一天、每一刻和每一分，都值得珍惜。

我還有其他感受——訝異人心的無限寬廣，大得足以吸收這麼龐大的悲劇，同時還有空間容納生命中各種痛苦和心碎的小小時刻。以我來說，這些小時刻還包括我衰弱的老狗。帶著幾分羞愧，我發現即使處在聯航九三號班機龐大的集體沉痛中，我還是對於那即將離開我的小生命感到心痛。

馬利現在活著的每一天都是向天借來的，這點很清楚。下次病危會在任何時候發生，而發生時，我沒辦法阻擋不可避免的結果。在牠這個生命階段，任何侵入性的醫療措施都非常殘忍，只是為了珍妮和我而做，而不是為牠好。無論如何，我們都熱愛這隻老瘋狗——或許正是因為**牠就是牠**。但是我知道我們要讓牠離開的時間已經接近。我走回車裡，開回飯店。

隔天早上我送出專欄後，從飯店打電話回家。珍妮說：『我要跟你講，馬利真的很想念你。』

『馬利？』我問。『那你們呢？』

『我們當然也想念你囉，笨蛋！』她說。『但我的意思是馬利真的非常想念你，牠快把我們搞瘋了。』

珍妮說：昨天晚上馬利找不到我，在屋子裡走來走去，反覆聞遍每個角落，檢查每個房間，看看門的後方和櫃子裡面。牠勉強爬到樓上，在那兒也找不到我，又走下來，繼續搜尋。『牠真的有點不太正常。』她說。

牠甚至鼓起勇氣爬到地下室。馬利過去常常待在地下室的工作室裡，長時間陪伴我，在我做木工時，牠躺在我腳邊睡覺，木屑飄落，蓋住牠的毛，就像小雪一般。後來，木梯太過陡峭，牠就沒再下去。爬下去後，牠沒辦法爬回來，在下面哀哀叫，珍妮和孩子過去幫牠脫困，扶起牠的前胸和臀部，一階階往上抬。

到了睡覺時間，牠沒有像平常一樣睡在床的旁邊，而是躺在樓梯頂端，在那兒能看到所有房間與大門，以免我（1）不玩躲貓貓了；或（2）在半夜回家——假設我偷偷溜出去，沒跟牠講。第二天早上，珍妮在樓下做早餐時，牠還在那裡。過了幾個小時，她突然想到馬利還沒露面，這是非常不尋常的狀況，每天早上，牠幾乎都是第一個下樓的，總會衝過我們，尾巴敲著大門，等著出去。她發現牠熟睡在床邊，緊靠我睡的那一側，然後她發現了原因：珍妮起床時沒有注意，把枕頭（她睡的枕頭有三個）推到我的那一側，蓋在被子下，在我平常睡覺的位置形成一個大凸起。馬利的視力跟脫線先生一

樣差，我能想像牠把那疊枕頭誤認成牠的主人。『牠真的認為你在床上。』她說。『我就是知道，牠相信你晚上在家裡睡。』

我們在電話裡笑成一團，接著珍妮說：『看在牠的忠誠分上，你要給牠加點分。』我正是這麼做，我們的狗總是願意全心奉獻。

我從雪克維爾回來才一週，我們就知道隨時可能發生的危機出現了。我在臥房裡換好衣服，準備去上班時，聽到巨大的撞擊聲，接著康諾尖聲大喊：『快過來！馬利掉下樓梯了！』我跑出來，發現牠癱在樓梯底部，試圖要站起來。珍妮和我衝到牠身邊，手摸過牠的身體，輕輕捏牠的四肢，壓壓牠的肋骨，按摩牠的脊椎，似乎沒有骨頭斷掉。馬利哀鳴了一聲，站起來搖搖身子，就走開了，連跛一下都沒有。康諾看到事發經過，他說馬利正要下樓，但只走了兩步，發現所有人都在樓上，於是打算轉身回去。正當牠轉身時，臀部突然塌下去，然後牠就像自由落體一樣一路滾下樓。

『哇，牠還真幸運，』我說。『像這樣跌下去很可能會死掉。』

『真不敢相信牠沒受傷，』珍妮說。『牠就像九命怪貓。』

但牠確實受傷了。過了幾分鐘，牠全身僵硬。等我晚上下班回家時，馬利已經全身癱瘓，無法移動。牠似乎全身痠痛，彷彿被黑道狠狠修理了一番，但讓牠爬不起來的

真正原因是左前腳，無法承受一丁點重量。我捏下去，牠一聲也不吭，我猜牠的韌帶斷了。牠看到我進門時，掙扎著要站起來歡迎我，但是怎麼也動不了。牠的左前腳沒辦法站，兩隻後腳根本連動一下的力氣都沒有。馬利只剩下一隻完好的腳，對於四腳的動物來說，要站起來的機會實在不怎麼高，但牠終於成功站起來，想用三隻腳跳過來歡迎我，可是後腳垮了下來，牠再次倒在地上。珍妮餵牠一顆阿斯匹靈，將一個冰袋壓在前腳上。即使在行動不便時，馬利仍然愛玩，牠一直想要吃掉冰塊。

那天晚上到了十點半，牠的情況還是沒有好轉，而且在下午一點後，牠一直沒出去清空膀胱。牠已憋尿近十個小時。我不知道該怎麼帶牠出去，再牽牠回來，好讓牠解放。我跨在牠身上，雙手緊抓牠的胸口，把牠拉起來。我們一同搖搖晃晃地走向大門，我撐住牠，牠跟著我的腳步往前跳，但是到了外面，牠停在門廊的斜坡前。雨不斷下著，牠的死敵濕濕滑滑地擋在面前，牠似乎已毫無鬥志。『快，』我說。『只要尿一下，我們就回去。』牠死都不肯。我希望我能夠說服牠在門廊上小便，快點解決，但是老狗學不了新把戲。牠跳回屋裡，哀怨地看著我，彷彿是要對牠知道即將會發生的事道歉。『我們等一會兒再試。』我說。牠像是聽到提示，用三隻沒有斷掉的腿半蹲下來，在玄關地板清空膀胱，身旁逐漸形成一圈尿液。馬利從牠是小狗時就從未在屋子裡尿過，這是頭一次。

第二天早上，馬利雖然仍像是跛子般一跳一跳，但是好多了。我們帶牠出去，牠順利尿尿和排便。我和珍妮數到三，一起把牠抬過門廊的階梯，帶牠進屋子。『我有預感，』我告訴她。『馬利再也沒機會看到這間屋子的二樓。』顯然，那是牠最後一次爬樓梯，自此之後，牠必須習慣在一樓活動和睡覺。

那天我在家工作，在樓上的臥房用筆記型電腦寫專欄，這時我聽到樓梯傳來騷動，一陣吵鬧的沉重腳步聲，彷彿有隻釘上馬蹄鐵的馬在跳板上奔跑。我轉頭看走道，屏住氣息。幾秒鐘後，馬利的頭從角落探進來，跑進房間裡。牠一看到我，雙眼登時亮起來。**原來你在這裡呀！**牠的頭頂住我的大腿，要我搔搔牠的耳朵，我想這是牠應得的。

『馬利，你成功了！』我大喊。『你這老傢伙！我不敢相信你竟然能爬上來！』後來，我跟牠一起坐在地板上，抓抓牠的脖子，牠的頭扭過來，嬉鬧地輕咬我的手腕。這是個好跡象，代表牠還是保有淘氣小狗的本性。等到有一天牠坐得直挺挺的，不再想和我玩時，我知道那就是牠走到盡頭的時候。昨晚牠似乎去了一趟鬼門關，我已經抱著最壞的打算。今天，牠又在喘氣、揮舞腳掌，想要舔爛我的手腕。正當我認為牠無憂無慮的生命長跑已要結束，牠又回來了。

我拉起牠的頭，讓牠看著我的雙眼。『時間到時，你會告訴我吧？』我說，我比較像是在宣示，而不是發問。我不想要自己做決定。『你會讓我知道吧，對嗎？』

27 大草原

那年冬天來得比較早，隨著白晝縮短，寒風在凍結的枝幹間呼嘯，我們蝸居在溫暖的家裡。我砍了冬天所需的柴火量，堆在後門旁。珍妮煮了熱呼呼的湯，烘焙香噴噴的麵包。孩子們又回到窗前，坐著等雪飄落。我也在等待第一場降雪，但是以擔憂的心情想著馬利要如何撐過另一個嚴冬。去年冬天對牠來說已很艱難，這一年來，牠明顯衰弱不少，老化速度驚人。我不知道牠要怎麼安度冰凍的走道、滑溜的樓梯和白雪覆蓋的戶外。我突然領悟老年人為什麼都選擇在佛羅里達和亞利桑納養老。

在十二月中的一個星期日，狂風暴雪，孩子們都寫完作業，正在練習樂器。珍妮在爐子上爆爆米花，宣佈今晚全家在家看電影。孩子衝去挑影片，我吹口哨叫馬利過來，帶牠跟著我去外頭，從柴火堆那邊拿一捆楓樹柴回來。我忙著挑木柴，牠在一邊聞著凍枯的草地，逆風站著，潮濕的鼻子嗅著冷冽的空氣，好似在預測冬季的轉變。我拍拍手、揮舞手臂，吸引牠的注意力，牠跟著我走進屋裡，在門廊的階梯前，先遲疑一下才鼓足勇氣，賣力拖著後腳往前跑。

到了屋內，我燒起火，孩子將影片倒好帶。火舌晃動，熱氣散發至客廳的每個角落。馬利照例佔住最好的位置：壁爐的正前方。我躺在地板上，離牠約一公尺遠，手撐在枕頭上，專注盯著火看，對於電影的內容不太注意。馬利不想放棄溫暖的棲身處，但牠忍受不了誘惑，牠最愛的人類斜躺在地上，毫無防備。現在誰是老大？牠的尾巴用力敲著地板，然後慢慢朝著我的方向扭過來，身體左右扭啊扭，後腿攤在身後，沒多久牠就緊貼著我，頭頂住我的肋骨。我一伸手拍牠時，就惹來了大麻煩。牠四隻腳撐起來俯視著我，全身用力搖，撒得我全身都是毛，充滿口水的狗嘴逼近我的臉。我笑出來，牠以為這是可以進攻的訊號，我還沒弄清楚狀況，牠的前掌已經搭在我的胸口，然後率性放鬆地倒下，癱在我身上。『啊啊啊！』突然壓下的重量逼我叫出聲。『拉布拉多的正面撲擊！』孩子們狂笑著說。馬利不敢相信牠竟能得逞，我甚至沒有把牠推開。牠扭來扭去，滴著口水，舔遍我的臉，猛擦我的脖子。牠的重量幾乎讓我喘不過氣，過了幾分鐘，我稍稍推開牠，只有一半的軀體壓在我身上，牠維持這種姿勢直到電影播完。牠的頭、肩膀和一隻腳掌壓在我胸口，其他部位緊貼著我身旁。

我沒有對家人說出來，但我覺得這一刻非常珍貴，因為之後沒有多少次這樣的機會。馬利惹盡麻煩的漫長生命，已經邁入沉靜的黃昏。後來回想起來，我頓時發現壁爐前的那一晚是我們的告別派對。我搓著牠的頭，牠漸漸睡著，我還是繼續搓著。

四天後，我們打包好，準備開車去佛羅里達的迪士尼樂園。這是孩子們首次聖誕節不在家度過，他們興奮到極點。珍妮帶馬利去獸醫院，讓牠住進加護病房，獸醫和員工能夠時時監控牠的狀況，而且不會受其他狗影響。在去年夏天細心照顧牠後，他們現在很樂意給牠五星級病房，額外的照顧，不另外收費。

那天晚上打包完後，珍妮和我都說家中沒有狗的感覺很怪異。沒有一條巨大犬隻隨侍腳邊，亦步亦趨，每次我們倒垃圾時，都想盡辦法偷溜出門。這種自由雖讓我們解放，但是屋子顯得很空洞，縱然孩子還是在家裡狂奔猛衝。

第二天早上，太陽還沒升過樹梢，我們一家全都坐上車朝南方前進。所有我認識的父母，最熱愛的活動就是嘲弄去迪士尼樂園的行程。我已經數不清自己說過多少次：『我花的錢都夠全家去巴黎玩了。』但是全家人都很盡興，連愛抱怨的爹地都玩得很開心。各種能想到的災難：生病、疲倦導致的暴躁情緒、弄丟門票、弄丟小孩、小孩打架，都沒有發生。這是一次很棒的家庭旅遊，在開回北方的路上，我們多半在談論哪個遊戲設施比較好玩，哪一餐比較好吃，哪次玩水最刺激，每一刻我們都拿出來討論。路經馬里蘭州，離家只剩四小時車程時，我的手機響了，獸醫院的一位員工打來。她說：馬利無精打采，而且臀部嚴重下垂，情況愈來愈惡化，似乎很不舒服。獸醫要徵求我們的同意才能打類固醇和止痛針。我說：沒問題，讓牠舒服點，我們明天就會去接牠。

第二天下午，十二月二十九日，珍妮到獸醫院接牠時，馬利看起來很疲倦，有些不同往常，但並沒有明顯的病癥。獸醫之前就警告過，馬利的臀部會愈來愈無力，她說服珍妮讓馬利服用關節炎藥物，一位員工幫助珍妮抬馬利上車。但是到家後不到三十分鐘，馬利不斷反嘔，想要清出喉嚨裡的濃痰。珍妮帶牠去前院，牠只是躺在凍結的地上，不能或不肯動。她打電話到報社，口氣焦急。『我沒辦法帶牠進屋內，』她說。『牠就躺在寒風中，一直不站起來。』我立即趕回家。四十五分鐘後，我回到家，珍妮已經想辦法讓牠站起來，回到屋子裡。我看到牠癱在飯廳地板上，顯然很難受，十分異常。

十三年來，我從未走進家裡，沒有看到牠跳起來、伸伸懶腰、開心喘氣、尾巴撞倒各種東西地熱烈歡迎我，一副『我才剛打完百年戰爭』的樣子。但今天卻非如此。我走進飯廳，牠的視線停在我身上，但一動也不動。我跪在牠身邊，按摩牠的鼻子，牠沒有任何反應，甚至不想舔我的手、不想玩，也不抬頭。牠的眼神飄得很遠，尾巴軟軟地垂在地上。

珍妮在獸醫院的語音信箱中留了兩通訊息，正在等獸醫回電，但現在很顯然已情況危急。我打了第三通電話。過了幾分鐘，馬利慢慢站起來，四肢顫抖，想要嘔吐，但是沒有吐出任何東西。這時我才注意到牠的胃異常腫大，而且觸摸時硬硬的。我的心頓時一沉，我知道這代表什麼。我再撥獸醫院的電話，這次我描述馬利膨脹的胃部。總機要我稍待一會兒，然後她又拿起電話說：『醫生說立刻帶牠過來。』

珍妮和我一句話也沒講，我們都知道命定的時刻已經到了。我們擁抱孩子，告訴他們馬利要去獸醫院，醫生會想辦法讓牠舒服點，但牠病得很重。我要出發前，回頭看著珍妮和孩子圍著馬利，向牠說再見，牠躺在地上，明顯很痛苦。他們輪流摸摸牠，做最後的道別。孩子們仍是無比樂觀，認為從他們出生以來就陪伴著他們的狗狗，一定會再回來，完全復原。『馬利，要好起來喔！』可琳稚氣地說。

珍妮幫我將牠抬進後座，離開前，她又抱了牠一下，我保證一有消息就會打電話回來，然後開了出去。牠躺在後座的地上，頭靠在中控台的突起上，我一隻手開車，一隻手伸到後面撫摸牠的頭和肩膀，不斷說：『唉！馬利。』

開到獸醫院的停車場後，我幫忙牠下車，牠停下來聞一棵樹，其他狗都在那兒尿尿——即使痛苦得不得了，牠仍然保有好奇心。我心裡曉得這可能是牠最後一次出來最愛的戶外，等牠一會兒，才輕扯一下馴狗帶，帶牠走入大廳。才走進門，牠就覺得已經受夠了，小心翼翼地在瓷磚地上躺下。工作人員和我都沒辦法讓牠站起來，於是他們拿出擔架推著牠到櫃台後方，進去診療區。

過了幾分鐘，獸醫出來了，這次是一位我從未見過的年輕女性，她帶我進去診療區，把兩張X光片放在燈板上，告訴我馬利的胃已經脹到正常的兩倍大。在X光片上，大約在腸子與胃部的交會處有兩個拳頭大小的黑點，她說那是胃扭轉。就跟上次一樣，

她會給牠打鎮靜劑，插胃管，放出導致脹氣的氣體，然後再用手操控管子，想辦法讓胃回到原位。『機會不大，』她說。『但我還是會用管子按摩牠的胃，看看能不能讓胃回到原位。』這跟去年夏天霍普金森醫生說的百分之一的勝算相同。以前成功過一次，現在可能會再成功，我暗地裡仍很樂觀。

『好，』我說。『請妳儘可能試一試。』

半小時後，她出來了，表情嚴肅。她已經試過三次，還是無法打開沾黏的地方。她給馬利更多鎮靜劑，希望能夠放鬆牠的胃部肌肉，但這些方法都沒有用。她從肋骨處插入導管，這是清除沾黏的最後一搏，但也無效。『現在，』她說。『我們現在唯一的選擇只有手術。』她頓了一下，好像在衡量我是否已準備好面對必然的結果，然後說：『最人道的作法，可能是讓牠安樂死。』

珍妮和我在五個月前已經討論過，也達成共識，願意做出這個困難的選擇，雪克維爾之行僅有讓我更為堅持不讓馬利再受苦，但是站在等待區，再度面臨相同的抉擇，我還是僵住了。獸醫感受到我的煎熬，開始講起馬利這個年紀的狗接受手術可能產生的後遺症。不僅如此，她又說出另一個棘手的症狀：從插入的導管流出血塊代表胃壁有問題。『誰知道手術時，我們會看到什麼？』她說。

我告訴她我想去外面打電話給太太。我在停車場打手機告訴珍妮，他們已經試過除

了手術外所有能試的辦法，但都沒有用。我們倆在電話兩端靜默了很久，接著她說：

『我愛你，約翰。』

『珍妮，我也愛妳。』我說。

我走回去問醫生，是否能讓我和馬利獨處一會兒。她提醒我，牠已經注射大量鎮靜劑了。『慢慢來。』她說。我看到馬利躺在地板的擔架上，昏迷不醒，一個靜脈注射分流管插在前腳上。我跪下來，手指順過牠的毛，一直摸到背部，這是牠的最愛。我雙手拉起牠垂下來的耳朵（這對令人抓狂的耳朵長年以來讓牠不勝其擾，也花掉我們一大筆錢），感覺它們在手中的重量。我把牠的嘴唇往上拉，看牠一口磨光的爛牙。我抓起一隻前腳，握在手心中，然後我的頭低下來，前額靠著牠的頭，保持這種姿勢許久，就像是我能用心電感應傳送思緒，穿過我倆的頭顱，傳到牠的腦中，有些事情我希望牠能瞭解。

『你知道我們總是怎麼說你嗎？』我低聲說。『總說你真是超級麻煩的？千萬不要相信，馬利。』牠需要知道這點，不僅如此，還有一件事我從未告訴過牠，沒有人跟牠講過。我希望牠在離開前聽到這句話。

『馬利，』我說。『你是隻很棒的狗。』

我走到櫃台，看到獸醫正在等我。『我準備好了。』我說。我的聲音顫抖，出乎我的意料，幾個月前，我一直以為我能冷靜面對這一刻，我知道如果我再多說一個字，就會情緒失控，所以她遞給我同意書時，我只有點點頭。文件填好後，我跟著她走回昏迷的馬利身旁，獸醫將針筒準備好，插入分流器裡，在這個過程中，我又跪在牠面前，雙手摟住牠的頭。『沒問題吧？』獸醫問。我點點頭，然後她壓下了活塞。馬利的下巴只有微微顫抖。她聽聽牠的心跳，然後說心跳已經慢了很多，但還沒停下來，因為牠是隻大狗。她準備好另一支針筒，又再推了活塞一次。一分鐘後，她再聽一次心跳，這次她說：『牠已經走了。』她留下我和馬利獨處，我小心拉起牠的眼皮。她說得沒錯，馬利已經走了。

我走到櫃台付錢。她告訴我集體火化要七十五美金，單獨火化可以拿回骨灰，要一百七十美金。我說不必了，我要帶牠回家。幾分鐘後，她和一位助理推出一台推車，上面放著一個很大的黑色袋子，他們幫忙我把袋子抬進後座。獸醫與我握手，告訴我：她覺得很難過，她已經盡力了。我說：牠的時間到了。謝過她後，我開車回家。

在回家的路上，我開始哭起來。我幾乎從來不哭的，甚至在喪禮上也是，淚水只流了幾分鐘，等我開進家中的車道時，我的眼眶已經乾了。我把馬利留在車裡，先進去屋內，珍妮還醒著，等我回來。孩子們已經睡了，我們明天早上會告訴他們。我們相擁

著，一起哭了出來。我想要描述過程，想要告訴她在最後一刻時，牠已經熟睡，牠沒有感到驚慌、害怕或痛苦。但我說不出話來，我們只能抱著對方，輕輕地擺動。晚一點時，我們走出去，一同把沉重的黑袋子抬出來，放在推車上，我將推車推進車庫，留馬利在那裡過夜。

28

櫻桃樹下

那天晚上我睡得很不安穩，凌晨四、五點，我悄悄下床，靜靜著衣，以免吵醒珍妮。在廚房裡，我喝了一杯水，不先喝咖啡，就走了出去，屋外下著毛毛細雨，地面一片泥濘。我拿了鏟子和尖嘴鋤，走向豌豆田，田中央就是那棵白松樹，馬利去年冬天的臨時便便間。我決定讓牠在這裡長眠。

氣溫接近零度，土壤正好結凍了。在濛濛夜色中，我挖起土來。才把薄薄的表土挖開，就碰到厚實的黏土，佈滿了石塊，這是當時挖屋子地基時移過來的土塊。接下來的過程變得非常緩慢、艱辛，十五分鐘後，我脫下外套，停下來喘口氣。三十分鐘後，我全身冒汗，但挖的深度還不到六十公分。四十五分鐘後，水冒出來，迅速在挖好的洞中升起，水位不斷升高，沒多久，三十公分高的冰冷泥水淹過底部。我拿了一個水桶，把水撈出來，但水流源源不絕。我絕不可能把馬利葬在冰冷的泥濘中，絕不。

雖然已經投入大量勞力——我的心跳快速，簡直就像才剛跑完馬拉松——我還是放棄了這個地點，在院子裡搜尋。我停在山坡下草地和樹林接壤的地方，那裡有兩棵野生

的大櫻桃樹，樹枝高高在上，清晨灰暗的天光射過縫隙，就像露天教堂。馬利和我那次坐在失控的雪橇上，就是差點撞上這兩棵樹。我動手挖了起來，一邊大聲說：『這個地方不錯。』這個地點離挖土機丟棄廢土的地方很遠，原始的土壤很輕、很透氣，是園丁理想的土壤。挖掘的過程很輕鬆，我很快就挖好一個橢圓形的洞，面積約六十公分乘以九十公分，約一點二公尺深。我走回屋子，發現三個孩子都醒了，靜靜啜泣著，珍妮才剛告訴他們。

看到孩子們的哀痛，深深觸動了我，這是他們首次與死亡直接接觸。沒錯，牠不過是條狗，狗在人的一生中來來去去，有時只是因為牠們造成生活不便。牠不過是條狗，但是每次我想跟他們提起馬利，淚水就在眼眶打轉。我告訴他們哭出來沒關係，養狗到最後，總是以悲傷作結，因為狗的壽命沒有人類長。我告訴他們獸醫打針時，馬利正在睡覺，一點感覺也沒有。牠只是睡著了，離開這個世界。可琳非常難過，因為她沒有機會好好對馬利道別，她以為牠會回家。我告訴她我有代大家道別。康諾現在已是小小作家，他給我一樣他為馬利做的紀念品，要與馬利同葬。他畫了一顆大大的紅心，下面寫著：『給馬利，我希望你知道我永生愛你。在我需要你時，你總是陪伴著我。從生至死，我永遠愛你。你的弟弟康諾•理查•葛羅根。』可琳畫了一個小女孩，旁邊站著一條大黃狗，她的哥哥教她怎麼拼音，寫下：『P.S. 我永遠不會忘記你。』

我獨自走出去，將馬利的屍體用推車推到山腳下，砍了一捆松樹幹，鋪在洞底。接著抬起推車上的沉重屍袋，小心翼翼地將袋子放進洞裡——雖然要優雅地將袋子放進去是不可能的。我跳進洞裡，打開袋子，看牠最後一眼，將牠擺成自然、舒服的姿勢——彷彿牠躺在壁爐前蜷曲起來，頭緊靠著身體。『好了，大傢伙，再見！』我說。我把袋子束起來，回到屋裡叫珍妮和孩子。

我們全家一起走到墓穴旁。康諾和可琳將他們的紙條疊好，封入塑膠袋裡，我放在馬利的頭旁邊。派崔克用小刀砍下五根松樹枝，一人拿一支。我們輪流把樹枝丟進墓中，松樹枝的香味散逸出來。我們等了一會兒，接著，好似有排練過，我們一起說出：『馬利，我們愛你。』我拿起鏟子，剷下第一瓢土。泥土重重落在塑膠袋上，發出難聽的聲音，珍妮這時哭了出來。我繼續剷土，孩子們一言不發地看著。

洞填滿後，我休息一下，然後全家一起走回去，圍著廚房的桌子講馬利做的笨事。上一分鐘，眼淚還在我們的眼中打轉；下一分鐘，我們笑得滿懷。珍妮講馬利在拍『最後一支全壘打』時，有個陌生人抱起康諾，馬利發狂吼叫。我講了牠怎麼毀掉無數狗鏈，還有在鄰居的腳踝上尿尿。我們描述牠摧毀的各種東西，以及牠害我們花掉的白花花鈔票，我們現在已能將牠闖的禍當笑話講。為了安慰孩子，我告訴他們連我自己都不太相信的話。『馬利的靈魂已經上了狗天堂，』我說。『牠在一片無邊無際的金色草原

上盡情奔跑。牠的臀部也復原了，聽力恢復，視覺敏銳，牙齒都長回來。牠現在健康活潑——整天追著兔子跑。』

珍妮補上：『而且有撞不完的紗窗門。』想像牠在天堂蠢蠢地亂撞，讓每個人笑了出來。

早上過得很快，我還是要去上班。我獨自走去牠的墓旁，將洞鋪平，我溫柔地、尊敬地用靴子踏平鬆軟的土壤。洞口與地面齊平後，我擺了兩顆大石頭在上面，然後進屋裡洗熱水澡，開車去上班。

馬利下葬後幾天，家中一片死寂。馬利以前一直是全家談笑的對象，許多好笑的故事能讓我們講上好幾個小時，現在卻成了禁忌話題。我們想要回歸正常生活，談論牠只會使事情難上加難，特別是可琳，她沒辦法聽到牠的名字或是看到任何一張相片，眼淚會從她的眼眶湧出，然後她握緊拳頭，生氣地說：『我不想談牠！』

我維持平常的作息，開車去工作、寫專欄，下班回家。十三年來，每天晚上牠都會在門邊等我。現在，下班走進家門，成了最痛苦的事，屋內似乎無聲、空洞，不再像個家。珍妮瘋子似的吸地板，決心要把馬利的毛都清乾淨。過去幾年來，牠的毛大團大團地掉落，可以裝滿好幾個水桶，而且沒入每個縫隙和角落。這隻老狗留下的痕跡慢慢消

失了。有天早上我在穿鞋時，發現鞋底覆蓋著一層馬利的毛，是我穿著襪子到處走時沾到的，最後積在我的鞋子裡。我只是坐著，看著那層毛——甚至用兩隻手指輕輕撫摸——微微笑了。我把鞋子舉起來給珍妮看，說：『我們別想輕易擺脫牠。』她也笑了。珍妮那個星期幾乎都沒說什麼，但是那天晚上，在房間裡，珍妮脫口而出：『我想念牠。**我真的真的**很想念牠，想到牠就讓我心痛。』

『我知道，』我說。『我跟妳一樣。』

我想要寫專欄紀念馬利，但我擔心我的情緒會一發不可收拾，那種抽抽噎噎的自我發洩只會讓我成為笑柄，所以我選擇我比較不在意的主題。不過，我隨身攜帶錄音機，心裡出現一個念頭時，我就會錄下來。我知道我想描寫牠真實的模樣，而不是完美到不像真實的靈犬再世，彷彿牠不能以真面目示人。有許多人在寵物死後，改造牠們的形象，將牠們變為超越自然的神獸，幫主人做生活中大大小小的事情，只差不會煎蛋。我要坦白，馬利是隻搞笑的大麻煩，一直沒辦法真正學會指令。老實說，牠可能是全世界行為最不良的狗，但牠天生就知道什麼叫做人類最好的朋友。

在牠死後的一週，我走下山丘好幾次，站在牠的墓旁。我一方面是想確定晚上沒有野獸過來，墳墓沒有被破壞，但我看得出來，春天時還需要多倒幾擔土，填滿逐漸凹陷的部分。另一方面，我主要是想和牠共處，站在那裡，我發現自己不由自主地回憶牠的

各種生命片段。我很羞愧我竟對這隻狗的死如此哀慟，有些我認識的人，都不會讓我這麼難過。這不代表我將狗的性命看得與人一樣，但是除了我的近親外，很少有人對我如此無私地奉獻。我還偷偷將馬利的馴狗帶從車裡拿出來，在牠最後一次上醫院時，就一直留在那裡，我將它塞在衣櫃的內衣下，每天早上我都能伸手進去摸一下。

一週以來，我心中都有一股悶悶的痛，甚至影響到我的身體，像是腸胃炎。我無精打采，毫無活力，甚至連平常最愛的消遣——彈吉他、木工、閱讀，都無法讓我提起興趣。我提不起勁，不知道該做什麼。最後，我大多時候都早早上床，在九點半或十點時睡覺。

除夕夜那天，鄰居邀請我們參加派對。朋友不著痕跡地表達哀悼之意，但我們想要輕鬆愉快的交談，畢竟，這一天是除夕。晚餐時，戴夫•潘道與他的妻子莎拉與我坐在桌子一角，談論狗、人狗之情與最後一程。他們是景觀設計師，從加州搬回賓州，改建老舊的石造穀倉後搬進去住，成為我們的好朋友。五年前，他們將非常疼愛的澳洲牧羊犬娜莉安樂死，葬在他們的農舍旁。戴夫是我見過最為實事求是的人，他是沉默寡言的荷蘭裔賓州人，安靜而務實，但一講到娜莉，內心的傷痛也讓他情緒難以控制。他告訴我，他在屋子後崎嶇的樹林中，找了好幾天，才找到最適合娜莉的墳墓的石頭，一顆自然呈心型的石頭，他拿給雕刻師，請他在上面刻上『娜莉』。過了這麼多年，那隻狗的

死仍然深深觸動他們。他們對我講到娜莉時，雙眼仍會泛著淚光。莎拉不斷眨眼，想要止住淚水，她說：有時候有隻狗會真正觸及你的生命，讓你永遠忘不掉。

那個週末，我在樹林裡散步。星期一去上班時，我知道我想要怎麼描述這隻觸及我的生命的狗了，一隻我永遠忘不掉的狗。

我的專欄開頭描述，在清晨時，我拿著鏟子走下山丘，在外頭卻沒有馬利陪伴，感覺多麼奇怪，因為十三年來，牠自認為只要我踏出門，就要陪在我身邊。『但現在我卻孤零零一個人，』我寫著，『獨自為牠挖洞。』

我引述我父親的話。在我告訴他我必須讓這隻老狗安樂死時，他說了一句我的狗能得到的最高恭維：『你絕對不可能再找到像馬利的狗。』

關於要怎麼描述牠，我想了很久，最後我決定要這樣寫：『從未有人說牠是隻很棒的狗，甚至連好狗也稱不上。牠跟女妖一樣狂野，跟鬥牛一樣強壯。牠享受生活，興高采烈地衝撞，常常會帶來自然災害。除了牠，我還沒看過有狗會被訓練學校退學。』接著，我寫：『馬利嚼爛沙發，扯破紗窗，口水飛濺，推倒垃圾桶。至於牠的智商，容我這麼說吧，直到死的那天，牠還在追自己的尾巴，顯然相信牠即將達到犬類史上的重大突破。』但牠並非只有如此，我描述牠的直覺和同情心、對孩子的溫順，以及牠的純真無瑕。

我真正想說的是：這隻狗如何觸及我們的靈魂，告訴我們生命中最重要的幾課。『人可以從狗身上學到很多，即使對象是我們這條瘋狗，』我寫著。『馬利教會我，要用無限的精力與熱情活過每一天，把握當下，聽從內心的渴望。牠教會我珍惜生活中的小事——在樹林裡散步、初降的白雪、在冬陽斜照下打瞌睡。隨著牠日漸老邁，病痛纏身，牠教會我面對困境時，仍要保持樂觀。最重要的是，牠讓我體會到友誼和無私的真諦，以及堅定不移的忠誠。』

這個不可思議的想法直到現在，馬利死後，我才真正體悟：馬利是個智者。牠是良師，也是楷模。狗能指點人類生命的真諦嗎？有狗能做到嗎？尤其我們的狗又是如此瘋癲、狂野、無法控制。我相信可以：忠誠、勇氣、奉獻、單純、歡喜。牠也告訴我們什麼是不重要的。狗不需要高級轎車、大房子或是名牌服裝，地位象徵對牠沒有任何意義，濕透的木棍對牠來說就夠好了。狗不是以膚色、信仰或階級評定他人，而是以誰是家人為標準。狗不在乎你是富有還是貧窮，受過良好教育或目不識丁，聰明還是愚蠢，只要你真心愛牠，牠也會全心愛你，事情就是這麼簡單。我們人類雖然睿智得多、先進得多，但總是難以搞清楚什麼是真正重要的，什麼不是。在寫馬利的紀念專欄時，我領悟到我們追求的就在眼前，只要我們願意睜開雙眼。有時候，我們需要的竟是一隻嚴重口臭、行為不良、純真無邪的狗，來引導我們發現。

我寫完專欄交給編輯，下班回家。一路上，我覺得輕鬆多了，幾乎接近雀躍，好像有個重擔被抬起來，而我之前根本不知道這個重擔一直壓著我。

29

壞狗俱樂部

第二天早上我到報社，看到電話的紅色訊息燈在閃爍。我按下密碼，聽到我從來沒聽過的警告錄音：『語音信箱已滿，請刪除不必要的訊息。』

我登入電腦收電子郵件，也一樣。螢幕充滿新訊息，跳到下一頁也是，又一頁、再一頁，都是新郵件。檢查郵件是我每天早上的例行工作，測量當天的專欄引起的迴響，可能不太精確，但至少能看出讀者是否有共鳴。有些專欄的回應只有五或十封，那就代表我沒有感動讀者。在好日子，大約會有幾十封，有時候回應會更多。但那天早上我收到數百封郵件，遠遠超越我以往的紀錄。郵件標題不外乎是『致上最深的哀悼』、『你痛失的愛犬』，或只是簡單的『馬利』。

喜歡動物的人是相當獨特的一群，他們天性慷慨，極有同情心，可能有點過於多愁善感，心胸寬大，就如萬里無雲的晴空。大多數寄件和留言的人只是想要表達他們的哀悼，並告訴我，他們也經過相同的歷程，對我們家現在的情況能感同身受。其他人的狗則已經接近無法避免的結局，雖知道這是遲早的事，但他們還是害怕這一天到來，就跟

我們一樣。

有對夫妻寫道：『我們能全然瞭解你的感受，我們很難過你失去了馬利，就像我們失去拉斯時一樣。牠們永遠不會被遺忘，永遠無法取代。』讀者喬絲寫道：『我們要感謝你讓我們想到唐肯，牠現在長眠在我們的後院裡。』郊區居民黛比寫著：『我們一家知道你的感受。去年勞工節，我們不得不讓我們的黃金獵犬阿咬安樂死，那時牠十三歲，有許多與你的狗相似的病痛。最後一天，牠甚至無法站起來，走去外面尿尿時，我們曉得不能再讓牠繼續受苦。我們也把牠葬在後院，紅楓樹下，那是牠永恆的紀念碑。』

人力仲介蒙妮卡有一隻拉布拉多，叫做凱蒂，她寫著：『致上我的哀悼與淚水。我的小寶貝凱蒂只有兩歲，我總會想：「蒙妮卡，妳怎麼能讓這隻神奇的動物偷走妳的心？」』來自坎玫拉：『馬利必定是隻很棒的狗，才能讓你們一家人如此愛牠。只有狗主人才能瞭解牠們無條件給予的愛，以及牠們離去後的椎心之痛。』來自伊蓮：『寵物與我們共處的時間是如此短暫，而且多半都在等我們回家。牠們帶進我們生命中那麼多愛與歡笑，讓人變得這麼親密，實在很神奇。』來自南西：『狗是生命的奇蹟，讓我們的生命更為精采。』來自瑪麗派特：『我到現在仍然想念麥斯在屋裡走動、四處偵察時，狗牌晃動的叮鈴聲。剛開始時，那種安靜會讓你發狂，特別是在晚上。』來自康妮：『愛上一條狗是相當不可思議的事，不是嗎？我們與人的關係相較之下簡直像燕麥

粥一樣無趣。』

幾天後，終於沒有新進郵件，我數了數，將近八百人，他們都是動物愛好者，受文章感動而寫信給我。這麼多人深有同感，實在非常不可思議，而且也幫助我抒發情緒。等我終於看完全部郵件（並盡量回信），我覺得好多了，彷彿我參加了一個龐大的網路治療團體。我個人的傷痛成為公開的治療課程，在這個團體中，大聲說出一隻又老又臭、微不足道的狗讓你椎心刺骨，絕不是羞恥的事。

讀者之所以來信與致電，還有另一個原因。他們想要指正這篇專欄的立論核心：我堅持馬利是世界上行為最不良的狗。這些回應一般是這麼開始的：『不好意思，你的狗不可能是全世界最壞的狗——因為我的才是。』為了佐證，他們舉出自己寵物惹的各種麻煩，讓我捧腹大笑。我聽過扯爛的窗簾、被偷走的內衣、吃光啃盡的生日蛋糕、遭破壞的汽車內裝、大脫逃，甚至還有狗吞下鑽石訂婚戒指，這點讓馬利對於金項鍊的偏好相形失色。我的收件匣就像電視脫口秀節目：『壞狗狗但深受寵愛』，心甘情願的受害者排成一列，驕傲炫耀，不是講他們的狗有多棒，而是有多糟糕。奇怪的是，大多數的恐怖故事通常都牽涉一隻像馬利一樣的大型獵犬；原來我們並不寂寞。

一位叫艾莉莎的女士說，她的拉布拉多犬莫莫每次獨自在家時，總會脫逃出去，通常是撞破窗戶的紗窗。艾莉莎和丈夫認為只要關上、鎖好所有一樓的窗戶，就能堵住莫

莫的脫逃路線，但他們沒想到二樓的窗戶也要關。『有一天，我先生回家，看到二樓的紗窗懸在半空。他嚇得半死，到處找莫莫，』她寫著。當她的先生已經絕望時，『莫莫突然從屋子角落走出來，頭垂得低低的。牠知道牠做錯事，但是我們很訝異牠竟然沒受傷。牠飛出窗戶，落在結實的灌木叢上，分散了衝擊。』

拉布拉多犬賴瑞將女主人的胸罩吞到肚子裡去，十天後，又完整地吐出來。另一隻拉布拉多吉普賽也同樣愛嘗鮮，吃掉一扇百葉窗。拉布拉多與愛爾蘭雪達犬的混種狗傑森，吃下一點五公尺長的吸塵器管子，『包括內部的強化線，』牠的主人麥克寫道。『傑森還在牆上啃出了六十公分乘九十公分的洞，在地毯上挖了九十公分長的壕溝，沿著牠最愛的窗戶邊緣延伸，』麥克補上，『但我就是很愛這個畜生。』

菲碧是拉布拉多混種狗，牠被踢出兩間寄宿犬屋，而且是永久驅逐令。主人安妮寫道：『顯然牠不只逃出自己的籠子，還帶領其他狗為非作歹，牠幫了另外兩隻狗一點忙，一同在深夜時享用各種零食。』拉布拉多海登有四十五公斤重，只要嘴巴能咬到的東西，牠都吃，主人卡洛琳列出牠的食物清單：一盒魚飼料、一雙麂皮休閒鞋和一條強力膠。『不是同時吃，』她補上，『但牠最大的豐功偉業是把車庫的門框從牆上扯下，因為我很愚蠢地把狗鏈綁在門框上，讓牠晒太陽。』

提姆說他的拉布拉多勞夫跟馬利一樣都是偷吃鬼，但比較聰明。有天在出門前，提

姆把一個巧克力做的巨大餐桌擺飾放在冰箱上，讓勞夫沒辦法碰到。不過，這隻狗用狗掌拉開櫥櫃的抽屜，一階階爬上流理台，就像爬樓梯一樣，牠在流理台上用後腳站起，搆到巧克力。等主人回家時，巧克力已經人間蒸發，即使攝取過多可可，勞夫似乎也沒有任何不舒服。『另一次，』提姆寫著，『勞夫打開冰箱，清空裡面的食物，包括裝在罐子裡的。』

南西剪下我的專欄，保留下來，因為馬利和她的獵犬葛蕾絲很像。『我把剪報留在廚房的桌子上，轉身將剪刀收好，』南西寫著，『等我一回頭，當然，葛蕾絲已經把專欄吃掉了。』

哇塞，我立刻覺得好多了，馬利聽起來還挺不錯的。至少，牠在壞狗俱樂部有不少同伴。我印了幾則郵件回家給珍妮看，在馬利死後，她頭一次笑出來。我們在怪胎狗主人秘密會社的朋友，給我們的幫助，超乎他們的想像。

日子一天天、一週週流逝，冬雪融化，春花綻開。黃水仙花冒出土壤，在馬利的墳墓上綻放，小巧的白櫻花飛下山丘，撒在墓地上。我們慢慢適應沒有狗的生活。即使是我，都會好幾天沒有想到牠，然後一些小線索——沾在毛衣上的一縷狗毛；伸手進抽屜拿襪子時，狗鏈的鏗鏘聲——讓牠浮現在我眼前。隨著時間過去，這些回憶愈來愈愉

快，不再那麼令人心痛。早已忘掉的時刻突然在我腦中一閃而過，清晰生動，就像久遠的家庭錄影帶播放的片段：遭刺傷的受害者麗莎出院後，彎下身子，在馬利的鼻子上親了一下；電影工作人員圍著撫摸牠；郵差女士每天都在前門留給牠一個狗點心；牠用前腳抱著芒果，小口小口吃果肉；牠輕咬嬰兒的尿布，臉上帶著吸毒者解癮的滿足；還有牠求我們給牠鎮靜劑，彷彿那是牛排渣。這些點點滴滴根本不值得刻意去記，但它們仍在我的記憶中，在最不可能的時間和地點，隨機在腦海的螢幕上播放。大多數時候會讓我微笑，但有些時刻讓我緊咬下唇、停頓一下。

員工會議時，這個景象浮現在我的腦海：在西棕櫚灘的那時候，馬利還是幼犬，珍妮和我還是在蜜月期的新婚夫婦。我們在清涼的冬日，手牽著手沿著沿岸水道漫步，馬利跑在前頭，狗繩拉著我們。我讓牠跳到水泥防波塊上，那裡大約六十公分寬，離水面九十公分高。『約翰，』珍妮抱怨。『牠可能會掉下去。』我不信，看著她問：『妳真以為牠有這麼笨？有辦法走一走就掉下去？』十秒鐘後，我的話就應驗了。牠掉進水裡，激起巨大的水花，我和珍妮費了好一番功夫才把牠拉到牆上，回到平地。

幾天後，我開車去做訪問，突然間，新婚時的另一個場景又冒了出來：孩子出生之前的某個週末，我們拋開所有雜務，到薩尼伯爾島度過浪漫假期，有新娘、新郎，以及——馬利。我早已徹底遺忘了這個假期，但現在記憶又回來了，以鮮豔的色調重播：我們開

車到佛羅里達州的另一端，馬利夾在我們中間，鼻子偶爾會把排檔桿撞到空檔。在海灘玩了一天後，我們在租來的地方替牠洗澡，泡沫、水和沙子濺得到處都是。我和珍妮在洗完牠後，蓋著透氣的涼被做愛。微微的海風撫過肌膚，馬利的水獺尾巴拍打著床墊。

我們生活中最快樂的幾個章節，牠都是主角：年輕時的愛戀、新開始、事業逐漸起步、寶寶誕生；輕易得來的成就與沉重的失落、發掘生命與自由，以及自我實現。牠在我們探索人生時走入我們的生命。在我們掙扎突破每對夫妻都要面對的難關時：將成長經驗不同的兩個人，合而為一，迎向共享的未來，這段過程有時是很痛苦的，牠都陪伴著我們。我們這兩塊布料沒有牠這根線緊緊纏繞勾住，就無法縫合。我們將牠塑造成合適的家庭寵物時，牠也在塑造我們自己——夫妻、父母、動物愛好者與成人。無論如何，即使牠曾令我們失望，沒有達到我們的預期，馬利仍然送給我們一分禮物，既是無價也是無償的。牠教會我們什麼是無條件的愛，如何給予，如何接受。只要有這分愛，所有四散的碎片都能找到正確的位置。

馬利死後的那年夏天，我們裝了一個游泳池，我不禁想著：我們無比愛水的狗狗馬利會多麼愛這個池子，全家絕對沒人比得上——雖然牠的爪子會抓壞泳池邊緣，毛會阻塞濾水器。珍妮讚嘆如果沒有狗掉毛、流口水、帶進沙土的話，要保持家中的整潔實在

相當容易。我同意赤腳走在草地，不用注意看地上，實在相當美好。庭院沒有一隻龐然大物追著兔子跑，保證美觀多了。沒有狗的生活無疑比較輕鬆簡單。我們週末如果安排兩天一夜旅行，不再需要安排寄宿。我們可以去餐廳吃飯，不用擔心家傳珍寶會被摧殘。孩子吃飯時不用擋住自己的盤子。我們出門時，不用把垃圾桶放到流理台上。下雷雨時，我們能愜意坐著，靜靜欣賞自然的奇景。我特別喜歡能夠自由在家裡移動，沒有一個巨大的黃色磁鐵黏在腳跟上。

但是我們這個家，還是稱不上『完整』。

夏末時分，有天早上我下樓吃早餐，珍妮遞給我一張摺起來、露出內頁的報紙。

『你絕對無法相信。』她說。

每個星期，本地的報紙都會介紹一隻收容所的狗，幫助牠尋找新家。介紹中都會有一張狗狗的照片、牠的名字和簡短的描述，以自述的口吻寫，好像牠們自己在推銷自己。這是收容所的人的小把戲，讓動物看起來很可愛、討喜。我們總覺得狗狗履歷很有趣，最少，他們是如此努力想讓三振出局一次以上的棄犬，以最好的一面示人。

這一天，我立即認出報紙上的狗臉，我們的馬利，或者，可能是牠的雙胞胎兄弟。牠的額頭平坦，眉頭皺起，軟趴趴的耳朵以滑稽的角度往後垂。牠直直瞪著鏡頭，專注得嚇人，一看就知道照片一拍下去，牠就撲倒攝影師，想要吞下相機。照片下是牠的名

字：阿福。我大聲讀出牠的推銷詞，這是阿福的自我介紹：『活潑好動！我能夠融入安靜的家庭，乖乖聽話，同時我正在學習如何控制我的精力。我過去的經驗不太好，所以我的新家庭必須有耐心，繼續教我狗狗禮儀。』

『我的天呀！』我大喊。『是牠！牠死而復生了！』

『轉世投胎。』珍妮說。

阿福和馬利的相似度實在驚人，而且這個自我介紹幾乎就在說牠。活潑好動？有不能控制精力的問題？需要再學習狗狗禮儀？要有耐心？這些委婉的描述我們熟悉得不得了，我們自己就在用。我們那隻心智不穩定的狗回來了，而且年輕又強壯，野得不行。我們都站在桌前，瞪著報紙，說不出話來。

『我想我們可以去看看牠。』我終於說話。

『看好玩的。』珍妮附和。

『對，純屬好奇。』

『看看又怎樣？』

『不會怎樣。』我贊成。

『好吧，』她說，『就看看吧。』

『我們有什麼好怕的？』

致謝辭

沒有人是一座孤島，包括作家，我要感激眾多幫助這本書開花結果的人。首先，我要深深感謝我的經紀人：德夫經紀公司的羅莉・阿貝凱米爾，她相當有才華，非常堅毅。她對這個故事很有信心，也相信我的敘事技巧，即使我一開始還不太有自信。我深信如果沒有她不斷的鼓勵與建議，這本書還會困在我的腦袋內。羅莉，感謝妳的信任、支持與友誼。

我衷心感激我高明的編輯蒙洛・迪佩拉，他精湛睿智的編輯技巧，讓這本書更為精采，還有心情總是很好的喬約樂・雨丁，幫我校訂所有細節。我也要感謝麥可・莫里森、莉莎・葛拉罕、席爾・巴林爵、安娜・瑪麗亞・阿蕾西、克莉絲汀・谷川、理察・艾昆，以及哈潑柯林斯集團的所有同仁，謝謝你們愛上馬利，喜歡牠的故事，讓我的美夢成真。

我欠《費城詢問報》的編輯一分情，因為他拯救了我，在我自願選擇離開熱愛的報業後，再給我一次機會，並送我無價的禮物，讓我在美國首屈一指的報社擁有自己的專欄。

我對於安娜・昆德倫的謝意難以形容，她在開始計畫時表達的興奮與鼓勵，對我的意義之重大，她絕對想像不到。

衷心感謝喬・卡茲，他的寶貴建議與感想以及他的著作給我的啟發，特別是《狗年：十二個月、四隻狗與我》。

感謝提姆・托普林，這位忙碌的律師總是空出時間給我免費的明智建議。感謝彼特與夢琳・凱利，他們的陪伴以及能眺望休倫湖的小屋正是我需要的補品。感謝雷與喬安・史密斯，總是在我需要時提供協助，以及提摩西・史密斯讓我感動到哭出來的音樂。還有挖土機・丹恩持續送來的燻肉，我的兄弟姊妹瑪麗喬、提摩西與麥克不斷的加油。感謝瑪麗亞・羅戴爾將她最寶貴的傳家寶託付給我，幫我找到生命的重心。還有族繁不及備載的朋友和同事，你們的熱心、支持和鼓勵讓我很感動。謝謝大家。

沒有我的媽媽露絲・瑪麗・霍華・葛羅根，我絕對不可能開始這個寫作計畫，她在我小時候就讓我瞭解到，講好一個故事能帶來多少快樂，並傳授給我她的說故事技巧。想起我的第一號支持者——我的父親理查・法蘭克・葛羅根，讓我非常感傷，在此我要向他致敬。他在二〇〇四年十二月二十三日逝世，這本書還在製作中，因此他沒有機會讀到，但在他重病時，我有一晚坐在他身邊，大聲讀出前幾章，甚至讓他笑了出來。他的笑容，我會永遠記在心裡。

我大大虧欠我美麗、有耐性的妻子珍妮，以及我的孩子派崔克、康諾與可琳，感謝他們同意讓我把他們放在聚光燈下，向大眾分享最私密的細節。你們都是我的好夥伴，我對你們的愛無法用言語形容。

最後（沒錯，再一次也是最後一次），我要感謝我不斷闖禍的四腿朋友，沒有牠，就不會有《馬利與我》。相信牠聽到牠扯爛的床墊、鑿開的牆壁還有吞下的貴重物品，現在終於正式還清了，一定會非常高興。

國家圖書館出版品預行編目資料

馬利與我 / 約翰．葛羅根 作；
蔣宜臻譯. -- 初版. -- 臺北市：皇冠, 20(
95] 面；公分. --
(皇冠叢書；第3591種 Choice；131)
譯自：Marley & me
ISBN 978-957-33-2270-2(平裝)

437.66 95017242

MW00355817

皇冠叢書第3591種

CHOICE 131

馬利與我

Marley & Me

作　　者—約翰．葛羅根
譯　　者—蔣宜臻
發 行 人—平雲
出版發行—皇冠文化出版有限公司
台北市敦化北路120巷50號
電話◎02-27168888
郵撥帳號◎15261516號
皇冠出版社(香港)有限公司
香港灣仔駱克道93-107號利臨大廈1樓
電話◎2529-1778　傳真◎2527-0904
出版統籌—盧春旭
責任編輯—丁慧瑋
版權負責—莊靜君
美術設計—王瓊瑤
印　　務—陳碧瑩．林佳燕
校　　對—余素維．劉素芬．丁慧瑋
著作完成日期—2005年
初版一刷日期—2006年10月
初版七刷日期—2008年12月
法律顧問—王惠光律師

讀者服務傳真專線◎02-27150507
電腦編號◎375131
ISBN◎978-957-33-2270-2
Printed in Taiwan
本書定價◎新台幣280元/港幣93元